좋은 보살, 나쁜 보살

佳人歌 가인가

北方有佳人 북방에 한 미인 있는데,
絶世而獨立 세상에 나서 위 없이 뛰어나다네.
一顧傾人城 뒤돌아보면 사람들의 성을 기울어뜨리고,
再顧傾人國 나라를 기울어뜨리게 된다네.
寧不知傾城與傾國 나라 기울어뜨리는 미인 모른단 말인가?
佳人難再得 미인은 두 번 다시 얻기 어렵다네.

도서출판禪

좋은 보살, 나쁜 보살

2019년 1월 25일 발행

著 者/현담스님
발행처/도서출판 禪
디자인/종합기획 숨은길
인쇄/(주)평화당
등록번호/제1-1691호(1994.4.22)
서울특별시 종로구 율곡로4길 55(수송동)
가격 : 6,000원

머리글

수행을 잘 하면 나쁜 보살도 좋은 보살이 되고 좋은 보살도 점점 나쁜 보살을 가까이 하다보면 이상한 보살로 변해가고 더 타락하면 진짜 나쁜 보살 쪽으로 빠지기도 하고 정신을 바짝 차려서 발심하여 깨달음을 얻으면 다시 좋은 보살로 올라갈 수도 있는 것입니다. 누구나 해당이 되는 3가지 종류의 보살의 세계를 글로서 재미있게 풀어서 쓰기 위하여 노력한 것이 이 책입니다. 그냥 재미로 읽으십시오. 자신과 비슷하다고 생각할 수도 있지만 이 글에 대해서는 묻지도 마! 따지지도 마! 그냥 심심풀이 땅콩처럼 그럴 수도 있겠구나 이렇게 생각하면서 읽고 이런 종류의 많은 사람들이 불법을 만나고 절에 오면 각양각색의 개성을 가진 보살이 된다는 사실입니다. 이 글은 중생을 제도하기 위하여 포교를 위해 애쓰는 스님들이 읽으시면 중생의 삶을 이해하는 데 도움이 될 것입니다.

2019년 1월 25일 현 담

차 례

스님! 힘내세요~ 보살이 있잖아요~

스님! 웃으세요~ 보살이 있잖아요~

스님! 참으세요~ 보살이 있잖아요~

스님! 모실께요~ 보살이 있잖아요~

☞ 보살님들께 드리는 말

① 보살님! 내가 웃는 얼굴로 대하면 다른 보살도 웃는
   얼굴로 대해줍니다.

② 보살님! 내가 기뻐하는 것은 다른 보살도 기뻐합니다.

③ 보살님! 내가 바라는 것은 다른 보살도 바랍니다.

④ 보살님! 내가 진심으로 마음을 보이면 다른 보살도
   성의를 다해서 들어줍니다.

⑤ 보살님! 내가 신심나게 법문을 듣고 다른 보살에게
   전달하면 듣는 보살도 신심나게 듣습니다.

⑥ 보살님! 내가 싫어하는 일은 다른 보살도 싫어합니다.

보살의 뜻이 무엇인지 알고 싶어요!

　보살에서 보(菩)자는 보리(菩提)라는 말이니 깬다는 뜻이고, 살(薩)자는 살타(薩唾)니 중생이라는 뜻이니, 곧 대보리를 구하는 중생이란 말입니다. 부처님 법을 사바세계에 전달하기 위해서는 스님 혼자서만은 힘듭니다. 불심이 깊은 여자 불교 신도를 절에서는 보살이라고 하는 것입니다. 원래 보살이라는 뜻은 부처님 아래의 단계 관세음보살과 같은 위치인데 보살이라고 부름으로써 관세음보살처럼 대자대비한 마음으로 살아가라고 듣기 좋게 보살이라고 부르는 것입니다. 불교=사찰=스님=보살 이렇게 연관되어 천 년 전 이나 지금이나 천년후나 불법이 있으면 영원히 쫓아다니는 용어중의 하나가 보살이라는 단어입니다. 보살로 인해서 스님들은 수행 할 수 있고 보살로 인해서 덕을 쌓고 존경받는 스님이 될 수도 있습니다. 그러나 나쁜 마구니 같은 보살을 만나게 되면 구설수에 오르게 되고 명예가 훼손되고 보통 곤경에 처하는 것이 아닙니다. 겉으로 볼 때는 똑같습니다. 이상한 보살은 한 번에 알아볼 수 있습니다. 그래서 방어할 수 있는데 나쁜 보살과 좋은 보살은 겪어봐야 아는 것입니다. 통조림은 깡통으로 되어 있지만 상한 것인지 정상적인 것인지 열어보기 전에 유통기한을 보고 판단 내릴 수 있습니다. 그리고 유통기한 내에 잘못된 것은 회사가 책임지기 때문에 믿고 먹을 수 있는 것입니다. 그러나 천 길 물속은 알아도 한 길 사람의 마음속은 모른다고 마음을 감추고 대하는 보살을 대할 때는 옷차림이나 교양이나 신심 인격으로 판단내리기는 어렵다는 것입니다. 이 책은 우리주변에서 충분히 벌어질 수 있는 이야기를 재미있게 만들었습니다. 믿거나 말거나입니다. 책임 질 수 있는 절대적인 내용은 아니니 따지거나 묻지 마시고 그냥 가벼운 마음으로 읽어보세요. 보살님! 잘 아셨죠? 시작하겠습니다.

전국구 보살! = 지역구 보살!

대웅전에 만원놓고 업장소멸 발원하고
관음전에 만원놓고 가족소원 발원하고
지장전에 만원놓고 조상영가 해탈발원
나한전에 만원놓고 나한신통 가피발원

자식혼사 치를때면 불 심 은 내려놓고
사주궁합 잘본다는 용한스님 찾아가고
마음착한 베필만나 결 혼 을 하려며는
가난하면 사주궁합 핑계대고 혼 사 를

깨어놓고 마음씨는 나쁜베필 돈이많다
확신하면 사주궁합 미신이다 쳐버리며
불교믿는 집안에선 전생인연 들먹이며
속전속결 혼사치뤄 행복하게 살기발원

신년새해 맞을때면 신중기도 동참하고
사월이라 초파일은 부처님전 연등달고
백중이라 우란분절 영가천도 동참하고
동지섣달 동짓날은 동지불공 동참하고

화려하게 차려입고 아는스님 찾아가서
명산대찰 큰 스 님 모두안다 자랑하고
공양대접 차대접을 소 홀 히 받게되면
신심없는 스님이라 보살볼줄 모른다고

이절저절 다니면서 험담이나 늘어놓고
도반보살 앞세워서 기도스님 찾아가서
집안식구 애로사항 장시간에 털어놓고
기도성취 발원하며 성취되면 시주예약

거사 · 보살 조금알면 자기사찰 데려가고
이절저절 불사한돈 금액날짜 기억하고
스님들께 보시한돈 두고두고 자랑하고
친견하는 스님들께 자기소개 과시하며

공양간을 드나들며 반찬투정 참견하고
부처님전 과일공양 떡 공 양 한번하면
미운보살 주지않고 이쁜보살 많이주고

거친보살 충동시켜 사찰재정 따져보고
사찰행사 하게되면 뒷전에서 꿍얼꿍얼

자기보다 젊은보살 첫말부터 반말하고
절집법도 들먹이며 초심자에 군기보살
사찰정보 스님정보 누구보다 먼저알고

나쁜소문 퍼트리다 들키며는 닭발보살
핸드폰이 오게되면 법회때도 당당하게
미안한줄 모르고서 큰소리로 통화하고
쓸데없는 속세얘기 도량에서 제일크고

맘에드는 법명타러 명산대찰 기웃기웃

수련대회 다녀와서 깨달음을 입에담고
봉사활동 한번하면 안한사람 무시하고
선방스님 친견하며 선문답을 하려하고

업장많다 꾸중하면 스님공부 흉을보고
스님들이 나무라면 약점잡아 소문내고
스님께서 칭찬하면 선지식을 만났다고
좋아하며 동에번쩍 서에번쩍 불교행사

찾아다녀 아는스님 만나며는 그동안의
자기자랑 바쁜스님 붙잡고서 짧은시간
하소연에 스님들은 시간없어 당황하고
옆에있는 도반보살 스님에게 소개하며

다 음 에 찾아간다 공수표를 남발하고
도반보살 자기에게 함께가자 권하면서
이 렇 게 사는보살 전 국 구 보살이요

자기절만 애착갖고 살림하는 원주보살
주지스님 측근에는 기쎈보살 회장보살
사찰불사 도움에는 보시보살 최고일세

약방에는 감초처럼 어느사찰 어디가나
창건보살 고참보살 간부보살 노보살에
눈총받고 미움받는 세대갈등 느끼면서
불심으로 버티면서 봉사활동 잘하면서

구설수에 단골처럼 빠짐없이 등장하는
처녀보살 미혼보살 애기보살 젊은보살
용기내어 신심내서 불심으로 견디지만
주지스님 보호없인 얼마못가 발길끊어

젊은보살 옹호하면 구설수가 항상따라
이러지도 저러지도 못하면서 고민하는
스님들의 어려움을 보살들은 아시는가
어리석은 보살행동 어느생에 고치겠나

약 에 도 보약독약 두종류가 항상있고
보살들도 불 법 에 도움되는 신장보살
불 법 을 망치려고 태어난 마구니보살
이런보살 저런보살 명산대찰 어디가나

스님보다 보살들이 설치면서 도움주니
사바세계 태어나서 생사해탈 원력세워
정진하는 스님들은 주지노릇 하지마소

사람맘은 옛날에는 조석지변 요즘에는
일초지변 변 하 는 중생마음 이시대를
살아가는 보살심리 변화무쌍 중생제도
하려며는 참선공부 가르쳐서 인과법을

터득시켜 스스로를 깨치게끔 좌복위에
앉혀놓고 화 두 를 참구하여 직지인심
견성성불 원력세워 정진하게 제도하는

이길만이 스님들의 할일이니 이글읽고
찔 리 는 보살님은 방부드려 정진하는
선방스님 본을봐서 결사정진 원력세워

선방보살 되옵소서 불철주야 용맹정진
화두타파 확철대오 발원하여 무량억겁
생사윤회 영단하고 견성성불 하옵소서!

이런 보살, 저런 보살

어떤 스님이 얘기합니다. 어떤 보살은 스님을 귀찮게 한다고.
어떤 보살은 얘기합니다. 어떤 스님은 보살을 귀찮게 한다고.

　이 귀찮다는 것이 무엇을 말하는지 알 수가 없습니다. 서로간의 이
익관계에서 벌어지는 문제이기 때문에 불심이 깊으면 신심있는 스님
을 만나고, 신심있는 스님은 신심있는 보살을 만납니다. 이것이 인과
의 법칙인 것입니다. 한 생의 인연으로 만나는 것이 아니기 때문입니
다. 어떤 스님은 얘기합니다. 처음 만난 그 보살은 착하고 순한 토끼
같은 보살이었죠! 하지만 시간이 흘러감에 따라 점점 변해가 여우 보
살이 되어 갔죠! 또 어떤 보살은 말합니다. 처음 만난 그 스님은 훌륭
한 청정한 스님이었죠! 보살들에게 인기가 많아지니까 보살들끼리 시
기와 질투를 하기 시작하며 불꽃이 튕겨서 산불이 날 정도였습니다.
그러나 점점 불심 없는 탁한 보살에 빠져 가면서 탁해지기 시작했죠!
구설수가 생기고 결국엔 끝이 좋지 못했습니다. 이렇게 보살들은 스
님들에게 병도 주고 약도 주는 분들입니다. 잘 쓰면 보약, 못쓰면 독
약이 되지요.

　각 절마다 생활하다보면 보이는 각양각색의 보살들이 있습니다. 좋
은 보살, 나쁜 보살, 이상한 보살, 새로운 보살이 들어오면 텃세하는
보살, 틈만 나면 큰 스님 친견한다고 봉투 들고 들락날락 거리는 보
살, 사사건건 시비하며 선방 분위기를 싸움판으로 만들려고 하는 보
살이 들어오면 대중 전체가 고통입니다. 한 마디 말도 하지 않고 불
평불만을 온몸으로 표현하며 대중의 분위기를 우울하게 만드는 보살.
계속해서 이 얘기 저 얘기 늘어놓아 귀가 시끄러워 도저히 살 수가 없

게 만드는 왕수다 보살.

  틈만 나면 자기 다니는 절의 스님 칭찬하고 신도로 포섭하려고 위장 취업하는 것처럼 위장 방부 드리고 대중에게 접근하려고 하는 보살. 병 고쳐 주겠다고 약 처방을 내려서 택배로 한약을 만들어 판매하는 보살. 아들 자랑 딸 자랑 등 자식 자랑과 집안 자랑을 계속 하는 자랑병에 중독된 보살. 자기 아는 스님 대중공양에 동참하라고 돈만 걷는 보살도 있고, 아침에 씻고 저녁에 씻고 틈만 나면 씻고 목욕하고 빨래만 하는 결벽증이 있는 보살도 있다고 합니다.

  몸은 떨어져 있어도 가족을 잊지 못하고 아침부터 저녁까지 핸드폰으로 모든 상황을 보고 받고 지시하고 정보를 수집하는 핸드폰 보살. 세상 돌아가는 일이 너무나 궁금해 뉴스는 꼭 봐야겠다면서 스마트폰을 텔레비전 모드로 바꿔서 뉴스를 시청하는 보살. 수행이 힘들고 지루할 때 수백 개의 법문을 핸드폰에다 저장해놓고 이어폰으로 들으며 참선하는 보살도 있다고 합니다.

  선방에 다니는 보살들에서도 별의별 보살님들이 다 모이는데 입방하고 3일 만에 떠나가는 3일 보살, 보름 만에 적응 못하고 떠나가는 보름 보살, 반 철 되면 45일 만에 정확하게 떠나가는 반 철 보살, 자기 업장이 무겁다고 참선하면서도 틈만 나면 법당 가서 108배를 하는 신심 있는 보살도 있고, 병객으로 몸이 아픈데 병원에 가지 않고 좋은 공기 마시고 수행하며 요양 삼아 선방에 들어와 있는 환자 보살도 있습니다. 또 원하지도 않는데 며느리가 차에 모시고 와 강제로 한 철 공부하라고 방부 드려놓고 해제날 모시러 오겠다는 불쌍한 시어머니 노보살도 있습니다.

이렇게 많은 각양각색의 보살들이 모여 있기 때문에 싸움이 벌어지는 것은 틀림없는 사실입니다. 목욕탕 따끈한 물에 몸을 담그려고 할 때 노숙자 같은 불결한 때가 꼬질꼬질한 사람이 탕 안에 먼저 들어가 있으면 정상인은 들어갈 의욕을 잃게 되고 샤워만 하는 것처럼 보살들의 세계에서도 업장 무거운 보살 한 두 명 때문에 정상의 구도심 깊은 보살들이 화두에 신경쓰기 보다는 대중에 신경을 쓰느라고 공부 못하고 끄달리다가 마치는 경우도 있습니다. 반면에 다른 보살들은 신경쓰지 않고 수행만 하는 묵언 보살도 있습니다. 필답으로 하고 절대 남의 일에 참견하지 않고 도만 닦는, 경지가 높은 보살들도 있습니다. 제일 재밌는 경우는 처녀 아가씨 보살들이 절에 처음 들어와 갖은 시집살이를 다 하고 참고 하심하여 업장이 녹은 후 비구니 스님으로 출가하는 것입니다.

보살님들도 이 절 저 절을 다니다 보면 이 사람은 좋고 저 사람은 싫은 사람으로 나뉩니다. 어떤 보살은 함께 불교를 믿어도 무슨 말을 해도 잘 통하지 않고 항상 뭔가 삐그덕거리는 경우도 있고, 또 반대로 어떤 보살은 마음이 저절로 통하는 보살도 있습니다. 보기만 해도 반

갑고 생각만 해도 좋고, 어쩌다가 서로 시간이 있어 차라도 한잔 마시면서 대화를 나눌 때 서로 만난 지도 얼마 안 되었지만 정말 오랜 세월을 사귀는 보살로 착각이 들며 허물없는 마음속 이야기가 잘 통하는 보살이 있기도 하는 것입니다. 현대 심리학에서는 '성격' 차이가 그 이유가 된다고 봅니다. 성격은 타고나는 것이라고 흔히 말합니다. 하지만 사실은 이것이 불교에서 말하는 업이라는 것입니다.

심리학에서도 성격은 선천적이며 무엇인가 큰일로 인해 정신적인 충격을 받지 않는 이상 변할 수 없다고 합니다. 예를 들어 갓 태어난 아기를 관찰해보면, 가만히 있지 않고 몸을 뒤척이며 꼼지락거리고 주위 환경에 적극적으로 반응하는 아이가 있는가 하면, 잠잠히 있다가 괴롭거나 배고플 때마나 움직이는 아기가 있습니다. 어떤 아기는 시끄럽고, 어떤 아기는 조용합니다. 어떤 아기는 까다롭고 짜증내는 반면, 어떤 아기는 늘 기분이 좋으며 "착하다." 어떤 아이들은 안아달라고 보채지만, 또 안아주고 쓰다듬어 주는 것을 싫어하는 아이가 있습니다. 같은 부모에게서 태어난 아기들 간에도 비슷한 점이 있고 다른 점도 있습니다.

마음이 움직이는 방식과 흥미가 바로 성격이 있다는 증거라는 것입니다. 이렇게 태어나면서부터 갖고 태어난 성격은 몸이 자라면서 밖으로 특징이 나타납니다. 어떤 사람은 두뇌회전이 빠르며 머리가 잘 돌아가기도 하고 또 어떤 사람은 유창하게 말주변이 좋아 말을 잘하는 보살이 있습니다. 어떤 보살은 사람보다 산이나 절이나 경치 등 운치와 조화 있는 자연이나 사찰건물 분위기 등을 좋아하는 사람이 있고 그에 반해 어떤 보살은 스님

들 법문을 통해서만 힘을 얻고 신심을 일으키는 보살님이 있습니다. 어떤 보살은 스님을 싫어하면서도 절이 좋아, 부처님이 좋아, 열심히 절에 다니는 보살님도 있습니다. 사람이 많이 모인 곳을 좋아하는 보살님도 있고 사람이 많은 것을 회피하는 은둔형 보살과 말수가 적은 침묵형 보살이 있습니다. 한날한시에 태어난 쌍둥이도 성격이 다르듯이 보살들의 성격도 다 다르다는 것입니다.

　절을 운영하는 스님의 입장에서는 보살들의 세계에 함부로 참여하기가 어려운 일입니다. 싸움이 벌어졌을 때도 누구의 편을 들어주면 안 되고 둘 다 내쫓아 버려야 되는게 사실이지만 말처럼 쉬운 것은 절대 아닙니다. 절에 있어서 꼭 필요한 보살일수도 있기 때문이라는 것이죠. 그래서 잘못했다고, 참회한다고 하면 용서해주고 받아주면 다시 그 업이 터져서 시비가 되어 반복되는 것이 업장 무거운 보살들의 업력인데 만약에 내쫓는다면 그 절 나쁘다고 이 절 저 절 다니며 죽을 때까지 흉보고 욕할 것입니다. 또 그대로 내버려둔다면 남에게 피해를 주고 사람 하나 들어오고 나가는 것이 쉬운 일은 아니라는 것입니다.

　"저 보살은 느낌이 안 좋아. 탁하게 보여."라는 표현에서 느낌은 앞을 내다보는 주관적인 경험에 의한 안목에서 나오는 말입니다. 그래서 절에 오래 다니신 노보살님들은 인생을 오래 살았기 때문에 반은 관상쟁이가 돼서 사람을 볼 줄도 알고 수행을 많이 해서 식이 맑아 느낌으로 좋은 사람인지 나쁜 사람인지 구분을 잘 짓고 판단도 잘 내립니다. 그러나 인생을 적게 산 젊은 보살들이나 애기 보살들은 텔레비전이나 인터넷에 의존하기 때문에 자기 수행력보다는 순식간에 사람에게 속기도 하고 마음에 상처를 입기도 하고 고통을 겪는 일이 우리 주변에 많이 있습니다.

그래서 수행을 하라는 것입니다. 껍데기를 보지 말고 속 알맹이가 꽉 찼는가 즉 그 보살의 심성을 보라는 이야기입니다. 도가 있는 보살은 주변에 있는 보살들도 신심이 깊고 도가 있습니다. 맹물 보살들 주변에는 맹물 보살이, 날라리 보살 주변에는 날라리 보살들이 항상 있기 마련입니다. 끼리끼리 모이기 때문이라는 거죠. 이 말도 많고 탈도 많고, 잘못 쓰면 독이 되고 잘 쓰면 약이 되는 보살들의 세계에 대해서 재미있게 알려드리겠습니다.

전생의 업이 아니면 어떻게 이런 일이?!

이 이야기는 25년 전에 실제로 있었던 이야기입니다. 지금 기억나는 보살님 중에는 이혼한 아들의 재혼 주례를 섰던 일이 있는데 이 보살님 아들은 술을 좋아하고 가정을 등한시 하고 아내를 폭행하는 40대의 법원 공무원이었습니다. 자식으로 5살짜리 아들이 있었는데 여자가 견디지 못하고 이혼소송을 하고 아기를 시어머니에게 맡겨 그 어머니가 어린이집으로 데리고 다녔는데 그 곳의 어린이집 선생님이 얼굴도 이쁘고 젊었는데 며느리로 삼고 싶다고 하는데 어느 날 며느리가 될 선생님이 자기 사연을 이야기합니다. 자기 고향은 청주고 24살에 결혼해서 아기를 하나 낳았는데 1살이 되던 해에 남편이 교통사고로 죽었다고 합니다. 20대 젊은 과부가 된 것입니다. 고향은 청주인데 소문이 나서 청주에서 살 수는 없고 가슴도 답답하여 사망신고를 하고 새로 출발하기 위하여 친정어머니와 함께 서울 은평구로 와서 보육교사 자격증이 있어서 어린이집 선생님으로 취직을 했습니다. 그런데 절에 다니는 보살님 아들이 술을 좋아하고 부인을 손찌검하고 때리면서 의처증까지 있어 도저히 살 수가 없어서 친정 부모한테 얘기 했더니 "너는 얼굴도 이쁘고 젊은데 지금 이혼해 버리고 유학을 가든지 하라."고 자식은 우리가 길러 줄 테니 희망이 없는 남편하고 살아서 무엇을 하느냐고하여 합의 이혼을 하는데 시어머니가 손자만은 포기를 못한다고 하고 친정에서도 외손자는 포기 못한다고 서로 손자 양육권을 놓고 다퉜는데 나중에 친정아버지가 외손자를 포기하는 쪽으로 이야기하는 것입니다. 왜냐, 외손주가 사위하고 똑같이 닮아서 꼴 보기 싫은 사위를 또 보는 것 같아 포기하게 하는 원인이 되었습니다. 아버지는 딸에게 "너도 이혼하고 유학 다시 갈 텐데 독한 마음 먹고 포기하고 나중에 커서 만나라"하는 것입니다.

그래서 결국 아들은 5살짜리 아기를 맡아서 시어머니가 길러주게 되었습니다. 평소와 같이 동네 어린이 집을 다녔는데 엄마는 아파서 병원에 있다고 애기한테는 거짓말을 하고 아이를 할머니가 기르기 시

작한지 한달 만에 역사적인 사건이 운명적으로 터졌습니다. 청주에서 20대에 젊은 과부가 되어 어린이집 선생으로 와 있었는데 5살짜리 어린애의 담임이 되었습니다. 할머니는 손자를 어린이 집에 보내고 낮에는 데리러 가면서 선생님과 친분을 쌓았습니다. 처녀인줄만 알고 있던 선생님을 보는 순간 자기 아들과 결혼해서 며느리가 되었으면 하는 마음이 순식간에 들었습니다. 부처님께 기도하면서 꼭 이루어지기를 간절히 발원했습니다. 고왕경을 삼천독만 하면 소원이 이루어진다고 해서 고왕경도 하고 광명진언도 하고 금강경도 열심히 읽고 조석으로 예불도 정성껏하고 신심을 내며 살았는데 어린이 집에서 재롱잔치가 있어 참석해 달라고 해서 선생님을 만나 할 얘기가 있다고 손자의 사연을 얘기해 주고 싶다고 하니까 밝은 표정으로 당연하게 들어야 된다는 생각에 그동안의 일을 술술 걸림없이 얘기 했더니 걱정하지 마시라고 하는데 순간적으로 관세음보살 같은 생각이 들었다고 합니다. 관세음보살은 중생의 모든 소원을 들어주는 보살님이신데 우리 아들을 재혼시키고 싶어 며칠 있다가 만나서 식사라도 퇴근 후에 하자고 하며 기회를 만들었습니다. 일이 잘 되려고 하는지 한참 얘기를 듣더니 자기 신상을 선생님이 고백하는 것입니다. 처녀인줄 알았는데 젊은 과부라고 하니 놀랍고 애기도 있다는 것이 또 놀랍고 그러나 서로 사연이 있는 것은 피장파장이니 이혼남 아들이나 젊은 과부 선생님이나 마찬가지 인 것 같아 보살님의 아들은 벌써 결혼하겠다고 합니다. 선생도 친정어머니한테 말씀 드렸더니 허락했습니다. 그 뒤 최종 마지막 결정을 현담스님이 해 달라고 하여 보살님이 찾아와 어디서는 하지 말라고 하고 사주도 잘 안 맞으니 틀어 놓는데 어떠냐고 묻는 것입니다. 그래서 내가 나를 만난 사람은 다 잘 돼고 아무 문제 없다고 내가 책임 질 테니 걱정하지 말고 두 사람 재혼결혼식을 축하하니 하라고 하여 결혼식 1993년도에 현담스님이 주례를 서주었습니다. 그 뒤 보살님은 자기네 집안 가족사를 너무 잘 안다고 스님 보기

미안하다고 발을 딱~ 끊고 다른 절을 나가고 두 재혼부부는 그 사이에 애기 하나를 또 낳아서 지금까지 잘산다고 하는데 소식 모른지가 딱 25년 되었습니다. 이런 젊은 과부 재혼한 보살님은 좋은 보살일까요. 나쁜 보살일까요. 이상한 보살일까요. 자기가 애기 하나 낳았으면 졸업하고 재혼한 남편 애기나 잘 기르면 되지 거기서 또 둘 사이에 애기를 하나 낳았으니 출신 성분이 다 다른 애기 셋 속에서 산다는 것이 평범한 정상적인 보살 인생이 아니기 때문에 이상한 보살에 해당이 됩니다. 좌우지간 안 본지 25년 세월은 흘러갔습니다.......

☞ 스님들이 알고 있어야 될, 사찰 운영에 도움이 되는 글

1. 신심없는 보살에게 신심있게 발심시키는것이 스님의 임무이다.
2. 발심한 보살이 많으면 절 운영도 잘되고 불교가 발전한다.
3. 나쁜 보살, 이상한 보살이 많으면 절 운영이 안 되고 시끄럽다.
4. 신도회 단체가 커질수록 말이 많고 나쁜 보살, 이상한 보살이 신도회에 가입해서 임원을 맡고 활동하며 스님들께 누를 끼친다.
5. 좋은 보살은 신심이 깊고 인과법을 믿으며 항상 수행한다.
6. 절에 나쁜 보살이 많으면 스님들끼리 싸움을 붙여 불화가 많다.
7. 절에서 이상한 보살은 또 이상한 보살을 데리고 온다.
8. 스님은 열심히 수행정진과 기도를 잘해야 신도가 늘어난다.
9. 신도회 임원을 맡은 보살을 스님이 구박하면 절 운영이 안 된다.
10. 임원 보살이 일반 보살하고 싸우면 절 반대파 보살이 생긴다.
11. 보살을 수행, 정진, 기도를 시키지 않으면 신도는 신심이 떨어지고 서서히 신도가 줄어들고 절 운영이 어려워진다.
12. 초보 보살에게 사찰의 법도를 너무 까다롭게 지키도록 강요하고 경책을 하면 보살은 스님을 싫어하며 그 뒤 떠난다.
13. 스님 말은 법이되고 수행실천 할 때 초보 보살은 따른다.

나는 어떤 보살입니까?

절에 다니면 좋은 보살, 나쁜 보살, 이상한 보살로 분류할 수 있습니다. 불교 발전에 노력하고 신심이 깊은 보살님을 좋은 보살이라고 합니다. 그러나 좋은 보살의 종자가 따로 있습니다. 왜냐하면 불교 유식학에서는 전생 아뢰야식 가운데 착한 일을 많이 하고 일평생 좋은 공덕을 많이 쌓고 세상에 환생한 보살님들은 전생에 했던 습이 금생에도 행동으로 나타나기 때문에 금생에도 좋은 보살로 절에 다닐 수 있다는 것입니다. 절이 잘 되려면 스님들이 공부를 잘 하기 위해서는 뒤를 받쳐주는 좋은 보살들이 주변에 많이 있어야 참선도 잘 할 수 있고 경전 공부도 열심히 할 수 있고 사찰 운영이나 불사나 중생 구제하는 일을 잘 할 수 있는 것입니다. 사람이 아무리 노력을 해도 전생에 뿌린 선근 공덕이 금생에 드러나야지 혼자의 힘으로 노력만 한다고 되는 것은 절대 아닙니다. 불법에서는 뿌린대로 거둔다고 선업을 뿌리면 선인선과입니다. 전생에도 나쁜 일을 많이 하고 남을 괴롭히고 하지 말라는 못된 일을 많이 하고 금생에 환생 했다면 악인은 악과라고 나쁜 일이 많이 생기고 고통 받고 사는 것입니다. 이것이 전생에 나쁜 업을 지었기 때문에 오는 결과라는 것입니다. 어떤 보살님은 절에 조금 다녔는데 금방 좋은 일이 생기고 소원대로 소원성취가 잘되서 좋아하는 보살이 있고 절에도 수십년을 다니며 열심히 기도를 해도 소원성취가 되지 않는 것은 전생에 악업이 많기 때문입니다. 이것을 믿는 것이 인과법인 것입니다. 그런데 인과법을 믿고 싶지 않은 보살님들이 있습니다. 이런 보살들이 이상한 보살들입니다. 그래서 행동도 이상하게 한다는 것입니다.

☞ 보살님들이 읽으면 도움 되는 글, 복이 최고!

인생을 사는데 잘되고 안 되는 것은 복력의 차이입니다. 좋은 보살은 복이 많은 보살을 말합니다. 복 많은 보살이 절에 가면 절 운영도 잘 됩니다. 그러나 반대로 나쁜 보살들은 복이 없는 사람들이기 때문에 운영이 잘 안 되고 신도회가 시끄럽고 보살들이 흐트러지고 잡음이 많습니다. 그리고 이상한 보살이 절에 오면 이상한 일이 생깁니다. 시비걸고 절에 물건 없어지고 분쟁이 생기고 이익이 되는 일은 없고 골치 아픈 일만 생깁니다. 나는 누구인가? 좋은 보살인가? 나쁜 보살인가? 이상한 보살인가? 생각을 해 보라는 것입니다. 3가지 중에는 분명히 하나에 해당이 될 것입니다. 절에 와서 참선도 잘~하고 기도도 잘~하고 스님들하고도 잘~ 지내고 도반들하고도 잘~ 지내고 원만하게 두루뭉술하게 스무스하게 잘 지내는 보살은 복 많은 보살에 해당이 될 것이고 보살들끼리 싸우거나 보살들끼리 스님들이나 도반들 모르게 몰래 돈 거래를 해서 돈을 꾸어가고 갚지 않고 준다준다하면서 차일피일 미루면서 남에게 피해를 주는 보살은 나쁜 보살입니다. 그리고 이상한 보살은 절에도 다니고 교회도 다니고 성당도 다니고 사주 보러 다니고 왔다 갔다 하는 보살은 이상한 보살에 해당이 될 것입니다. 남한테 피해는 주지 않고 있지만 불교에 대한 철두철미한 인과사상이나 육도윤회를 면하겠다고 나고 죽는 문제 생사일대사 화두일념, 화두타파, 사상이 없는 이런 보살을 이상한 보살이라고 하는 것입니다. 스님들 세계도 마찬가지입니다. 좋은 스님이 있고 나쁜 스님이 있고 이상한 스님이 있습니다. 좋은 스님은 상구보리 하화중생 이념을 실천하기 위하여 수행을 잘 하고 인과법을 잘~ 믿고 항상 얼굴에는 미소가 그리고 편안하고 단정한 모습으로 깨끗하고 깔끔한 승복에 중생들에게 항상 잘해주는 스님들이 좋은 스님입니다. 나쁜 스님은 수행하지 않고 속인하고 어울려 다니며 막행막식하며 신심이 없어 예불도 하지 않고 수행도 하지 않고 계율도 지키지 않고 불자들에게 부담만 주는 거액의 천도재 하라고 하고 점이나 봐 주겠다고 하고 액운이 끼었다고 하고 자주 공격적으로 전화하거나 신도들 집을 띵~동 방문하는 것을 좋아하고 허송세월하며 세월을 보내면서 보살들한테 금전거래를 하다가 결국에는 민사나 형사 송사에 휘말려 경찰서나 검찰 법원을 출입하게 되어 유죄 판결을 받는 스님은 나쁜 스님들입니다. 왜~냐 피해자가 있기 때문입니다. 그리고 이상한 스님은 불법 외도라고 정법을 하지 않고 신통술을 배우겠다고 사람을 피하고 혼자 주문이나 외우면서 산속에 살고 있거나 스님인데도 참선도 하지 않고 염불도 하지 않고 컴퓨터 앞에 앉아서 인터넷 사주를 봐주면서 시간을 보내는 스님이나 아니면 자기가 의사도 아니면서 병을 고쳐 주겠다고 몸에서 기가 나온다고 기(氣) 치료를 하겠다고 하는 스님들을 이상한 스님이라고 할 수 있습니다. 그리고 또 이상한 스님의 특징은 예언을 합니다. 언제쯤 망할 것 같다고 남편이 갑자기 죽을 것 같은 느낌이 들었다고 겁을 주고 부담을 주면서 신도를 만드는 스님은 이상한 스님에 해당이 됩니다. 이상한 보살들은 이상한 스님을 좋아합니다. 왜~냐? 업이 비슷하기 때문입니다.

나쁜 보살들은 나쁜 스님을 좋아하고 좋은 보살은 좋은 스님을 좋아하는 것입니다. 이것이 사바세계의 법칙인 것입니다.

복 많은 보살은 복 많은 남편을 만나고 복 많은 자식을 낳아서 복을 받으면서 일평생 고생하지도 않고 불교 믿으며 좋은 스님 만나고 좋은 도량에서 참선이나 하고 복 짓는 일 많이 하고 아프지도 않고 건강하게 살면서 자손들도 잘 되고 손주 증손주까지 보고 모든 일이 평생 동안 자기 원대로 뜻대로 생각대로 되어서 살다가 아프지 않고 잠들 듯이 사바세계를 떠나가는 보살이 복 많은 보살입니다. 그러나 반대로 지지리도 복이 없는 보살은 복 없는 부모님을 만나고 복 없는 남편을 만나서 복 없는 자식을 낳고 평생 돈 걱정만 하다가 병 걱정하고절에 다닐 복도 안돼서 집에서 TV나 보고 세월을 보내다가 큰 공덕을 쌓은 것도 없이 임종을 맞이하여 죽는 복 없는 보살의 일생도 있습니다.

　복이 없으면 단 하루도 살 수 없는 것이 사바세계인 것입니다. 저절로 오는 것은 복이란 말을 했는데 이 말이 명언인 것입니다. 원하지도 않는데 먹을 떡이 들어오면 먹을 복이 많다 하고, 주변에 좋은 사람이 많으면 인복이 많다 하고, 돈이 많으면 돈복이 많다 하고, 좋은 부모를 만나 세상에 태어나면 부모 복이 많다 하고, 좋은 직장상사를 만나거나 모시는 어른들이 좋거나하면 인연 복이 많다고 하는 것입니다. 그래서 하나하나 과거 전생에 지었던 것이 드러나 사는 것이 삼세의 인과법이기 때문에 지금이라도 복 짓는 일을 해야 할 것이고 설령 복 없이 가난하고 힘들게 살더라도 누구를 원망하거나 한탄하거나

하지 말아야하는 것입니다. 이론은 그럴듯하게 말하는 것 같지만 중생들이 믿지 않는 것이 인과법입니다. 원인 없는 결과가 없는 것입니다. 이 세상은 우연이라는 것은 없습니다. 우연히 잘되고 우연히 망하고 하는 것이 아니고 자기가 지었던 것만큼 정확하게 받는 것입니다. 불교라는 것은 정확한 것입니다. 지금부터는 아주 깊이 있게 약간 어려울 수도 있지만 꼭 알려주고 싶은 말을 하겠습니다. 불교는 경. 율. 논 삼장이 있습니다. 경은 금강경, 아함경, 화엄경, 원각경, 법화경이 알려져있습니다. 율은 계율을 지키라는 것이고 비구 스님은 250계 비구니 스님은 348계가 있습니다. 보살계는 48계 재가 신도들은 5계가 있습니다. 경. 율. 논 중에 논 부중에서 불교를 가장 논리적으로 이치에 맞게끔 만든 유식론이 있습니다. 유식 논을 유식 불교라고 합니다. 오리지날 인도 불교라고 합니다. 우리나라 불교는 인도에서 중국을 걸쳐 고구려 소수림왕 2년 서기 372년에 불교가 들어왔습니다. 들어오는 과정 중에 중국 문화와 섞여서 유교. 불교. 도교가 함께 전달이 된 것이 오늘날까지 영향을 받고 있습니다. 유교 사상은 조상을 모시고 제사 지내는 문화입니다. 살았을 때도 부모님께 효도하고 죽어서도 부모님 몸은 없어졌어도 살았을 때처럼 마음을 쓰고 만나는 날을 정하는 것이 제삿날인 것입니다. 그리고 또 도교의 영향을 받는 것은 풍수지리 좋은 터 명산대찰을 지을 때 사용하는 것은 도교의 영향을 받은 것입니다. 좌청룡우백호 묘자리 잡는 문화 도교입니다. 그리고 가장 많이 쓰는 보살님들의 대화중에 나이를 얘기하게 되면 무슨 띠야 "말띠"야 여자는 팔자가 세다고 하는데 돼지띠 쥐띠 좌우지간 "자. 축. 인. 묘. 진. 사. 오. 미...." 이 문화는 도교법의 영향을 받은 것입니다. 그리고 스님들 예불할 때나 의식 할 때 입는 장삼은 불교 옷이 아니고 도사들이 입는 도교의 복장입니다. 도교사상은 정기신 [精氣神]: 인간의 생명을 이루는 세 가지 기본 요소를 뜻하는 도교의 철학 개념을 말합니다. 동양에서는 전통적으로 삼분법적 체계를 통해 인간 생명의 원천을 설명하는 것입니다. 불교 중에 유식 논에서는 이렇게 말합니다. 아주 논리적입니다. 근거는 해밀심경이라고 있습니다. 아뢰야식 사상을 말하는 경전입니다. 유식 불교에서는 이렇게 말합니다. 보살님들 좀 어렵더라도 아주 쉽게 재밌게 설명해 드릴테니 잘 읽어 보세요.

   무슨 말이냐 하면 불교 교리 중에 제일 먼저 배우는 교리가 사성제입니다. 사성제 [四聖諦]: 불교의 가장 근본적인 교리. 사제(四諦)라고도 함. 고(苦)·집(集)·멸(滅)·도(道)의 네 가지 진리로 구성되어 있습니다. 고(苦)를 설명할 때 태어난 것도 고. 늙는 것도 고요. 병 든 것도 고요. 4가지 말하고 일체가 고라고 합니다. 그러나 이런 사상을 더 논리적으로 뒤집어 버리는 것이 오리지날 인도 불교 논리적인 유식불교의 유식학입니다. 어떻게 설명하느냐 고는 2가지 종류가 있는데 이숙고와 진실고로 나누는데 이숙고는 전생부터 중생들이 불법 만나기전. 불법을 만났어도 수행하기 전 습관적으로 업을 짓고 익혀서 내려오는 고를 말합니다. 중생이 업을 짓고 업을 받는 것 그러나 전생에 고를 지었고 고를 받았고 금생에 또 고를 받는다고 하면 운명론을 피해 갈 수 없는 것입니다. 그러나 유식 불교에서는 진실 고라는 말을 씁니다. 나쁜 줄은 알지만 고치려고 노력은 하는데 잘 되지 않고 습관이 튀어 나와 화도 내고 신심을 일으켜 수행하지는 않지만 하려고 노력은 하는데 "깜빡" "깜빡" 잊어버리고 고통을 받는 것은 그래도 진리를 위해서 닦아 나가려고 하기 때문에 진실고라고 하는 것입니다. 불법을 안 만나고 살생이 나쁜지 도둑질이 나쁜지 모르고 당연하게 습관적으로 업을 짓고 또 인과를 받고 한량없이 중생의 노름을 멈추지 않고 윤회를 계속 하면서 고를 받는다고 하면 불교가 무슨 필요가 있겠습니까? 부처님의 가르침은 일체가 고 이지만 불법을 만나고 선지식을 만나고 참선법을 만나고 논리적인 유식 불교를 배우게 되면 개과천선하는 것처럼 나쁜 줄을 알면 서서히 고치려고 노력을 할 때 서서히 진리를 향해 몸부림을 치고 수행하는 것을 전식득지라고 하고 전문적인 용어로 진실고라고도 합니다. 아니 세상에 이런 말은 처음 들었을 겁니다. 이것이 유식의 논리학입니다. 고는 하나가 아니다. 2가지 종류가 있다. 이숙고와 진실고로 나눠져서 진리를 향해 눈에 보이지는 않지만 마음을 닦고 마음을 조정하고 마음을 맑히면 행동이 달라진다는 것입니다. 가장 큰 가르침은 물질만 쫓아가면 눈에 보이는 집. 자동차. 사람. 동물 등은 진리가 아닌 것입니다. 없어질 대상이라는 것입니다. 전생에도 이렇게 익혔고 이것이 이월 된 것을 이숙고라고 하는 것입니다. 이제는 눈에 보이지 않는 세계 진실고를 향해 나가자는 것입니다. 이것이 말하자면 전문적인 용어로 이숙고는 유류복의 세계이고 진실고는 무류복의 세계를 향해서 평생을 살자는 것입니다. 좀 어렵고 딱딱했지만 이해가 되시는 분들은 유식 불교와 참선에 관심을 가져 주시기 바랍니다. 하루아침에 어려운 용어가 많은 유식론을 이해 할 수는 없습니다. 그러나 노력하면 반드시 배울 수 있고 실천 할 수 있을 것입니다. 좋은 보살들은 이렇게 공부하고 수행하고 하는 보살들입니다. 나쁜 보살들이나 이상한 보살들은 절대로 참선하지 않고 유식 불교를 배우려고 하지 않습니다. 참선 수행을 행동으로 옮기는 것은 실천이고 실천을 잘하기 위해서 이론적인 논리는 유식입니다. 건물을 지을 때 설계도가 먼저입니다. 설계도는 유식이고 집을 짓는 과정은 참선법인 것입니다. 2가지가 다 필요합니다. 딱딱하고 어려운 이야기는 이제 끝났습니다. 지금 부터는 아주 재미있고 유익한 글이 시작됩니다.

동물형으로 본 보살의 세계

보살님들이 다니는 절에서 흔히 볼 수 있는 보살들의 유형을 동물에 비유해서 분류해 보겠습니다. 스님들은 절에서 생활하면서 아무 걱정 없을 것 같지만 사실은 절을 운영하느라고 얼마나 신경을 쓰는지 스님들 말고는 아무도 모릅니다. 보살들의 세계는 딱 두 가지로 분류가 됩니다. 불법에 이익을 주는 영양가 높은 착한 보살과 어떻게든지 스님을 괴롭히고 뜯어먹으려고 하는 마구니 같은 보살로 나눌 수 있다는 것입니다.

그럼 사자형 보살과 토끼형 보살이 잘 어울릴까요? 어떤 보살들이 어떤 보살들과 친하게 지내게 될까? 다른점이 보충이 될까, 아니면 갈등의 원인이 될까?

보살들의 세계에서도 그렇지만 일반적으로 상대방에게 서로 끌리는 이유에 대해서 현대 심리학에서 어느 정도 밝혀냈다고 합니다. 가장 중요한 점은 자신이 지니고 있지 않은 점에 끌린다는 점입니다. 사람들은 균형과 조화와 평형에 대한 자연적인 욕구가 있다고 합니다. 이성적인 사람은 감정적인 사람에게 더 끌립니다. 내성적이고 수줍음을 많이 타는 사람은 외향적인 사람에게 끌린다는 것입니다. 되는대로 마음 편하게 받아들이는 느긋한 사람이라면 능률적이고 조직적인 사람에게 더 끌린다는 것입니다. 하지만 나와 다른 점을 가진 사람에게 끌리는 것은 처음에는 매력적이지만 살다보면 짜증이 나는 원인이 될 수도 있다는 것입니다. 왜 그럴까요? 물과 기름이 서로 섞이지 못하는 것과 같다는 것이죠.

반대로 서로 똑같은 사람끼리 만나면 어떨까요? 공통점이 있다면 공통점이 없는 것보다 더 마음이 잘 맞기 때문에 좋은 관계가 오래 갈 수 있다는 것이죠. 그러나 성격이 너무 같은 것도 문제라는 것입니다. 만약 성격이 똑같은 남자와 여자가 결혼하려고 할 때 둘 다 돈 문제에 대해 무감각하다면 어떻겠습니까? 서로 낭비벽이 심하다면 돈을 모으지 못한다는 것이죠. 둘 다 고집불통이라면? 서로 다툼이 생겼을 때 상대방을 이해하지 못한다는 것이죠. 둘 다 말을 잘 안하는 성격이라면? 인생 살아가는데 말이 없어서 심심하고 재미 없을 것이라는 거죠. 즉, 성격이 너무 똑같아도, 너무 달라도 서로 장단점이 있다는 것입니다. 균형이 잘 맞아야 좋다는 것이죠. 자 그럼 시작해보겠습니다.

토끼형 보살

산토끼 ♪

산토끼 토끼야 어디를 가느냐
깡충깡충 뛰면서 어디를 가느냐

산 고개 고개를 나 혼자 넘어서
토실토실 알밤을 주워서 올테야

옹달샘 ♫

깊은 산속 옹달샘 누가 와서 먹나요

맑고 맑은 옹달샘 누가 와서 먹나요
새벽에 토끼가 눈 비비고 일어나
세수하러 왔다가 물만 먹고 가지요

　이런 노래가 있는 것처럼 산에는 맹수도 있지만 순하고 착하기만 한 동물들도 있습니다. 그 중에서 토끼는 이빨이나 발톱이 날카로운 것도 아니고 힘이 센 것도 아니고 독을 가지고 있는 것도 아니고 할 수 있는 것이라곤 적이 나타나면 빠른 동작으로 도망가는 것 밖에 없습니다. 절에 다니는 보살 중에서도 토끼형 보살은 조용히 절에 와서 기도만 합니다. 모임에 들어가지 않고 절에만 다니며 정성껏 불사금도 기도비도 능력만큼 빠지지 않고 잘 냅니다. 또 사람을 가리지도 않고 순진해서 누군가 부탁하면 능력껏 잘 들어주고 다정다감하고 헌신적인 모습이 가장 큰 특징입니다. 토끼형 보살들은 착하다는 소리를 들으며 절에 다닙니다. 용모도 단정하고 말수도 없고 이 절 저 절 다니지도 않고 행사에 참가도 잘 안합니다. 오직 개인의 수행과 가정만 충실하게 하는 흠잡을 데 없는 착한 보살을 토끼형 보살이라고 합니다.
　하지만 성격이 원래 그런 것이 아니고 기가 꺾여 있는 보살들도 토끼형 보살이라고 합니다. '안 되면 되게 하라! 하면 된다!' 이런 확실한 인생의 목표를 정하고 자신만만하고 당당하고 떳떳하게 살아가는 것이 아니고 돈도 많고 집안도 괜찮고 자식이 속 썩이지 않는데도 괜히 절에만 오면 기 센 보살에 눌려 한 마디도 못하고 얌전히 절에 있다가

조용히 가버리곤 합니다. 10년, 20년 절에 다녀도 주지 스님과 이야기 한 번 못해보고 간부를 시키거나 신도회 일을 맡기려고 하면 부담스러워서 절에 못 나오겠다며 기가 꺾여 사는 보살입니다. 심리학적으로 이런 보살들은 자신감 결핍으로 항상 행동 이후에는 불확실한 느낌이 생기며 불완전함을 느끼기 때문이라고 합니다. 원래 심하게 꼼꼼해서 무엇이든 정리되어 있지 않으면 안심할 수 없고 모든 일에 대해 의심을 품고 있어서 판단의 속도가 느립니다. 스스로 별거 아니라고 말은 하면서도 신경 쓰게 되고 강박관념을 갖습니다.

이런 보살은 따뜻한 관심과 애정이 필요합니다. 왜냐하면 이러한 자신감 없는 성격은 애정 결핍에서 비롯되기 때문입니다. 모유를 적게 먹고 자랐다거나, 아주 어릴 때 가족 관계에서 부모로부터 심하게 꾸중을 들었다거나, 학교 다닐 때 조금만 잘못해도 선생님께 엄한 체벌을 받았다거나, 결혼 하고 시집 생활을 할 때 시어머니에게 엄청난 구박을 받았을 경우 등등같이 주변의 환경이 자신감 없는 보살로 만드는 것입니다. 따뜻한 말 한 마디, 할 수 있다는 격려가 자신감 있는 보살로 만들 수 있습니다.

이런 토끼형 보살들은 늑대형 보살과 달리 한 절을 오래 다닙니다. 만약 다니는 절이 시끄러운 문제가 생기면 토끼가 겨울에 굴을 파고 들어갔다가 봄이 되면 나오는 것처럼 당분간 절에 나오지 않다가 안정이 되면 다시 절에 나오는 보살을 말합니다. 왜 그러냐 하면 마음에 상처를 입고 절에 나왔는데 절도 시끄러우면 남편한테 시달렸던 젊은 시절의 악몽의 떠올라 토끼처럼 굴속에 쏙 들어간다는 것입니다.

절에 다니는 보살님들 50%는 토끼형입니다.

사찰은 그대로인데 주지스님이 바뀌면 절이 처음에 안정이 안되면 잠시 안나오는 보살이 시간이 지나 나오는 경우 토끼형 보살에 해당됩니다.

▶ 토끼형 보살 사례1

　어떤 보살은 30년 전에 결혼하여 3명의 자녀를 두었습니다. 그러나 절에 열심히 다니며 신심있는 보살의 결혼생활은 행복의 연속이 아니고 반대로 불행의 연속이었습니다. 남편과 마음이 맞지 않아 툭하면 싸우고, 싸우고 나서는 부부싸움은 칼로물베기라는 것처럼 말없이 서로 언제 싸웠냐는 듯 그 다음날이면 평소처럼 TV보고 말하며 지냈습니다. 그러나 너무 성격이 안맞아 싸움이 잦아지다 보니 서로가 모습도 보기 싫고 정이 떨어져 서로 합의에 의해서 당분간은 떨어져 살자고 하여 몇 개월씩 친정가서 살면서 별거를 하고 또 잘못했다고 남편이 찾아와 데리고 가면 가서 살다가 또 싸우면 또 친정으로 가서 몇 달 살다가 오고 이렇게 결혼생활이 반복된 비정상적으로 흘러갔습니다. 왜 이런일이 벌어졌냐하면 이유는 단 하나 남편의 바람기입니다. 남편은 결혼 초부터 때와 장소를 가리지 않고 무수한 여인들과 부정한 관계를 맺었고, 그녀는 남편의 그런 잠들지 않는 바람기 때문에 숱한 가슴앓이를 해왔습니다. 남편에게 격한 감정을 드러내다가 두들겨 맞기도 했으나, 자식 셋이 있기 때문에 가정을 지켜야 한다는 일념에 남편에게 매달려 사정하고 애원하며 30년을 버텨왔습니다.

　이제 나이가 들면 괜찮을까 하고 이 보살님은 절에 열심히 다니면서 전생 업장소멸 기도를 열심히 하였습니다. 아득히 먼 옛날부터 내가 지은 모든 악업 크고 작은 그것 모두 탐진치로 생기었고 몸과 입과 뜻을 따라 무명으로 지었기에 나는 지금 진심으로 참회하고 비옵니다. 이렇게 참회하고 발원하고 살아나갔는데 이 남편은 도대체 어떻게 뇌구조가 되어 있는 인간인지 한동안 잠잠했던 바람기가 늘그막에도 또 발동을 해서 다른 여자를 사귀고 몰래 사랑을 고백하는 여인을 만나서 재미있게 바람피며 신나게 살아가고 있습니다. 참다못한 이 보살은 물을 만난 고기처럼 더욱 활발해진 남편의 바람기를 완전히 뿌리

를 뽑고 잠재우기 위해서 강력한 조치를 취했습니다. 그러자 이 남편
이라는 사람은 얼마나 손발이 닳도록 비는지 다시는 그러지 않겠다고
하면서 시누이들 까지 동원하고 친척까지 동원하여 설득하는 로비조
를 만들어 마음이 약한 이 보살님이 결국에는 용서 할 수 밖에 없었습
니다. 그러나 사건은 여기서 끝나지 않았습니다. 남편은 시간이 지나
안정이 되니까 자신의 잘못은 벌서 까맣게 잊어버리고 반격을 가하기
시작하는 것입니다. 쉽게 말하면 분풀이로 어떻게 절에 다닌다는 보
살이 자기를 이렇게 이해하지 못하고 기를 꺾고 손발을 빌게 할수 있
느냐고 흘러간 과거의 이야기를 하면서 너도 피눈물 나는 댓가를 받
아보라고 하면서 경제적인 압력을 넣기 시작하는 것입니다. 이제는
집에 들어오지도 않고 그 여자하고 동거 생활까지 하면서 남편은 생
활비마저 끊어버렸습니다. 절에 다닐 돈도 없고 남들처럼 불사금을
낼 수도 없고 기도비도 제대로 못내고 몇 달을 버텼습니다. 점점 자기
신세가 초라해지고 그래서 결심하기를 이 보살님은 어쩔 수 없이 이
혼할 생각은 전혀 없었지만 변호사 사무실을 찾아가서 법률상담을 통
하여 변호사가 시키는 대로 민사 소송을 하였습니다. '양육비'를 확보
하기 위해 남편의 급여에 '위자료 및 재산분할 청구'를 해서 3억원의
가압류 결정을 받았습니다. 그러자 남편은 이러한 그녀의 행동을 "자
신과 이혼을 하겠다는 의사표현이며, 당신이 나를 망신을 주고 명예를
떨어뜨린 행동 때문에 회복할 수 없을 정도로 파탄에 이르게 된 것이
었다"라면서, 이 보살하고는 도저히 살 수가 없다고 진짜 정식으로 이
혼 소송을 하겠다고 쎄게 나오는 바람에 이 보살님은 보통 고민에 빠
진 것이 아닙니다. 자식이 셋이고 30년을 살았는데 이혼은 원하지 않
는 것이고 바람기만 잡아주려고 했는데 남편은 진짜 화가 나서 이혼을
거절하는 보살을 상대로 이혼소송을 제기했습니다. 이 보살님은 너무
나 고민이 많아 절에 나와 기도를 해도 기도가 되지 않고 기분상태도
안좋고 말수도 줄어들어 절에서 남들은 우울증 보살로 분류가 되었습

니다. 여러분 이 보살님의 기가막힌 사연이나 고통은 조금도 생각해보지도 않고 대화도 안 해보고 시무룩하고 힘 없다고 격려와 용기를 주는 사람은 아무도 없었습니다. 이런 보살이 토끼형 보살로 변할 수 있다는 것입니다. 고민을 해결하려고 부처님께 기도하고 신심을 내려고 했는데 절에 오니 주지스님은 바뀌고 절은 시끄럽고 자신하고는 아무 관계도 없는 일로 분위기가 어수선하면 토끼가 굴속으로 쏙 들어갔다가 다시 답답하면 머리를 내밀고 세상바깥에 잠깐 나왔다가 활동하는 것처럼 이 보살님도 절에서 일이 생기면 토끼처럼 잠잠하길 바라는 형이기 때문에 토끼형 보살이라고 합니다.

여우형 보살

여우야~ 여우야 뭐하니~?
잠잔~다
잠꾸러기~
세수한다
멋쟁이
밥 먹는다.
무슨 반찬?
개구리반찬~
살았니? 죽었니?
살았다~!
죽었다~!!

　이런 동요가 있는 것처럼 보살들도 여우형이 있습니다. 혹시 주변에 이런 도반이 있다면 어떤 성격일까요? 아마 이럴 것입니다. 재력은 없지만 지혜가 있어 아이디어가 잘 떠오르고 이 사찰 저 사찰의 정보와 불교권의 움직임을 잘 알고 있는 보살입니다. 그러나 수행이나 봉사에는 큰 관심이 없고 세속적인 일에 관심이 많습니다. 어떤 일이든지 심사숙고하는 형이며 항상 깊이 생각하려고 노력합니다. 더 지혜로워지고 더 현명해지고 더 잘 이해하길 원합니다. 때문에 어떤 분야에서든지 항상 최선을 다하고 최고가 되려고 노력하는 보살형입니다. 다른 사람들에게 인정받기 위해 노력하는데 가끔 마음을 나쁘게 먹으면 자신의 지혜를 이용해서 자기와 경쟁하는 정적에게 피해를 주기도 합니다. 말을 유창하게 잘하고 남의 말도 잘 들어주기 때문에 다른 보살들에게도 인기가 있는 편입니다.

　하지만 정작 도 닦는 수행에는 큰 관심이 없다는게 문제라는 거죠. 여우형 보살이 마음을 잘 쓰면 어느 절에 가서나 대접받고 다른 보살들과 친하게 지내지만, 마음을 잘 쓰지 못하면 절에서 정치를 하는 보살이 된다는 것입니다. 그래서 이런 보살이 절에 있게 되면 사자형 보살이나 곰형 보살 같은 보살들은 떠나가게 됩니다. 여우형 보살은 머리가 좋기 때문에 잔꾀에 능하고 원칙보다는 변칙적인 술수나 책략을 써서 절 운영에 간섭하기도 하고 마음에 안 드는 보살들을 쫓아냅니다. 윗사람에게는 하염없이 굽실거리지만 자기보다 약한 사람은 가차 없이 물어뜯는 비열한 이중성을 지니고 있기도 합니다. 처세가 능란하고 계산이 빨라 위험을 감수해야 하는 모험은 절대 하지않는다는 것이죠. 자신만의 조직을 거느리며 호랑이가 없는 산에는 여우가 왕

노릇을 한다고 주지스님 대신 술수와 책략을 사용해서 자기가 왕의 자리에 오르려고 하는 나쁜 여우형 보살들도 있습니다. 이런 보살을 여우형 보살이라고 하고 곰같이 우둔하고 입이 무거운 주지스님하고 잘 맞는다는 것입니다.

곰형 보살

곰 세 마리♬

곰 세마리가 한집에 있어
아빠곰 엄마곰 애기곰
아빠곰은 뚱뚱해
엄마곰은 날씬해
애기곰은 너무 귀여워
히쭉히쭉 잘한다

용모는 투박하고 못 생겼어도 불심 하나는 끝내주고 건강은 너무나 좋아 못하는 수행이 없습니다. 참선이면 참선, 절이면 절, 봉사면 봉사, 공양 일이면 공양 일 등에 두루 능통합니다. 입도 무겁고 선배보살 말도 잘 듣고 후배 보살에게 참견하는 일도 없고 자기 할 일만 합니다.

곰형 보살은 위기나 혼잡함, 무질서 등과 쓸데없이 말을 반복하거나 겉치레하는 것을 싫어합니다. 투박한 모습과 달리 머리가 좋고 지혜가 있어서 한번 설명해도 딱 다 이해하고 알아듣습니다. 다른 사람들도 똑같이 이해하리라고 생각하기 때문에 말을 반복하는 것을 싫어한다는 것입니다. 또 머리가 좋아서 그런지 어떤 일이든지 질질 끌거나 지루한 일은 하지 못한다는 것이죠. 겉모습과는 다르게 책 읽는 것을 좋아하고 다른 사람과 새로운 것에 대해서 말하는 것과 같은 지적인 일을 즐깁니다. 그래서 머리가 좀 나쁜 보살들과 친해지기 어렵다는 것이죠. 너무 전문적이거나 어려운 내용을 이야기 할 때도 있기 때문에 상대방이 못알아들으니까요. 합창단 같은 데에서는 얼굴이 안 받쳐줘 빠졌으면 하는데 자기를 무시했다고 느끼면 갑자기 화난 곰처럼 큰소리로 싸우려고 덤벼들기 때문에 주변에서 건드리는 사람이 없어요. 원하는 대로 합창단이든 법당 봉사든 자기 하고 싶은 일을 하게만 해주면 너무나 착하고 순진한 보살이 곰형 보살입니다.

절에 주지스님이나 신도 회장 고참 보살들은 곰형 보살들을 좋아하면서도 덤벼들까봐 경계합니다! 토끼형 보살은 싫어합니다.

늑대형 보살

   늑대형 보살의 특징은 혼자는 절에 절대로 안가고 늑대들이 떼로 몰려다니는 것처럼 그룹으로 뭉쳐서 다니는 보살들을 말합니다. 전국에 있는 이 사찰 저 사찰 성지순례하며 조금이라도 아는 스님을 친견한다고 방문하고 때에 따라 기도도 하고 아는 보살들 몇 명과 이 절 저 절 방랑하며 다니는 보살을 말합니다. 새는 새장에 갇히지만 나비는 새장에 갇히지 않습니다. 사이로 날아가 버리기 때문이라는 거죠. 무언가에 얽매이지 않고 훨훨 날아다니는 것처럼 성격이 자유스러운 보살을 말하는 것입니다. 자유롭게 다니며 다양한 즐거움을 누려야 살맛을 느낍니다. 인생이 펼쳐지는 대로 경험하며 삽니다. 절에 가서는 불전함에 돈 만 원 넣고 자기를 알아주기를 바랍니다. 절에서 공양 대접 잘 해주기 바라고 스님들에게 차 대접받기를 원하고 불교 이야기보다 사회 돌아가는 일에 관심을 갖고 얘기합니다. 다음에 돈 많은 대보살과 함께 오겠다고 약속하고 헤어진 후 언제 그랬냐는 듯 다시 찾지 않고 또 새로운 절을 찾아가 똑같은 방법으로 대접받고 다니는 보살들이 있습니다. 늑대가 먹이를 찾아 떼로 다니는 것처럼 절 운영에 큰 이익도 못 주면서 끊임없이 자기를 먼저 인정하면 나중에 시주하겠다는 식으로 암시를 주며 몇 명에서 몰려다니는 보살을 늑대형 보살이라고 합니다. 늑대가 혼자 다니지 않는 것처럼 보살들도 마찬가지입니다.
   항상 사찰 정보에 관심이 많아 불교신문 행사란이나 불교TV 광고를 통해 어느 절에서 점안식, 수륙재를 한다, 산사 음악회를 한다, 기도법

회를 한다고 보거나 들으면 같이 몰려다니는 보살에게 날짜를 잡아 같이 가자고 합니다. 사자형 보살이 되기엔 인품, 재력, 인맥 모든 것이 다 모자라고 여우형 보살이 되기엔 눈치가 없고 지혜가 모자라는 보살들을 말합니다. 이런 보살들은 어느 사찰에 주지 스님이 바뀌었다고 하면 아무리 멀어도 꼭 찾아가 인사드리고 억지로 친해지려고 애쓴 후 결국 늑대 같은 본심이 드러나 자기 영역을 확보한 후에는 다른 사찰을 가지 않고 정착하려고 하다가 결국에는 그 사찰의 사자형 보살이나 곰형 보살들과 충돌이 나는 것입니다. 충돌이 나면 늑대처럼 떼로 덤벼들어 보살들 기를 꺾어 이기거나 스스로가 다른 사찰로 떠나가는 보

살을 늑대형 보살이라고 말할 수 있습니다.

▶늑대형 보살의 성격

 술주정 하듯이 쓸데없는 말만 횡설수설 늘어놓는 듯한 대화기법을 사용합니다. 이런 보살들은 절에는 다녀도 불교 교리를 잘 모르고 법문도 잘 듣지를 않아서 아는 것은 없는데 집에 있으면 심심하고 자기 이야기 들어줄 사람을 찾기 위해 절에 다니는 보살 중에, 돈 많은 보살 중에 간혹 있습니다. 늑대형 보살들은 대부분 인상들이 안 좋습니다. 남자상을 하거나 여자의 매력이 조금도 없으면서 인상을 쓰면 무섭고 사자형 보살하고는 항상 앙숙처럼 지내면서 절에 다닙니다. 틈만나면 토끼형을 잡아먹으려고 덤벼들고, 다른 보살들에게 반말하고 인격이나 예의가 전혀 없습니다. 그 습성을 고치지 못합니다. 혼자있는 것을 싫어하고 무리지어 다닙니다. 세속의 조폭과 같은 습성이 있다고 생각하시면 됩니다. 어느 절이든지 반드시 있습니다. 토끼형같은 보살이 절에 나오면 자기 부하로 만들려고 속마음을 감추고 친절하고 자비스럽게 잘해줍니다. 재산도 많고 마음도 착하게 보이기 때문에 가난하게 사는 토끼형 보살은 혹시 덕이라도 볼까 아들 장래 취직하는데 도움이 되거나 인맥을 통해서 남편 사업하는데 도움이 될까 알아두면 손해되는 것 없을 것 같아서 비위를 마춰주면서 늑대형 보살과 친하게 지내는 척하는 경우가 있습니다. 그런데 사자형 보살은 늑대형 보살을 싫어하기 때문에 토끼형 보살을 보호한다는 차원에서 조용히 불러서 늑대형 보살의 나쁜 단점만 이야기를 하면서 은근히 자기편이 돼주기를 바랍니다. 이런 일은 어느 사찰이든지 지금 신도회가 있는 곳은 반드시 사자형과 늑대형 사이에 처음 들어온 순진한 또는 가난한 토끼형 보살들이 있다는 것입니다. 토끼형 보살은 주지스님이 좋아하는 형이지만 주지스님도 신도회 회장인 사자형이나 무리지어 다니면서 말을 막는 늑대형 보살 눈치를 보느라고 접근도 못하고 바라만 보는 것이 현실입니다. 또 사찰에 어려운 불사나 관청에 일이 있으면 해결해주는 것은 사자형이나 늑대형이기 때문에 늑대형을 무시못하고 영역을 차지하고 있는 것이 불교계의 현실입니다.

☞ 화가 날 때 화를 내면 안 되는 이유

같은 보살이라도 성격이 다 다르고 그때그때 느껴지는 감정이 사람마다 다른 것을 알 수 있습니다. 그 감정이라는 말은 정을 느낀다는 의미입니다. 일반적으로 감정이란 뜻은 마음속의 기질, 욕망, 성격 등의 다양한 의미로 사용됩니다. 그런데 보살님, 느낌은 감정과 감각을 포함합니다. 그리고 느낌은 어떤 경험에서 비롯되는 순간적인 반응을 표현하는 것인데, 대개는 자신이 좋은 느낌인지 싫은 느낌인지 뚜렷하게 구분할 수 있지요.

내가 느끼기에 저 보살은 '싫은 보살이다, 좋은 보살이다.' 이렇게 느껴지는 것이 감정이라는 것이죠. 모르는 사람에게는 마네킹처럼 감정이 일어나지 않습니다. 친한 보살끼리는 인간관계에서 더 좋은 친근감을 느끼는 것이고 싫은 보살에게는 싫어하는 감정이 쌓이게 되고 그러다가 결국 싸움으로 변하게 되는 것이죠. 그 싸움이라는 것이 사실은 마음으로 싸우는 질투심이라는 것입니다. 예를 들어서 자기를 칭찬하던 스님이 오늘은 다른 보살을 칭찬하면 한 두 번은 용납이 되는데, 쌓이고 쌓이면 칭찬받은 그 보살에게 질투심을 느껴서 적으로 변하는 것입니다.

인간은 감정의 동물이라고 하죠. 상대방이 자기를 욕하고 비방하고 흉보고 다니면 마음이 상하고 감정이 일어나죠. 내가 좋아하는 보살이나 내가 싫어하는 보살을 봤을 때 딱 그 사람의 얼굴표정을 보면 알

수 있습니다. '아 저 보살이 나를 좋아하는구나'이렇게 알 수 있다는 것이죠. 현대 심리학에서는 얼굴 표정을 기준으로 공포, 분노, 행복, 혐오, 근심, 놀람 등의 여섯 가지 감정을 기본 감정이라고 합니다. 감정이란 좋거나 싫거나 하는 느낌이 있어야 하는데, 놀람은 중립적입니다. 보살님, 무슨 일이든지 반드시 계기가 있고 동기가 있습니다. 그것이 바로 인과법입니다. 동기는 그것이 목표가 만족될 때까지 계속 유지되는 데 반해 감정은 한 순간이라는 것이죠. 내가 화가 났다가도 조금 시간이 지나면 풀리는 것처럼 감정은 찰나라는 것입니다. 보살님이 지금 이 책을 읽으면서도 재미가 있는지, 없는지를 느낍니다. 여기서 중요한 것은 감정이란 것은 어떤 것에 의해서 우리에게 일어나는 것이지, 우리 자신이 스스로 일으키는 것이 아니기 때문입니다. 보살님이 지금 이 책을 보고 있기 때문에 재미있구나 재미 없구나 이런 감정이 일어난다는 것이죠. 보고 있지 않으면 재미있거나 재미없거나 이런 감정이 생기지 않다는 것입니다.

보살님! 때문에 마음에 들지 않고 얼굴만 보면 화가 나는 보살을 보면 얼굴이 빨개지고 심장이 두근거리는 것입니다. 보지 않았다면 아무 생각이 들지 않겠죠? 이렇게 화가 나는 현상을 전문적으로 말해보자면 자율신경 특히 교감신경이 흥분해서 그런 것입니다. 알기 쉽게 말해서, 사람마다 조금씩 다르지만 일반적으로 가슴이 두근두근 뛰고 얼굴색이 빨갛게 변하고 하는 반응이 나타나는 것입니다. 이렇게 화가 나는 이유에는 두려움이나 질투가 대표적입니다. 화가 났다고 생각하지만 실제로는 질투가 나거나 무섭거나 혹은 이 감정들이 모두 혼합된 상태일 수도 있다는 것입니다. 보살들끼리 싸울 때 서로 잘못했다고 나는 잘했다고 자신의 행동을 정당화시키지만 사실은 저 보살이 너무 잘나 보여서 질투심 때문일 수도 있다는 것입니다.

현대 심리학에는 싸움–도주 반응이라는 말이 있다고 합니다. 이것은 동물이 적을 만나는 상황과 같은 비상사태에 접하면 교감신경이 흥분하여 심장 박동이 올라가고 근육에 힘이 들어가서, 맞서 싸우든지 전속력으로 도망갈 수 있는 강력한 힘을 제공한다는 이론입니다. 이것과 같이 보살님들이 화가 날 때나 싸울 때 심장이 벌렁벌렁 뛰고 얼굴이 빨개지고 목소리가 커지는 것입니다. 그러나 싸우고 싶지 않을 때는 도망가는 심리가 생기는데, 싫은 보살이 있게 되면 절에 나오지 않게 되는 이치와 비슷한 것입니다.

불교에서는 감정을 조절하려는 노력을 많이 합니다. 그것이 바로 수행입니다. 염불도, 참선도, 기도도 많이 하면 감정을 자제할 수 있기 때문입니다. 불교를 믿지 않는 세상의 여자들은 수행으로 감정을 조절하는 것이 아니고 기분 전환을 위해 영화를 보러 가고, 맛있는 음식을 많이 먹기도 하고, 술도 마시고, 바람 쐰다고 여행도 합니다. 그러나 수행이 안 되어 있는 사람들은 일단 화나는 일을 당하면 아무리 좋게 생각하려고 해도 화가 나는 것은 어쩔 수 없습니다.

그래서 불교에서는 화를 내지 말라는 것입니다. 화를 낸다는 것은 감정을 표현하는 것이고, 상대방에게 불쾌감을 안겨주기 때문입니다. 기쁨을 줘야 보살이지, 마음을 상하게 하고 화를 잘 내게 되면 여성이지 보살이 아닙니다. 여성은 그냥 여자, 보살은 불교를 믿고 불심이 깊은 여성 중의 수행이 잘 된 사람이나 앞으로 수행이 잘 되라고 하는 분을 존중해서 쓰는 용어라는 것을 잘 알고 계셔야 합니다.

세퍼트형 보살

우리집 강아지는 복슬강아지
어머니가 빨래가면 멍멍멍
졸랑졸랑 따라가며 멍멍멍

우리집 강아지는 예쁜 강아지
학교갔다 돌아오면 멍멍멍
꼬리치고 반갑다고 멍멍멍

　세퍼트도 어릴 때는 귀여운 세퍼트 강아지였습니다. 그러나 커서는 강아지가 떨어지고 세퍼트라고 합니다. 절에도 보살님들 중에서 성격이 세퍼트형이 있다는 것입니다. 주인만을 바라보는 충성스럽고 믿음직한 세퍼트처럼 앉으나 서나 주지스님 생각만 하고 스님중에서도 주지스님만 스님으로 인정합니다. 충성스럽고 믿음직한 보살로서 스님의 명령은 지상 최대의 명령이고 이 한목숨 바쳐서 주지스님이 잘 되고 사찰만 잘 된다면 행동으로 옮길 수 있는 보살을 말합니다. 평소에는 평범한 보살인데 절에서 문제가 터지고 주지스님이 해결사로 임명해서 명령만 내렸다 하면 물불을 가리지 않고 시행합니다.
　세퍼트는 덩치도 있고, 날쌔면서 영리하기 때문에 다른 애완견과 달리 훈련만 시키면 군인들과 순찰을 도는 군견이 되기도 하고, 경찰견이 되기도 하고, 인명구조에 쓰이는 소방견이 되기도 합니다. 장애인을 위한 길 안내 훈련을 받는 것도 세퍼트가 하는 것입니다. 이런 세퍼트형 보살은 절에 시주 잘하고, 봉사 잘하고, 이익을 주는 사람에게는 꼬리를 살랑살랑 흔드는 것처럼 친절하고 자비스럽고, 미소가 떠나지 않습니다. 절 신도를 다른 절로 소개해서 빼갔다든지 남 욕을 하고 다닌다든지, 절에 와서 시비를 걸고 대중을 괴롭힌다던지 하면 자기 판단에 의해서 스스로가 해결하기 위하여 나서는 경우와 주지스님 명령에 의해 행동으로 옮기는 보살을 말합니다.

처음 절에 온 사람에게는 표시가 안나기 때문에 세퍼트형 보살이 누군지 전혀 모릅니다. 그러나 이 절, 저 절 많이 다닌 절밥을 많이 먹은 전국구 보살들에게는 세퍼트 보살이 눈에 뜨입니다. 그래서 접근을 하지 않습니다. 착한 보살님들만 있는 곳은 늑대보살이나 쥐보살들이 항상 있습니다. 그러나 세퍼트보살이 있는 절은 통하지가 않기 때문에 올 생각을 하지 않습니다. 세퍼트형 보살은 한 절에 너무 많아도 분위기가 무서워서 신도가 늘어나지 않습니다.

너무 없어도 문제고 많아도 문제인 것입니다. 세퍼트형 보살의 특징은 법회날이나 행사가 있는 날, 마당가에서 바쁘게 움직이며 긴장을 놓치지 않고 왔다갔다하며 법당 안에 들어가는 것 보다 바깥에서 사람만나고 수다 떨고, 대화를 통해서 다른 사찰, 다른 스님들 정보도 입수하고 자기가 미워했던 보살 정보도 뽑고 그래서 그 날의 행동을 강하게 할 것이냐, 약하게 할 것이냐 판단내릴 자료로 삼습니다.

주지스님도 법회날 갑자기 긴급상황이 있으면 세퍼트형 보살을 호출합니다. 드디어 명령을 받고 주지실에서 나올때는 의기양양하고 특별근무에 들어가는 것입니다. 오늘 이상한 노숙자들이 오고 신도도 아닌 낯선 사람들이 나타난 것이 다단계 물건 팔러 온 것 같기도 하고, 간혹 법당에서 물품을 잊어버리는 경우도 있고 긴 철사에 껌을 붙여 불전함의 돈을 훔쳐가는 좀도둑도 있으니 특별 경계를 잘 하라는 지시를 받았기 때문에 세퍼트가 근무하는 것처럼 날카로운 눈빛으로 전체상황을 파악하고 다닙니다.

아무일 없이 법회가 끝나면 주지스님께 "오늘 아무일이 없었어요." 이렇게 보고하고 떡이나 몇 개 얻어서 가는 보살을 세퍼트형 보살이라고 합니다. 시골절에는 세퍼트형 보살이 없는데 대도시 큰 사찰에는 반드시 있습니다. 세퍼트형은 만약 주지스님 임기가 끝나서 다른 곳으로 발령이 나면 그 스님을 따라다닙니다. 어떤 경우는 세퍼트형 보살이 따르던 주지스님이 세퍼트형 보살에게 명령을 내리면 남아서 새로운 주지스님을 따르거나 혹은 물려고 덤벼드는 경우가 있습니다. 기가 막힌 현실입니다. 이런 보살들이 있으면 착하고 순진하고 돈 많은 대보살들은 절대 오지를 않습니다.

그래서 새로 주지스님이 오게 되면 세퍼트 형 보살을 누르기 위하여 자신을 따르는 세퍼트형 보살을 몰고들어오는 수가 있습니다. 그러면 서로 치고 박고 싸움이 납니다. 싸움이 나면 진 쪽이 꼬리를 내립니다. 그러나 중요한 것은 세퍼트형이 깊은 불심과 충성심이 있다는 것입니다. 충실하게 직속상관 명령을 따른다는 사실입니다. 이렇게 세퍼트형 보살들끼리 싸울 때면 토끼형 보살들과 같은 순한 보살들은 겁이 나서 당분간은 절에 나오질 않습니다.

운동권 출신 세퍼트형 보살 이야기

독재 체제 타도를 위해 자신의 모든 삶을 바치며 투쟁, 영원한 투쟁을 외치던 그녀의 가슴에는 이성이 자리할 곳이 없었습니다. 그런데 대학 축제마당에서 공연하던 노래동아리의 멤버가 그녀를 보는 순간, 가슴에서 주체할 수 없는 거센 소용돌이가 일며 그녀에게 한 눈에 반한 것입니다. 그 남자의 끈질긴 구애는 계속되었지만, 생활능력과는 거리가 멀어보이는 노래동아리 멤버인 남자, 그리고 자신도 운동권의 여자라 함께 인생을 보내기에는 현실이 만만치 않은 일이란 것을 잘 알고 있던 것입니다. 그래서 그녀는 열렬히 구애를 펼치는 그를 거들 떠보지도 않았습니다. 하지만 오랫동안 변함없이 지속되는 그 남자의 순수한 열정에 결국 마음을 열었습니다.

그러나 예상대로 현실의 결혼생활은 순탄하지 않았습니다. 남편은 가장으로서 가족을 건사하는 일에는 전혀 관심이 없었고, 그녀 또한 정치적 신념에 따른 생활을 우선시 하다 보니 가족이라고 불리기 힘들 정도였습니다. 이런 불만은 사랑하는 서로의 얼굴을 볼 때면 누그러지곤 했지만, 결혼 7년째에 이르러서는 세상사는게 힘들고 서로 얼굴보는 시간도 줄어들어 힘들게 되었습니다.

정치적 신념과 노래하는 예술혼을 불태우며 생활하는 그 남자와 여자의 불안정한 가정생활은 결국 서로에게 심한 회의감을 느끼게 한 것입니다. 이제는 나이가 들어서 운동권에서 활발한 활동도 못하고 그렇다고 남편과는 이제 남과같이 멀어진 사이가 된 이런 보살이 주변에 친척언니가 절에 가자고하여 절에 다니다가 기초교리 교육을 받고 신심이 점점 생겨 절에서 봉사하다가 주지스님 눈에 들어 절의 신도를 관리하고 조직을 유지시키는 보살이 되는 것입니다.

운동권에서 하듯이 자신이 다니는 사찰이 발전 할 수 있도록 노력을 하고 이런 보살은 공부보다도 사회적인 활동이나 사찰과 속세의 일을 연결시키는 것을 잘하고 가정생활의 아픔이 불교일로 바뀌면서 주지스님의 명령에 복종하는 세퍼트형 보살이 되어 때에 따라 악역도 한다는 것입니다. 사찰에 이익을 주는 신도한테는 친절하게 잘 대해주고 손해를 끼친다고 생각이 되면 물어뜯으려고 대신 정의감을 가지고 시비를 걸며 싸움도 거는 보살입니다.

멧돼지 형 보살

멧돼지의 날카로운 엄니는 호랑이마저
도 죽음에 이르게 할 수 있다. 특히 거대
한 수컷 멧돼지는 어지간해선 포식자들의 표적이 되지 않으며, 심지
어 작은 개체라도 육식동물들에게 역공을 가해 치명적인 부상을 입힐
수 있다. 또한 멧돼지는 높은 지능을 가지고 있다. 사냥꾼의 총이나
창 등에 의해 상처를 입은 멧돼지는 스스로 얼음물에 들어가 상처를
지혈한다거나 송진으로 상처를 봉합하기도 한다. 그리고 멧돼지는 시
력은 그리 좋지 않지만 주로 코로 냄새를 맡아 먹이를 찾기 때문에 개
에 못지않은 매우 뛰어난 후각을 가지고 있다.

절에는 멧돼지형 성격을 가진 보살이 있습니다. 주지스님의 명령은
지상 최대의 명령이고 군대식으로 목숨을 걸고 싸우라면 싸우고 일하
라면 하고 화주하라면 하고 시킨 대로만 하는 아주 저돌적인 힘 좋은
보살을 멧돼지 형 보살이라고 합니다. 사찰에서 일어나는 일에 입 무
겁게 지켜보고 있다가 자기가 할 일이라고 판단이 되면 물불을 가리
지 않고 목숨을 걸고 해결하는 보살을 말합니다. 이 멧돼지형 보살의
특징은 주지스님 명령에 움직인다는 것입니다. 마음에 안 들면 사자
형 보살이고 여우형 보살이고 멧돼지가 화난 것처럼 싸우자고 덤벼들
기 때문에 주지스님은 좋아할지 몰라도 몇몇 보살은 싫어 할 수도 있
습니다.

멧돼지형 보살은 성실하고 근면하며, 충성스럽고, 인내심이 많습니
다. 또한 맡은 바 임무를 철저하게 실행하고 규칙을 잘 지키며, 책임
감이 강합니다. 전통 의식과 공식 행사와 규칙, 규율을 철저히 지키고
다른 사람도 그에 따라서 철저히 지키기를 바랍니다. 가장 중요하게

생각하는 가치는 충성이라는 것입니다. 그래서 주지스님의 명령을 한 치의 망설임도 없이 충성스럽게 이행하려는 것입니다. 바른 것을 행하길 즐기고, 책임을 다합니다. 그래서 자기같은 멧돼지형 보살들과만 잘 어울린다는 것이죠.

하지만 멧돼지형 보살의 단점은 다른 보살들과 화합을 잘 하지 못하고 잘난 척을 잘하고 자기과시욕과 인정받고 싶은 욕구가 강하다는 것입니다. 이 멧돼지 형 보살은 한 번 주지스님과의 인연을 맺게 되면 설령 주지스님이 다른 절로 떠나간다 하더라도 절을 보고 나가는 것이 아니고 사람을 보고 움직이기 때문에 주지스님을 찾아 아무리 먼 곳이라도 찾아다닌다는 것입니다. 우리 주변에는 간혹 이런 멧돼지형 보살이 있습니다.

황소형 보살

얼룩송아지 ♬
송아지~ 송아지~ 얼룩송아지~
엄마소도 얼룩소 ~ 엄마 ~닮았네

송아지~ 송아지~ 얼룩송아지~
두 귀가 얼룩 귀 귀가 닮았네

어린 송아지 ♪ ♪

어린 송아지가 큰 솥위에 앉아 울고 있어요
엄마– 엄마– 엉덩이가 뜨거워

어린 송아지가 얼음판에 앉아 울고 있어요
아빠– 아빠– 엉덩이가 시려워

　소가 아기일 때 송아지라고 합니다. 송아지가 커서 소가 되는 것입니다. 절에는 소형 보살들이 진짜로 많이 있습니다. 소형 보살들은 오신채를 안 먹으며 육식은 물론이요, 고기조차도 잘 먹지 않고 채식을 하자고 주장하며 건강하고 힘도 좋아 성실하게 일도 잘 합니다. 돈도 쓸 때는 쓰고 아낄 때는 아끼고 염불도 참선도 잘합니다. 무엇보다 스님들을 좋아하고 사찰에서 일어나는 일을 모두 자기 일로 알고 자기 집 살림보다 절 살림을 더 신경 씁니다. 신도 하나라도 더 오도록 만들며 사자형 보살이든 여우형 보살이든 늑대형 보살이든 곰형 보살이든 쥐형 보살이든 절에 이익을 주는 보살이면 합장하고 비위맞추고 보살들 애경사는 한 번도 빠지지 않고 쫓아다니고 같은 절 신도들이 장사를 하면 물건 값 깎지도 않고 잘 팔아주고 기도비도 잘 내고 형편껏 불사비도 잘 내는 모든 것이 모범형 보살입니다. 다른 보살이 보기에 자신이 '바르게' 행동 하는지 신경 쓰는데 시간을 많이 씁니다.
　황소형 보살은 소유욕이 강합니다. 가족의 명예를 생명처럼 알고 있기 때문에 남들이 가족을 무시하거나 흉을 보면 화가 나서 소가 뿔로 받아버리는 것처럼 싸움을 해버립니다. 하지만 소형 보살은 순진하고 단순하기 때문에 화가 났다가도 또 금방 풀어지고 성격이 직선적이어서 할 말은 하지만 아주 친하지 않으면 별 말 없이 지내는 보살입니다. 즉, 가족의 명예를 건드리지만 않으면 평생 화 한 번 안내고 열심히 수행하는 착하고 순진한 보살을 소형 보살이라고 합니다.
　돈을 조심해서 쓰며 위기상황에 대해 경제적으로 잘 대비되어 있고 가계를 안정되게 유지합니다. 약속시간에 늦는 것을 싫어하고 정각 정시 제시간에 맞는 것을 좋아합니다. 또 다른 보살들이 이야기의 요점만 간단히 말하길 원합니다. 항상 군인처럼 자신이 맡은 임무에 충실하고 소처럼 꾸준히 일함으로써 절 운영에 꼭 필요한 도움을 주는 스님들 세계에서는 절실히 필요한 보살입니다.

▶ 황소형 보살 사례

  시어머니는 결혼 초부터 며느리를 반대했습니다. 왜냐? 그 이유는 인물이 못생겼고, 집안이 별 볼일 없고, 돈버는 직장도 없고 그런데 아들은 엄청나게 좋아합니다. 결혼하겠다고 해서 사주를 봤는데 사주마저 안좋다고 합니다. 그래서 반대를 했습니다. 그러나 결국 아들은 어머니가 반대한다고 하더라도 계속 결혼하겠다고 만나고 속도위반으로 임신까지 시켰습니다. 어쩔수 없이 마음에 없는 며느리를 허

락할 수 밖에 없었고 둘은 결혼을 했습니다. 문제는 시집살이를 하면서부터 시작이 됐습니다. 시어머니는 며느리에게 사사건건 간섭하고 '밥이 설익었다. 국이 짜다, 싱겁다. 빨래하나 제대로 못 하냐, 이게 방 청소 한 거냐.' 도저히 잔소리에 살 수 없을 정도가 되었습니다.

남편이 길을가다 넘어지면 재수없는 며느리 때문에 우리 아들이 이런 일이 생겨서 고통을 겪고 있다고 들으라고 큰 소리로 투덜투덜 거리는 것이었습니다. 그래도 손자는 떡두꺼비처럼 잘 낳아서 시어머니는 손자는 좋아합니다. 시간은 흘러 꾹 참고 몇 년을 잘 살았는데 드디어 큰 사건이 터졌습니다.

하루는 시아버지가 편찮으셔서 밤에 이부자리를 봐드리려고 시아버지가 계시는 안방에 들어갔다가 나왔습니다. 그 순간 시어머니와 마주쳤는데 시어머니가 며느리의 옷자락을 잡아끌더니 이년저년 욕하면서, 다 늙은 시아버지마저 유혹하려고 내 허락도 없이 방에 들어갔다가 나오냐고 하면서 내 아들을 유혹해서 임신부터하고 반대하는 결혼을 하더니 이제는 재산이 탐이나서 시아버지에게 접근하느냐? 천하의 나쁜 쌍것 같으니라고! 이렇게 누명을 씌우는 것이었습니다.

그 뒤에는 너무나 충격적인 말을 하는데 "너와는 이집에서 살 수 없다. 이혼을 해라." 이렇게 계속 학대를 하는 것이었습니다. 견디다 못해 친정에 잠깐 머리를 식힐겸 3일만 다녀오겠다고 시어머니의 허락을 얻고 남편에게도 연락하여 허락을 얻고 애기를 데리고 친정에 갔는데 시어머니는 아들에게 전화하여 말하기를 너랑 결혼하기 이전에 친하게 지냈던 남자친구의 연락을 받고 친정에 간다고 거짓말하고 애기를 데리고 집을 나갔다고 회사에 간 아들에게 거짓전화를 한 것입니다. 남편은 퇴근 후에 집에 왔는데 아버지는 아파서 안방에 누워있고 어머니는 거실에서 슬픈 표정으로 간간이 울고 있는 것입니다. 왜 우냐고 하니, 어제 며느리가 너희 아버지를 유혹하러 내 허락도 없이 안방에 출입하는 것을 목격하고 혼내주었더니 변명하는데 친정가서 억울하다고 마음좀 가라앉힐겸 쉬었다가 오겠다고 해서 보냈다고 말하는 것입니다. 아들은 어머니의 성격을 잘 알아 누명 씌우지 말라고 큰 소리로 언성을 높이면서 어머니와 대판 싸웠습니다. 집안의 분위기는 뒤숭숭해지고 아내는 친정가서 하루자려고 하는데 마음이 편치 않아 저녁에 남편에게 전화를 했더니 하루저녁만 자고 빨리 오라고 3일을 친정에 머무르면 어머니 성격에 더 힘든일이 생길 수 있다고 그래서 그 다음날 아침에 남편이 출근 한 후 오후에 애기를 데리고 다시 집으로 들어왔습니다. 그 때 거짓말을 했던 시어머니는 며느리 보기가 미안했고 퇴근 후 어머니의 거짓말을 눈치 챈 아들은 자기 부인을 위로해주며 어머니를 대신해 용서를 빌었습니다. 어머니와 아내 사이에서 남편은 불쌍한 남자로 변해갔습니다.

시간은 흘러 어느 정도 시어머니도 마음이 가라앉았고 집안이 평온해졌는데 절에 다니는 시어머니의 도반이 산좋고 물좋은 좋은 절 성지순례를 가니 함께 가자고하여 처음으로 절을 찾아갔다고 합니다. 절에 가보니 너무 좋고 극락세계같고 그때부터 불교에 관심을 갖고 천수경도 하고 불교방송도 들으면서 서서히 불자가 되어갔습니다. 그리고 동네 사찰에 나가서 봉사도 하면서 열심히 절에 다니더니 시어머니도 옛날같지 않고 모든 것을 이해하고 잘해주시는 것입니다. 그 뒤 절에서 시키는대로 원리원칙대로 자기할일과 수행만을 열심히 하면서 주지스님 명령에 복종하고 절에 궂은 일을 찾아서 하는 이런 형의 보살이 황소형 보살입니다. 마음고생을 하도 많이 했기 때문에 사자형 보살이나 늑대형 보살이 뭐라고 하더라도 항상 뿔로 받아버릴 준비가 되어있기 때문에 토끼형과 달리 만만하게 하지못하는 보살을 황소형 보살이라고 합니다. 이런 유형의 보살들은 어느절이든지 있습니다. 황소형 보살이 많으면 주지스님은 좋아합니다. 불사도 잘되고 도량도 깨끗하고 신도도 늘어나고 남들은 이런 과거에 마음고생 한 것을 아무도 모릅니다.

☞ 읽으면 도움이 되는 심리학 갈등이론

　황소형 보살이 누명도 쓰고 억울한 일도 겪었지만 사람들은 이럴까 저럴까 항상 갈등을 느끼고 삽니다. 심리학에서는 갈등이론을 어떻게 설명할까요? 보살님들은 지금부터 갈등이론에 대해서 알아볼 필요가 있습니다. 갈등이란 무엇이냐? 선택을 놓고 고민하는 것입니다. 갈등 이론은 인간사회를 보는 관점이 부정적이다. 사회는 본질적으로 갈등과 대립이 존재하는 곳이며, 이런 갈등과 대립은 사회를 변화시키는 원동력이 된다고 본다. 대표적인 갈등이론으로는 문화재 생산이론, 저항이론, 경제재생산이론 등이 있다고 합니다.

　첫째, 갈등이론을 주장하는 학자들은 사회를 부정적인 존재로 본다. 사회는 언제나 변화하며 끊임없는 경쟁과 갈등 속에 있다고 본다. 사

회는 한 장의 피자와 같이 유한한 물질을 갖고 있다. 그러나 이에 비해 인간의 욕망은 무한하므로 당연히 모든 사회는 피자 한 판을 둘러싼 갈등과 긴장의 관계에 놓여있게 된다. 특히, 지배계급과 피지배계급간의 권력 차이는 갈등의 가장 중요한 원인이고, 이런 갈등은 사회 분열과 변화를 초래한다.

둘째, 갈등론자들은 사회의 질서유지는 구성원 간의 합의에 의한 것이 아니라, 지배 계급의 강제에 바탕을 두고 있다고 본다. 지배계급은 사회의 기득권을 갖고 있고, 모든 사회가치의 중심체 역할을 하며, 자신들의 지위를 유지하기 위해 사회를 움직이고 싶어 한다. 그러므로 그들에게 피지배 계급이 갖고 있는 힘은 위협적인 요소로 여겨질 수밖에 없다. 그러므로 지배 계급은 설득이나 교화 등의 방법으로 피지배계급에게 자신들의 입장을 정당화시키려고 한다. 합리성을 가장한 강제적인 정당화 방식으로 피지배계급을 자신들에게 유리한 체제 속으로 들어오게 하고, 그렇게 함으로써 사회는 지배계급에 유리한 체제로 유지되도록 한다.

쥐형 보살

절에는 쥐형 보살이 있습니다. 이 쥐형 보살의 특징은 어떤 절이든 쌀이 많이 들어오는가 안 들어오는가에 관심이 쏠려 있다는 것입니다. 공양간의 공양미에 관심이 많고 밥 하는데 관심이 있습니다. 밥맛이 좋다고만 하면 아무리 멀어도 단숨에 달려가서 공양을 들고 공양주 인상이 좋은가 나쁜가 자세히 살펴보곤 합니다. 음식 맛이 없고 공양주 보살의 인상이 안 좋으면 그 절에 두 번 다시 발길을 옮기지 않습니다. 공양주가 스님보다 중요하다고 생각하고 항상 먹는 데 관심이 많습니다.

또한 절에서 먹는 공양은 무조건 좋아해서 밥은 꼭 먹고 먹다 남은 것은 싸가기도 합니다. 또한 된장, 고추장, 쌈장, 간장 가릴 것 없이 꼭 얻어가려고 하기도 하고 하다못해 누룽지라도 얻어가야 직성이 풀리는 보살들입니다. 저절로 오는 것은 복이고, 요구하는 것은 빚이라고 하는데 달라고 요구하는 것이기 때문에 빚이 되는 것입니다. 절에는 눈에 보이지 않지만 신장들이 있기 때문에 무엇 하나라도 갖다 줘야 좋아하지 가지고 나가는 것은 좋아하지 않는 것입니다. 이런 이치를 모르기 때문에 무조건 맛있다고 좋다고 달라고 해서 얻어가는 보살들이 많이 있습니다. 그래서 이런 보살을 쥐 보살이라고 합니다.

그리고 종단과 문중에 관심이 많아 이 스님은 어느 문중이고 어떤 스님의 상좌이고 사형 사제 관계에 대해서 관심이 많아서 수행보다도 스님들 정보에 더 열을 올립니다. 만나는 스님마다 이절 저절 돌아가는 정보를 제공하고 좋은 소식보다도 나쁜 소식을 이 절 저 절 다니며 쥐처럼 이 소문 저 소문을 퍼뜨려야 살맛이 나고 스트레스가 해소되어 속이 시원하기 때문에 이런 보살을 쥐형 보살이라고 합니다. 이 쥐형 보살들을 꼼짝 못하게 하는 보살이 사자형 보살이나 늑대 보살, 곰 보살 들입니다. 만약에 소형 보살에게 걸렸다 하면 반 죽었다 생각하고 절대로 비방하거나 나쁜 소문을 퍼뜨리지 않습니다. 쥐새끼는 순식간에 늘어나는 것처럼 인터넷이 발달되고 핸드폰이 발달된 요즘은 헛소문에 관심 갖고 있는 쥐형 보살들이 나날이 늘어나고 있는 것입니다. 하지만 사찰에 큰 이익은 못 준다는 것입니다.

쥐형 보살이 많은 절은 경제적으로 빈곤합니다. 반드시 고양이형 보살이 필요합니다.

고양이형 보살

절에는 고양이형 보살이 있습니다. 고양이는 습성이 몰래 훔쳐가는 것입니다. 그래서 길거리 고양이는 도둑고양이라고 합니다. 불교를 믿는다고 해도 절에서 순식간에 도둑질을 하는 보살들이 있습니다. 지금도 큰 사찰 법회때는 헌 신발을 신고와서 비싼 새 신발로 바꿔신고 가는 보살들이 있습니다. 이런 보살들을 도둑고양이형 보살이라고 합니다.

처음 도를 배우는 자는 마땅히 먼저 5계와 삼귀의를 익혀라. 5계는 자비스런 마음으로 살생을 않는 것. 청렴하여 도둑질 않는 것, 정결하여 더럽히지 않는 것, 성품이 온화하여 속이지 않는 것, 뜻이 밝아서 산란하지 않는 것이며. 3귀의는 부처님께 귀의하여 바른 도를 이루며 법에 귀의하여 스스로 마음을 제어하며 수행자에 귀의하여 무리 가운데 받은 바가 광대하여 마치 대해가 포함하지 않는 바가 없는 것과 같다.

이렇게 가르치는 사찰에 와서 한탕을 하려고 하는 도둑을 도둑보살이라고 합니다. 외모로는 결코 알 수 없는 것입니다. 열길 물속은 알아도 한길사람 마음은 모른다고 겉모습을 보고는 절대 구분할 수 없습니다.

도둑 보살들은 절에 와서 법당에서 기도하는 척하면서 훔칠만한 물건이 있는가, 없는가를 눈여겨보고 CCTV가 있으면 위치를 피하기도 하고 범행 대상을 찾아서 가방을 통째로 훔쳐가기도 합니다. 상대방이 108배나 3000배 등 신심 있게 절하는 순간에 슬쩍 접근하여 감쪽

같이 자기의 큰 쇼핑백에 0.1초 사이에 집어넣어 쇼핑백을 다른 도둑 보살에게 전달하면 전달 받은 쇼핑백은 현장을 떠나 준비된 차에 싣고 일행은 유유히 빠져나가고 도둑 보살도 태연히 자리를 뜨는 경우가 있습니다. 여자 전과자 상습범으로 산사에서 벌어지지 않고 도심 사찰에나 포교당에서 2인 1조로 행동하여 움직인다고 합니다. 조심해야 됩니다. 절이라고해서 방심하면 안됩니다. 자나 깨나 불조심! 자나 깨나 지갑조심! 도둑은 목표를 정하고 기도하는 보살의 지갑을 노리고 있습니다. 잊어버리고 후회하지 말고 미연에 방지하는 것이 올바른 지혜입니다.

사자형 보살

동물의 왕 사자♬

보살님! 사자형 보살들은 권력을 갖고 사찰운영에 관여하고 싶어합니다. 그러면, 권력이란 무엇이냐? 권력을 갖는 방법에 대해서 일러드리겠습니다.

1. 일은 남을 시키고 명예는 당신이 차지하라
2. 이따금씩 모습을 감추어라
3. 신앙심을 이용하라
4. 과감하게 행동하라
5. 왕 대접을 받으려면 왕처럼 행동하라
6. 적당한 때를 기다려라

7. 이미지를 앞세워라

　당신이 최고야, '이 세상을 다 준다 해도 바꿀 수 없는 당신, 당신 없는 세상은 어떤 것일까?' 이런 노래가사가 있습니다. 이 노래가사처럼 절을 운영하는데 꼭 필요한 대보살을 말하는 것입니다. 키가 커서 대보살이 아니고, 마음 쓰는 것이 크면 대보살이라고 합니다. 용모도 관세음보살처럼 잘 생기고 위풍당당하며 신도회장감으로 재력도 있고 학식도 있고 사회적인 인맥도 넓고 불사 추진력도 동시에 갖춘 보살입니다. 돈도 많아 시주를 해도 한 번에 통 크게 하는 보살입니다. 이런 대보살이 있기 때문에 그나마 불경기에도 절들이 유지가 되는 것입니다.

　사자형 보살은 확고한 카리스마를 지니고 있기 때문에 신중하게 결정을 내리고 한 번 판단 내린 것은 꼭 실천에 옮기는 대보살입니다. 자신이 맡고 있는 사찰 업무에 대해서는 외부의 압력이나 심지어 스님이라고 해도 간섭을 용납하지 않습니다. 신도들을 신심 있게 끌고 나갈 수 있고 사찰을 발전시킬 수 있고 주지스님을 배후에서 조종할

정도의 정치적인 영향력을 가지고 있는 보살을 동물의 왕인 사자와 같은 사자형 보살이라고 합니다. 사자형 보살님들은 대부분이 절에 오래다녔고 수행을 많이 하신 노보살님들입니다.

사자형 대보살의 코스는 대부분 이렇습니다. 일평생 남편이 사업을 해서 모은 재산을 부인이나 자식에게 엄청난 유산을 남기고 가셨을 경우, 혼자 이 많은 돈을 어떻게 다 써보고 죽겠습니까. 밥은 먹어야 얼마나 먹고, 옷을 사 입어야, 구경을 해야, 외국을 다녀야, 돈을 아무리 쓰려고 해도 줄지를 않습니다. 돈 있는 보살들은 같은 또래 도반들에게 잘 베풀어 주변의 어려운 학생들에게 장학금도 주고 삶에 지쳐 힘든 이웃에게 돈을 받지 않는 조건으로 보시를 해서 삶의 희망과 용기를 주고 재기할 수 있게 밑천을 대주는 보살도 대보살입니다. 그리고 대학 같은 곳에 기증하는 경우도 있습니다. 그런데 진짜 대보살은 천년만년 내려가야 될 불법을 위해서, 불법을 위해서 큰일을 할 수 있도록 원력을 세우고 큰돈을 내놓는 경우입니다. 뒤에서 설명드릴 창건주형 보살과는 완전히 다릅니다. 자신이 맡은 일만 하지 세세한 운영에 터치하지는 않는 것입니다. 전국에는 이렇게 절 운영에 도움을 주는 사자형 대보살들이 꼭 있습니다.

이런 사자형 대보살님들이 버팀목처럼 든든히 버티고 있는 절은 운영이 탄탄하지만 영양가 없이 말썽만 많은 쥐 보살들만 바글바글하면 운영이 어렵다고 합니다.

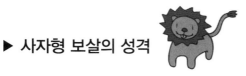

▶ 사자형 보살의 성격

대화를 나눌 때 선천적으로 말투가 공격적이고 따발총 쏘는 것처럼 일방적으로 상대방 의견은 들어보지도 않고 계속 말을 하는 것을 말합니다. 이런 보살님들은 대부분 신도회 회장이나 총무이거나, 나이도 있고 직책도 있고 남편이 사회적 지위가 있는 보살들 중에 남편이 큰 사업을 하거나 큰 회사를 운영하는 상류지도층 보살중에 사찰에서는 신도 회장이나 시주를 많이 한 보살중에서 이런 업을 가진 보살들이 어느 절이던지 반드시 있습니다. 인연있는 순진한 토끼형 보살들은 사자형 보살에게 복종하고 순종하면서 인간관계를 맺고 절에 다니는 경우가 있습니다. 이런 토끼형 보살은 눈치 보느라고 법회나 행사가 끝나도 금방 집에 가지 못하고 사자형 보살의 허락을 얻은 다음에 가도록 분위기가 되어 있습니다.

사자형 대보살 측천무후

중국의 여황제 측천무후는 역사상 불사를 가장 많이 하였고 각 나라 고승들을 초청해서 법회를 열기도 하고 다른 나라에서 중국으로 불법을 배우러 유학 오는 유학생들을 소홀함이 없도록 잘 대접하여 불교발전에 큰 기여를 하였습니다. 측천무후가 통치하는 기간에 불교의 지위가 유교나 도교보다 훨씬 위로 격상 시키는 칙령을 선포하여서 불교를 찬란하게 빛나게 한 역사적인 큰 인물입니다. 그러나 결국 황제라도 보살이기 때문에 많은 스님들을 존경도 하고 마음에 맞지 않는 스님은 모르는 척 외면도 했다는 것입니다. 육조혜능선사(638~713)와 같은 시대를 살았던 신라의 의상대사도 측천무후 당시 중국으로 유학을 떠나 화엄학을 공부했습니다. 이러니 사자형 보살의 이야기를 할 때 측천무후를 빼고서는 이야기가 되지 않습니다.

그렇다면 측천무후(624-705)의 일생을 간략하게 설명해 드리겠습니다. 측천무후는 당 고종의 황후로 무주의 황제가 되어 690년부터 705년까지 제위 했습니다. 690년에 예종을 폐위시키고 자칭 성신황제가 되어 나라를 세웠습니다. 국호를 '주'라고 했으며, 연호를 '천수'라고 칭했습니다. 역사에서는 이 시기를 '무국'이라고 합니다. 당나라

2대 황제 태종 이세민은 측천무후가 중국천하의 최고의 미인이라고 관상쟁이로부터 소문을 듣고 직접 보고 싶어 궁으로 불러들였다고 합니다. 그 바람에 운명이 바뀐 것입니다. 측천무후의 용모는 넓은 이마에 네모진 턱, 튼튼한 골격, 강인한 이미지, 여기에 이지적인 분위기가 감도는 용모, 요컨대 시원시원한 잘생긴 보살의 모습이었다고 하니 성적인 매력을 각별하게 풍기는 용모는 아니었던 듯합니다. 여기에 성격도 대담하고 호걸 스타일이어서 태종은 측천무후를 궁녀로 시중을 들게 하였는데 궁궐에 들어와서 처음 맡은 일이 황제의 목욕물을 데우고 목욕준비를 하는 시녀로부터 시작되었다고 합니다. 하지만 세상은 무상한 것이라 황제도 늙고 병들고 죽는 생로병사의 법칙은 벗어날 수가 없어 태종은 649년 세상을 떠나갔습니다. 옛날 같으면 황제를 따라 함께 죽는 것이 왕실의 법도이지만 불교가 들어오고 그렇게 하기에는 잔인한 일이고 사람의 목숨은 소중하기 때문에 그 대신 시녀들이나 수청을 들었던 여인들은 모두 황실을 떠나 평생을 황제에게 기도하는 마음으로 절에 들어가서 여생을 마치도록 했다고 합니다.

그래서 측천무후도 태종이 죽은 후 궁궐을 나와 절에서 생활을 하고 기도하며 살고 있었는데 태종 다음 황제가 된 3대 황제 고종 이치가 정권을 잡은 후 측천무후를 불러들였습니다. 고종은 이미 황비가 있었지만 측천무후를 세속적으로 말하면 첩으로 앉힌 것입니다. 졸지에 다시 입궁하여 궁궐 생활을 하게 되었습니다. 이 때부터 측천무후의 파란만장한 인생이 시작된 것입니다. 이런 기구한 사연을 안고 살아가는 측천무후는 서서히 권력의 맛을 들여 자기 오라버니를 궁궐로 끌어들여 놓고 첫 번째 부인인 황후를 모사하여 역적으로 몰아 궁궐 바깥으로 귀양 가게 만들어 버립니다. 어떻게 역적모의를 하냐하면 황제의 침대 밑에 나쁜 부적을 써서 놓기도 하고 음식에 독약을 타려고 독약을 침실에 숨겨 놓은 것을 발견하도록 고자질을 하는 것입니다. 물론 그 독약이나 나쁜 부적은 다 측천무후의 오라버니의 명령에 의해서 신하들이 짜고서 만들어 놓은 것입니다. '궁궐의 분위기가 이상합니다. 조사해 보십시오.' 이렇게 측천무후가 황제에게 간청하니 황제가 명령을 내려 샅샅이 뒤지게 하였습니다. 그 결과 모든 증거 물품이 발견되게 됐고 그것은 황후의 명령에 의한 측근 신하들 지시라고 결론을 내려 피비린내 나는 숙청과 귀양이 시작되었던 것입니다. 그 뒤 황후로 정식으로 올라간 사람이 측천무후인 것입니다. 나약한 남편 3대 황제 이치는 허수아비일 뿐입니다. 이때부터 중국천하를 손아귀에 넣고 흔들기 시작합니다.

하지만 이 측천무후가 우리한테는 병도 주고 약도 주는 격이 되어 버렸습니다. 왜냐하면 660년 백제의 멸망과 668년 고구려가 멸망한 이유가 측천무후 때문입니다. 당시에 신라에서 사신을 보내 측천무후에게 고구려, 백제, 신라 3국이 서로 으르렁 거리며 전쟁이 항상 일어나니 통일을 하기 위해서는 일본하고 친하게 지내는 백제를 먼저 치지 않으면 언젠가는 백제와 고구려와 일본이 동맹을 맺어 당나라를 쳐들어 올 수도 있으니 백제부터 세력을 약화시키기 위해서 군사를 보내달라고 간청을 하였습니다. 자기의 존재를 인정해 주니 측천무후는 여자라고 깔보고 아직 인사도 오지 않은 백제나 고구려보다 신라를 좋게 보았던 것입니다. 결국 소정방을 앞세워 백제를 쳐버렸으니 이때가 660년입니다. 그리고 8년 있다가 668년에 천하무적 고구려마저 당나라에서 신라와 연합하여 승리함으로써 3국은 통일되어 통일신라의 역사가 시작된 것입니다.

전쟁 당시 측천무후는 중국 전 지역의 명산대찰에서 승전기도를 동시에 올리라고 권했는데 그 당시 사찰의 숫자는 무려 3716개였고 비구·비구니를 모두 합쳐 약 2만 명이었다고 합니다. 부처님의 마음을 움직여서 그런지 몰라도 결국에는 측천무후가 원하는 대로 결과는 승리를 했고 백제와 고구려는 멸망했던 것입니다.

여기서 재밌는 사실은 우리나라는 불교와 인연이 깊어 불교를 왕이 믿을 때는 큰 전쟁이 빗겨갔고, 전쟁을 했다 하더라도 다 이겼는데 망하려고 하니 고구려의 마지막 왕인 보장왕(642-668)은 도교를 깊이 믿고 불교를 구박하고 탄압했다는 사실입니다. 그러니 나라의 신장들도 다 떠나가 버리고 나라가 재수가 없어 망했다는 사실을 여러분들은 깊이 인식해야 합니다. 조선 시대 임진왜란 났을 때도 선조(1567-1608) 임금님은 도교를 믿었다는 사실입니다. 그리고 1950년 6 · 25 전쟁이 났을 때 이승만 대통령은 독실한 기독교인 대통령이었다는 사실을 아셔야 합니다. 불교는 신심 있는 국왕이 있을 때 발전하고 왕의 신심이 떨어지면 백성이 고통을 겪는다는 사실을 알려드리고 싶어서 말하는 것입니다.

측천무후는 그래도 불심만은 하늘을 찌를 듯해서 백성들을 위한 정치도 하고 인도에서 부처님 진신사리를 모시고 왔으며 신수대사(602-706)를 왕실로 초청해서 법회를 열었으며, 6조 혜능선사(637~713)도 초청하였지만 혜능선사는 궁궐에서 불러도 이 핑계 저 핑계를 대고 가지 않았다고 합니다. 또한 실차난타(652-710)스님에게 〈대승입능가경〉, 〈문수수기경〉 등과 같은 중요한 경전을 중국어로 번역하게 도움을 주어서 대중에게 불교가 잘 알려질 수 있도록 했고 법장대사를 국사로 삼아 특별한 대접을 해주며 화엄경에 대한 논서와 화엄교학의 기초를 다지게 해서 중국 화엄종(또는 법계종)의 시초를 열게 했다고 합니다. 이 화엄종을 신라 심상(審祥)대사는 일본에 전했으며 승전(勝詮)대사는 신라의 의상대사에게 전하여 우리나라 화엄종의 시초가 되었습니다.

불심이 깊고 백성들을 위한 정치를 하였지만 정치적으로는 반대파를 피비린내나게 엄청나게 숙청했다고 합니다. 죽은 후에 자신이 착한 관세음보살의 화신인지 야망과 욕망에 사로잡힌 악독한 여황제인지 나를 평가하고 싶으면 나중에 일대기를 적으라며 묘비에 단 한글

자도 못 쓰게 한 '몰자비'는 지금도 유명한 일화입니다. 서안에 가면 중국 역대 황제의 묘비만 모아놓은 비림이 있는데 거기에 아무 글씨도 쓰여 있지 않은 묘비가 측천무후의 비석입니다. 이 측천무후가 보살이었고 보살로 인해서 당나라 시대의 불법이 피었고 당나라 시대 불법의 영향을 받아 오늘날까지 중국 13억 인구가 믿고 있는 불교, 유교, 도교 중에서도 불법이 가장 큰 비중을 차지하고 내려오고 있다는 사실입니다. 만약에 중국이 오늘날 불교를 믿지 않고 기독교를 믿거나 이슬람교를 믿는다면 상상만해도 아찔한 일입니다. 한국, 일본, 대만, 홍콩 정도의 작은 나라들만 불교를 믿고 있다고 하면 국제적으로도 지구상에서 불교가 힘을 쓰지도 못하고 군소 종교로 내려앉을 수도 있는데 중국이라는 거대한 대국이 측천무후 보살의 힘으로 아직까지 불심이 끊어지지 않고 내려온다는 것을 큰 눈으로 봐야 합니다. 보살의 세계. 무궁무진한 알 수없는 여자의 오묘한 심리를 재미있게 말이 되게끔 알려드리겠습니다.

☞ 측천무후와 대사와의 대화

측천무후: 스님은 욕망이 있습니까?
신수대사: 욕망이 끊어진지 오래입니다.
측천무후: 스님도 욕망이 없습니까?
귀선스님: 일으키면 얼마든지 있고 일으키지 않으면 욕망이랄 것도 없습니다.

문정왕후, 조선시대의 사자형 보살

억불숭유정책을 썼던 조선시대에 불교를 살리려고 애를 썼던 문정왕후는 사자형 보살에 해당되며 막강한 권력으로 꺼져가는 불교를 일으킨 공로가 있는 관세음보살의 후신과 같으신 분입니다. 중국에 측천무후가 있었다면 한국에는 문정황후가 있었다고 보는것도 틀린 것은 아닙니다. 문정왕후(1501~1565)는 조선 11대 왕 중종의 왕비이자 13대 왕 명종의 모후로써 명종의 수렴청정을 실시하며 막강한 권력을 휘둘렀다고 합니다. 측천무후와 문정왕후는 서로 상당히 닮은 점이 많은 것 같습니다.

남편 또는 아들을 대신하여 막강한 권력을 휘둘렀고, 정치적으로는 반대파에게 매정하였지만 불교를 높이 대우했다는 점에서 비슷한 점이 보이는 것입니다. 명종이 어린 나이에 왕위를 물려받자 문정왕후는 나이가 어린 명종대신 수렴청정을 하였습니다. 수렴청정(垂簾聽政)이란 말 그대로 해석하면 '발을 드리우고 그 뒤에서 정치에 대해 듣는다.'란 뜻인데 간단하게 설명하자면 어머니나 할머니가 나이 어린 왕을 대신해 정치를 하면서 여성으로써 남성 관료들과 직접 대면하지 못하니까 왕의 뒤나 옆에 앉아서 얼굴이 보이지 않게 발을 드리우고 왕을 대신해서 정치를 하는 것을 의미합니다. 조선에서는 세조의 왕비 정희왕후가 수렴청정을 한 것이 처음이었고 그 다음이 바로 문정왕후입니다. 문정왕후는 12살 어린 나이에 왕위에 오른 아들 명종을 대신해서 8년간 수렴청정을 했는데 수렴청정을 그만 둔 뒤에도 아들 명종을 휘두르며 죽을 때까지 실질적인 권력을 행사하였다고 합니다. 〈연려실기술〉이라는 역사 기록서에 따르면 문정왕후는 명종에게 정치를 일일이 지시했으며 왕이 자신의 말을 따르지 않으면 "네가 왕이 된 것은 모두 나의 힘이다"며 윽박지르고 때리기까지 하였다고 합니다.

문정왕후가 나이 어린 명종을 대신해 수렴청정을 할 조선시대 당시에는 불교를 배척하고 유교를 숭상하는 '숭유억불' 정책이 나라의 정책 방향이었습니다. 하지만 불교를 배척한다고는 해도 옛날부터 뿌리깊게 내려온 불교라 알게 모르게 왕실에서도 불교를 믿는 사람들이 많이 남아있었습니다. 특히 왕비를 비롯한 왕실 여성들 중에는 독실한 불교 신자가 많았다고 합니다. 삼국시대부터 고려시대까지 천년을 넘게 군림했던 불교를 조선에 들어와 아무리 핍박한다 하여도 뿌리가 깊게 박힌 불교가 하루아침 한 순간에 사라질 수는 없는 것입니다. 문정왕후 또한 독실한 불교신자였기 때문에 '숭유억불' 정책에 크게 개의치 않고 겉에서 보기에는 불교를 배척하는 정책을 쓰는 것처럼 보이게 하고 실제로는 독실한 불교 신자였던 세종과 세조도 신하들의 눈치를 보느라 하지 못한 불교 부흥책을 떳떳하게 실행했다고 합니다.

문정왕후는 보우스님을 모셔와 봉은사 주지로 임명하고 본격적으로 불교를 육성하기 시작하였다고 합니다. 당시 관료들 대부분은 유학자들인데 관료들의 반대에도 아랑곳하지 않고 도첩제라는 것을 실시했다고 합니다. 또한 전국에 300여개 절을 공인했습니다. 전국의 선비들과 관료들이 불교를 다시 일으키려는 문정왕후의 정책에 반대하며 상소를 올리고 대궐 앞에서 시위를 해도 꿈쩍도 하지 않고 밀어붙였다고 합니다. 문정왕후는 봉은사를 크게 일으켜서 불교의 부흥을 일으키려고 하였고 불교 행사도 자주 열었다고 합니다.

명종이 즉위하고 20년 동안이나 수렴청정과 배후정치를 통해서 최고 권력자로 지내던 문정왕후는 회암사에서 열릴 재를 앞두고 목욕재계를 하다가 쓰러져 다시는 일어나지 못하고 죽었다고 합니다. 문정왕후가 죽자마자 문정왕후가 뒤를 봐주던 봉은사 주지 보우는 유배되었고 불교는 다시 배척받기 시작한 것입니다. 아들 명종은 어머니 문정왕후의 능을 지금의 서울 공릉동에 조성하였는데 이것이 바로 태릉입니다. 어머니 문정왕후가 죽고 난 후 왕후가 실시했던 많은 불교 부흥책들이 폐기되었지만 조선시대 때 불교의 대가 끊어지지 않도록 문정왕후는 큰 일을 했다는 것입니다.

말형 보살

절에는 말의 성격을 닮은 돌아다니기 좋아하는 말형 보살이 있습니다. 3보 종찰(통도사, 불. 해인사, 법. 송광사, 승.)과 5대 보궁(영축산 통도사, 사자산 법흥사, 오대산 상원사, 태백산 정암사, 설악산 봉정암)을 비롯하여 3대 관음기도 도량(양양 낙산사 홍련암, 강화 보문사, 남해 보리암)등의 이름 있는 명산대찰을 말이 달려가는 것처럼 전국으로 다니면서 100여 군데의 선방 있는 사찰을 중심으로 신심 있게 정진하고 기도 하고 스님들 뒷바라지 하고 불사에 동참도 하며 수행 정진하는 보살을 말형 보살이라고 합니다. 말형 보살들에게는 즐거움이 삶의 이유입니다. 융통성이 큰 것을 좋아해 명령 듣기를 싫어하고 자발적으로 움직이는 것을 좋아한다고 합니다. 자유스러운 말형 보살들은 정도만 따르거나 규칙에 얽매이는 것을 싫어하고 일의 결과보다 과정에 더 관심이 많습니다.

보살들의 세계에서 말형 보살은 싸움이 나거나 문제가 생겼을 때 서로 중재해주는 중재자 역할을 잘 합니다. 왜냐하면 포용력이 높고 편견이 없고 마음이 열려 있기 때문이라는 것이죠. 말이 무리를 지어 다니는 것처럼 다른 보살들과도 협동을 잘합니다. 그래서 말형 보살은 다른 보살들과 싸우는 일이 없다는 것입니다.

이 보살들은 처음에는 혼자 다니지만 나중에는 말이 떼로 몰려다니는 것처럼 10명, 20명 씩 돈을 걷어 돌아다니며 사찰에 이익을 줍니다. 간혹 말들이 서로 다니다가 싸우는 것처럼 자기들끼리 서로 말다툼도 하고 시기도 하고 질투도 하고 그렇게 살지만 그래도 헤어지지는 않고 단체로 몰려다닙니다. 그런데 병든 말은 움직이지 못하는 것처럼 몸이 아파 병원에 입원한 후에야 자기 건강을 돌보지 않은 것을 후회하고 휴식을 취합니다. 다시 나으면 또 똑같이 이 절 저 절을 다녀야 직성이 풀리고 동네 절이나 포교당은 마음에 안 들고 한 평생을 이렇게 정처 없이 떠돌아다니다가 결국엔 사자형 보살로 변하는 수도 있고 쥐형 보살로 바뀌는 수도 있습니다. 무궁무진한 말 보살이 많을 때 사찰 운영에는 도움이 된다는 것입니다.

▶ 말형 보살사례

말형 보살은 발이 넓고 말을 잘하고 정보력이 엄청납니다. 어느 절이든지 말형 보살들이 있습니다. 일단 재미있기 때문에 주변에 보살

들이 항상 많이 있습니다. 기도나 법회가 끝난 후 보살님들과 이야기를 시작하면 이절 저절 이야기하면서 기도 잘 되는 사찰은 어디고. 참선 잘 되는 사찰은 어디고 절 반찬 좋은 곳은 어디고 불사하는 절은 부담이 되니 가지 말고 어느 절은 주지스님이 바뀌고 어느절은 스님은 좋은데 절에 신도회 회장 보살이 마음에 안들어 신도가 떨어지고 있고 어느절은 신도가 없다가 잘 생기고 법문 잘하는 젊은 스님이 오셨는데 갑자기 신도들이 늘어나기 시작했다고 한번 가보지 않겠느냐고 솔깃하게 이야기를 하며 또 다른 얘기로 어느절에 큰 스님 밑에 있던 스님이 큰 스님 신도들을 사조직으로 만들어 큰 스님 모르게 불사를 해서 자기 절을 지은 다음에 독립해서 나갔는데 큰 스님이 허락없이 개인신도 만들어 나갔다고 제일 믿었던 상좌를 문도회에서 제명시켜야 되겠다고 하여 큰 스님 신도와 상좌신도로 둘로 갈라져 분위기가 예전 같지 않다고 자기는 큰 스님하고 잘 알고 상좌스님하고도 잘 알아서 두 군데에서 다 대접을 받는데 지금은 어느쪽 편을 들을 수가 없어서 입장이 곤란하여 관망중에 있다고 그리고 새로 생긴 동네 포교당 스님은 어느 문중에 어떤 스님의 상좌이고 그 스님이 속가에 있을 때는 어떤 직업을 자기고 있었다고 지금 개척을 하려고 애를 쓰지만 염불도 별로 수행력도 별로 법문도 잘 할 줄 모르는데 사주는 기가 막히게 봐서 멀리서 소문 듣고 오는 신도가 있어서 포교당 운영이 간신히 되고 있다고 이렇게 정보를 주면 같이 있던 보살은 또 솔깃해서 자기 운명을 알고 싶어 사주좀 보고 싶어서 그 포교당이 어디에 있느냐고 한번 같이 가자고 이렇게 호기심을 자극하고 끊임 없는 정보를 수다를 떨면서 제공하기 때문에 주변에 보살들이 항상 있습니다. 절에서 만나 법회가 끝나도 집에 가지 않고 수다보살 주변을 맴도는 보살들이 있습니다. 이런 보살들은 참선을 절대로 안합니다. 왜냐? 선방에 앉아있으면 답답하고 역마살이 낀것처럼 돌아다녀야 직성이 풀리고 수다를 떨어야 사는 맛이 나기 때문에 묵언하고 조용히 자기 마음을 돌이켜 보는 참선은 적성에 맞지 않기 때문입니다.

☞ 재미로 읽는 글, 여자의 열 가지 나쁜 행동

여자는 선천적으로 지혜를 타고났음에도 후천적으로 생활환경에 따라 행동방식이 변합니다. 부처님께서는 이것이 여자의 약점이라고 하셨습니다. 여자는 본래 심성은 착하게 태어났으나 주변 환경에 따라 나쁜 마음을 가질수가 있습니다. 따라서 관세음보살을 믿으면 본래의 착한 성품의 여자가 된다고 하셨습니다. 여러분들도 부처님의 말씀을 교훈삼아 나쁜 마음을 버리고 착한 사람이 되기를 바랍니다.

1. 탐내는 시기심이 남자보다 많습니다.
2. 집착이 강하며 무엇이든지 자기 것으로 만들려고 합니다.
3. 예민한 성격으로 조그만 일에도 화를 참지 못합니다.

4. 여자는 쓸데없이 근심이 많아 울기를 잘합니다.
5. 부질없이 남을 원망합니다.
6. 한이 많아 원망심이 한탄하는 한숨으로 변합니다.
7. 생활이 넉넉해지면 허영심과 자만심이 생깁니다.
8. 변덕이 심하여 마음이 갈대처럼 움직입니다.
9. 여자는 남자보다 말이 많습니다.
10. 종교를 믿어도 한 가지를 믿지 아니하고 이것저것 미신도 많이
    믿습니다.

나쁜 보살 = 마구니 보살

　남자의 입장에서 나쁜 여자라고 하는 것입니다.
왜냐? 떠나갔기 때문에. 나쁘다는 것은 피해자가
있다는 것입니다. 절에서는 나쁜 보살을 마구니
보살이라고 합니다. 참선좀 할라치면 마장이 생기고 마구니가 훼방놓
는다고 합니다. 이 마구니 나쁜 보살 진짜 어느 절이든지, 어느 스님
근처이든지 우리 주변에 반드시 있습니다. 마구니 보살 대부분은 어
딜 가나 문제를 일으키며 스님들 수행을 방해하거나 심지어는 스님을
상대로 작은 일에도 민사, 형사 재판을 걸어 피곤하게 법률 공방을 벌
이는 보살이라고 볼 수 있습니다. 참선하는 스님이 열심히 정진하려
고 하면 대중공양도 하지 않고, 도와주는 것도 없이 선방을 쫓아다니
며 수행 스님의 정신을 혼미하게 뒤흔드는 야한 옷차림, 짙은 화장의
보살들도 이 부류에 속합니다. 스님들의 약점을 잡아서 이 소문 저 소
문내는 보살, 스님들에게 돈을 꿔 달라고 했다가 갚지 않고 도망가는
보살, 스님들이 불사할 적에 한 푼 시주한 적도 없으면서 스님이 불사

금을 떼어 먹었다고 헛소문을 내서 명예를 훼손시키고, 안 듣는 데에서 흉을 보고 시도 때도 없이 공갈 협박하는 보살들을 말하는 것입니다. 이런 부류에는 불교 수행에는 관심이 없고 스님을 욕하고 곤경에 처하게 하는 것에 쾌감을 느끼는, 정신이 이상한 보살들이 속하기도 합니다. 주로 꽃뱀형 보살들이 마구니 보살입니다.

꽃뱀형 보살

'누굴 믿어, 어찌 믿어, 더는 못 믿어.' 이런 말이 있는 것처럼 사람을 대할 때는 믿을 수 있는 사람의 소개나 오랫동안 겪어야 되는 것이지, 낯선 사람이 신도가 되었다고 하더라도 일단은 경계를 해야 되는 것입니다. 절에는 별의 별 보살들이 다 출입하는데 가장 조심해야 할 뱀형 보살들에 대해서 알려드리겠습니다.

일반적으로 뱀형 보살들은 절에 올 때 외제차나 고급차를 몰고 오며 집안도 부유하게 보이고 옷차림도 부티 나게 입고, 어딜 봐도 인격과 교양을 다 갖춘 귀티가 나는 보살입니다. 처음 볼 때 누구나가 신뢰할 수 있는 행동을 하며 시주도 한꺼번에 천 만원 정도를 내놓기도 하고 불교를 잘 몰라도 법당에서 정성껏 절하는 모습이나 신도들에게 합장하고 인사하는 모습은 어딜 봐도 불자입니다. 손에는 단주가, 가방에는 108염주와 천수경 책이 항상 있고 온화한 미소에 편안한 마음으로 누가 말을 걸어도 상냥하게 대답을 잘 해줍니다. 절에 오는 날은 항상 주지스님을 꼭 만나길 원하고 법문을 듣고 가려고 합니다.

그런데 뱀형 보살 중에는 좋은 뱀형 보살과는 다르게 나쁜 부류인 꽃뱀형 보살이 있습니다. 가난하고 크게 배운 것도 없는데 얼굴은 수수하고 몸매도 괜찮은 젊은 보살 중에서 돈을 뜯기 위하여 스님을 계획적으로 유혹하여 함정에 빠뜨리고 순식간에 남편이라고 하는 공범이 나타나 공갈 및 협박을 하며 쥐도 새도 모르게 돈을 받아가는 지옥에서 온 마구니 같은 보살을 꽃뱀형 보살이라고 합니다. 옷차림도 일반 뱀형 보살과 같이 비싼 옷만 입고 비싼 차를 타고 다니지만 뱀형 보살과는 다르게 귀티는 나지 않습니다. 일반 불자들은 상대해주지도 않고 불교하고는 상관이 없기 때문에 가난한 절은 다니지도 않고 돈 많고 신도 많은 명산대찰의 큰 절 주지스님들만 계획적으로 유혹하려는 보살이 꽃뱀형 보살입니다.

　조직이 활동하는 경우도 있고 개인적으로 하는 경우도 있는데 대부분 사기전과도 있고 차를 타고 기동성 있게 움직이면서 이절 저절 명산대찰이라고 하는 큰 절들을 여러 군데 다니며 전국사찰을 무대로 활동하고 있다고 합니다. 피해자가 스님이어서 쉬쉬하기 때문에 점점 늘어나는 추세라고 합니다.

　꽃뱀형 보살은 절에 찾아와 스님에게 기도하겠다고 하며 약간의 기도비를 낸 후 절일도 도와가면서 있겠다고 하면 얼굴은 반반하고 교양도 있어 보이기 때문에 큰 문제가 생길 것 같지 않아 허락을 하는 경우가 있습니다. 처음에는 절에서 봉사활동을 하며 스님의 신용을 얻은 후에 또 철야 정진을 하면서 다른 보살들에게도 신용을 얻습니다. 어느 정도 보살들과 스님들에게 신용을 얻은 후에 서서히 검은 손길을 뻗는 것입니다. 법당에는 잘 안 들어가고 대웅전 근처나 공양간 근처에서 서성거리며 스님들한테 잘 보이려고 눈도장 찍고 차 한 잔 대접해 달라면서 둘이 있을 때 "스님, 외롭지 않으세요? 바람 쐬고 싶지 않으세요? 다른 사람하고는 안 다녀도 스님하고 산책하고 싶어요. 바람 소리, 새 소리 다 법문으로 들려요. 스님, 오늘따라 제 마음이 왜 이렇게 안정이 안 되고 흔들리는지 모르겠어요. 제가 스님을 좋아하는가 봐요. 이러면 안 되는 줄 알면서도……." 이렇게 노골적으로 유혹을 시작하는 것입니다. 여기서 스님이 넘어가기만 하면 안 좋은 소문을 퍼트린다며 스님을 협박하면서 큰 액수도 아니고 거절 하지 못할 액수를 요구한다는 것입니다. 이런 질 나쁜 꽃뱀형 보살이 진짜로 있습니다. 돈 있는 스님들은 절대로 독이 있는 뱀인 꽃뱀형 보살을 조심해야 하는 것입니다. 무서운 세상입니다. 또한 스님뿐만 아니라 이런 꽃뱀형 보살들은 돈 많고 유복한 다른 보살들을 노리기도 합니다. 이런 일들이 있을 수 있기 때문에 선량한 보살님들이 절에서 하루 저녁 기도하며 마음 편하게 쉬었다 가기가 쉽지 않은 것입니다.

▶ 꽃뱀 보살 사례 1)

이 이야기는 들은 얘기입니다. 경상남도 진주 쪽에서 일어난 일이라고 합니다.

암자에서 정진도 하고 보살이 찾아오면 기도도 하며 바쁘면서도 짬지게 잘 살아가는 60대가 된 스님 한 분이 공양주도 없이 수행하며 하루하루를 살아가고 있었습니다.

때는 가을이라 낙엽은 우수수 떨어지고 겨울을 재촉하는 비가 부슬부슬 내리고 있을 때, 40대 중반의 한 보살이 해가 막 넘어가서 어두우려고 할 때쯤 절을 찾아와서 하루저녁만 기도를 하고 가겠다고 하는 것입니다. 기도비로 10만원을 내놓으며 남편한테 허락을 얻었다고 건강이 안 좋아 절에서 하루 자고 기도하면 몸이 좋아질거라고 주변에 아는 보살이 추천해서 왔다고 하는데 용모도 단정하고, 나쁘게 보이진 않아서 하루저녁 기도하라고 하고 허락을 한 후 아침이 되어 하산 인사를 하고 보살은 내려갔습니다. 그리고 한 달 있다가 또 30만원을 내면서 3일만 있겠다고 하여 적적하던 차에 그렇게 하라고 했습니다. 3일간 있으면서 혼자 법당에서 기도도 하고 스님 공양도 차려드린 후에 3일 후 하산을 했습니다.

　3개월이 지나 이번에는 전화가 왔습니다. 절에서 기도하고 건강이 너무 좋아져서 남편하고 인사차 절에 들러서 기도비나 낼까 한다고 해서 스님은 허락을 했습니다. 그 뒤 혼자 왔습니다. 같이 오기로 한 남편은 갑자기 일이 생겨 못 오게 되었다고 하루만 기도하고 가겠다고 하며 이번엔 50만원을 보시하는 것입니다. 스님은 스님대로 여느 때처럼 방으로 들어가시고 보살은 법당에서 기도하다가 자기 방으로 갔습니다. 밤 10시정도에 조용한 산골 깊은 암자에서 이 보살이 갑자기 배가 아프다고 스님을 부르는 것입니다. 그래서 스님이 달려가니 119를 불러주던지 배 아픈 곳을 몇 차례 눌러달라고 부탁해서 보살의 배를 손으로 몇 차례 눌러줬는데 갑자기 사진이 찍히고 남편이라는 남자가 나타나 보살 뺨을 때리며 뭐하는 짓이냐고 호통을 치더라는 것입니다. 상황이 급작스럽게 돌아가자 이 스님은 당황하는데 이 보살은 울며 남편에게 용서해달라고 비는 겁니다. 경찰을 부르겠다고 하며 공갈을 치는 것입니다. 스님은 아프다고 해서 배를 만져준 것밖에 없다고 하니 여자는 아니라고 그 이상 넘어서는 안 될 선까지 넘었다고 뒤집어 씌우는 것입니다. 성추행 범으로 고소하겠다고 하는 바람에 주지스님은 체면도 있고 소문나면 안 될 것 같으니 어떡하면 좋겠냐고 물으니 1천만 원만 내놓으라는 것입니다. 그러자 절에 무슨 돈이 있냐고 하니 불사금 들어온 거 다 알고 있으니 조용히 끝나는 게 좋을 거라고 하는 겁니다. 700만원에 합의를 보고 일이 커지면 신도들한테 스님만 곤란하니 조용히 있으라고 그렇게 돈을 뜯겼다고 합니다.

　세상에 투자한 돈 1차 10만원, 2차 30만원, 3차 50만원 총 90만원 시주하고 700만원을 받아갔으니 이 스님은 610만원을 날린 것입니다. 이런 보살이 진짜로 꽃뱀 보살인데 피해갈 수가 없는 것이 스님의 전생 업으로 돌릴 수밖에 없는 현실입니다.

▶ 꽃뱀 보살 사례 2)

어떤 보살이 암자에 와서 공양주를 무료봉사로 해주겠다고 하여 얼굴도 괜찮고 마음씨도 고운 것 같아 있으라고 허락을 했더니 싹싹하게 말도 잘하고 청소도 잘하고 빨래도 잘하고 기도도 열심히 하자, 스님은 복덩어리 보살이 들어온 것 같아 좋아했습니다.

그럭저럭 며칠이 지나 가족관계가 궁금해서 남편은 뭘 하냐고 했더니 원양어선을 타는 선원인데 한 번 나가면 3개월에서 6개월 걸린다고 하며 자식이 없어 절에 와서 일을 하고 공덕을 닦으면 좋다고 해서 이렇게 왔다고 하는 것입니다. 일을 열심히 하며 10일 정도가 지났는데 저녁 10시쯤 스님을 부르더니 일을 많이 해서 등허리가 갑자기 마

비가 되어 파스 하나만 한가운데 붙여달라고 했다는 겁니다. 아무도 없는 산중에 아프다고 신음은 하고 팔이나 다리 같으면 자기 혼자 붙일 수 있지만 등 한가운데가 아파서 붙여달라고 하니 안 붙여줄 수가 없어 하나를 붙여주니 하나 더 엉치뼈 있는 쪽에 붙여달라고 했다고 합니다. 밤은 깊었고 결국 하나 더 붙여주는 순간 갑자기 사진을 찰칵 찍으며 남편이라고 남자 하나가 들이닥쳐 여자를 사정없이 머리채를 붙잡고 때리며 폭력을 행사하는 것입니다. 스님이 당황하며 경찰을 부르겠다고 하니 이 여자가 거짓말로 스님이 먼저 자기를 건드렸다고 하는 것입니다. 그리고 한 술 더 떠서 스님이 파스를 붙이고 있으면 남들의 오해살 일도 없을 거라며 붙였으니 이 스님이 나쁘다고 용서해달라고 울면서 쇼를 하는 것입니다. 결국은 돈으로 합의를 보자고 하여 천만 원을 요구하는 것입니다. 돈 없다고 하니 또 일을 크게 벌이겠다고 협박하며 비상금 없는 절이 어딨냐고, 불사금 받은 것도 있지 않냐고 하자 사정사정하고 300만원 주겠다고 하니 적다고 200만원을 더 달라고 하여 결국 500만원을 받기로 하고 아는 보살한테 돈을 꾸어서라도 자기 통장에 돈 들어온 거 확인하고 하산하겠다고 하여 결국 스님이 현찰 500을 주고 일이 끝났다고 합니다.

이 두 명은 동일수법의 범죄자들인데 사례 1번과 비슷합니다. 남자 없이 혼자는 역할 분담이 안 되는 것입니다. 참 무서운 세상입니다.

▶ 사기꾼 꽃뱀 보살 사례 3)

이 이야기는 실화입니다. 5년 전에 어느 큰스님이 당한 이야기입니다. 이름만 대면 다 알 정도의 유명한 스님이 계시는 이 사찰은 전국에서 신도들이 무수히 많이 와서 친견하고 기도도 하고 불사금도 내고 가는 도량입니다. 이 큰스님은 세상물정을 너무 모르고 당했던 것입니다.

어느 날 한 통의 전화가 사찰에 걸려왔습니다.

"따르릉"

"여보세요"

"큰스님 계세요?"

그런데 마침 시자스님이나 종무소에서 받지 않고 큰스님이 직접 받은 것입니다.

"누구요?"

"예, 큰스님이시군요. 저는 이 사찰의 신도입니다. 스님이 불사하시고 항상 법문도 잘 해주셔서 감사합니다. 큰 시주를 해서 복을 짓고 싶었는데 저는 돈이 없고 제 동창이 큰 부자로 잘 사는데 서울에 살기때문에 친견을 못해서 함께 가자고 하는데 저는 내일 시간이 없고 친구는 내일 온다고 합니다. 그러니 큰스님께서 잘 맞이해 주십시오. 골프장 세 개를 갖고 있는 재벌 보살입니다."

알았다고 대답하고 언제든지 오라고 허락했습니다. 그 다음날 오후 2시정도 돼서 벤츠 한 대가 잘생긴 남자 기사 한 명과 절에 도착했습니다. 기사는 차에 있고, 잘생기고 부터 나는 인품 있는 중년 보살이 찾아와서 어제 전화 드린 보살 친구라고 하며 큰스님께 삼배를 드리는 것입니다. 불사금으로 쓰시라고 천만 원을 현금으로 시주하고 차 한 잔 먹고 스님을 보니 마음이 편하다고 하면서 연신 핸드폰 연락이 오니 받지 않고 끄고 죄송하다고 하며 있을 때 잘생긴 젊은 기사가 "회장님, 가셔야 합니다. 의원님과 약속이 있습니다."라고 재촉해서 삼배를 다시 드리고 떠나는 것입니다.

스님은 갑자기 어제 전화 한 통 받고 벤츠 타고 온 보살이 돈 천만원을 보시하고 가니 약간은 어리둥절했습니다. 그러면서 또 지방 출장 때 들리게 되면 보시하겠다고 여운을 남긴 말을 기억해냈습니다.

한 달 후, 또 친구 보살에게 전화가 와서 "골프장 보살이 스님 뵙고 가서 일이 너무 잘됐다고 오늘 또 친견하러 가겠대요."라고 하여 오라고 했더니 전과 똑같이 벤츠 타고 찾아와서 인사드리고, 이번에는 현찰 이천만원을 시주하고 가는 것입니다. 그리고 스님이 타는 차가 무엇인지 궁금하다고 해서 스님은 소나타라고 했더니 품위에 맞지 않는다며 다음에는 차를 바꿔드리겠다고 하고 떠나간 것입니다. 그러면서 다시 며칠 있다가 신도 보살이 전화가 오기를 "제 친구 골프장 회장 보살이 외제차는 남 보기에 좀 그렇고 국산 차 중 가장 좋은 에쿠스 한 대를 시주하고 싶다고 하며 회장 기사가 서류를 가지러 오면 차 명의이전에 필요한 인감증명이 필요합니다. 큰 스님이 나가기 힘드시니 기사가 준비한 서류에 위임장, 주민등록증, 인감도장을 주시면 신속하게 차를 명의이전해서 절 주차장에 딱 갖다 드리겠습니다." 이 말에 안 믿을 사람이 누가 있겠습니까? 스님은 위임장 서류에 기사에게 위임한다고 직접 쓰고 인감도장을 찍은 후 주민등록증과 함께 기사 편으로 서류를 보냈습니다. 그 뒤 바로 온다던 차가 오지 않고 전화가 오기를 당장 뽑아 드리려고 했는데 주문량이 많아 아무리 빨라도 3일은 걸릴 것 같다고 기다리시라고 차와 서류를 다 보내드리겠다고 해서 안심하고 있었는데 3일이 지나도 차가 안 오고 전화도 안와서 이상하다고 생각하여 상좌에게 물어보았더니 "3,000만원이나 시주했는데 무슨 일 있겠습니까." 그래서 며칠 더 기다려보자고 했는데 마침 절에 다니는 형사부인 보살이 있어서 그동안 일어난 일을 남편에게 물어보라고 하니까 사기 같다고 하는 것입니다. 그래서 남편이 핸드폰 번호와 걸려온 전화번호를 조회해봤더니 대포 폰으로 통화가 중단된 임시개통 범죄용 전화였습니다. 그래서 사실대로 스님에게 말씀드렸더니 그런 보살 아니라고 조금 기다려보면 안다고 좋게 생각하셨습니다. 그러나 큰 스님이 그 뒤에 사기꾼인 것을 안 것은 은행에서 땅을 담보로 대출 받았으니까 돈에 대한 매월 이자를 갚으라고 2억원 정도의 대출증명 서류가 날아온 것입니다. 깜짝 놀라서 피해사실을 경찰서에 알리니 다른 사찰에서도 이런 유사한 범죄가 있었다는 것입니다. 3인조가 짜고 전화연락처, 골프장 회장보살역할을 한 보살, 기사 이렇게 해서 인감을 가지고 큰 스님의 개인땅을 근저당 설정을 하고 대출을 받은 것입니다. 그리고 얼마 안 있어 또 캐피탈이라는 차를 담보로 월부금 대출을 해주는 회사에서 차 2대(에쿠스)를 뽑아서 바로 팔았기 때문에 상환을 하고 1억 정도, 빚을 갚으라는 것입니다. 결국 이 스님은 평소에도 혈압과 당뇨 등 지병이 있었기 때문에 바로 쓰러져서 앓다가 나중에는 신도들이 알고 불사금으로 불사도 못하고 빚 가리고 나서 앓다가 결국은 돌아가셨다고 합니다. 이렇게 기가 막히게 미끼를 던지고 전국 사찰을 중심으로 스님을 상대로 사기 치는 토지사기단, 자동차사기단 들이 지금에도 전국 사찰을 무대로 활개치고 다닌다는 사실입니다. 조심하세요, 스님들....

▶ 꽃뱀보살사례 4)

  절에서 법회 때 열심히 법당에서 기도하는 거사 중에 좋은 승용차를 타고 옷차림도 깔끔하고 돈이 있어 보이면 접근하는 보살이 있습니다. 아는 척하고 이렇게 여러 차례 공을 들인 다음 기도하는 법을 가르쳐달라고 어떻게 하면 업장소멸하냐고 자기는 절에 온지 얼마 안 되어 잘 모른다고 스님들은 어렵고 무섭다고 하면서 서서히 접근하며 말을 건 다음에 개인적으로 에로사항이 있다고 상담 좀 해달라면서 이야기를 하는 것입니다. 혹시 아는 변호사가 있느냐고. 왜 그러냐고 물으면 남편하고는 성격이 안 맞아 몇 년 전 이혼했는데 자식은 생기지 않아 없고 친정 부모가 살아계시는데 건강이 안 좋아 돌아가시기 전 변호사를 사서 재산유언을 받으려고 한다고 이렇게 돈 냄새가 물씬물씬 풍기게 이야기를 하면 중년 남자들은 여자가 싫지 않고 한 다리 건너면 다 변호사를 알기 때문에 소개시켜 주게 됩니다.

  이 꽃뱀 보살의 정체는 거사를 통해서 이절은 자기하고 맞지 않으니 좀 큰 스님을 소개시켜 달라고 하고 변호사를 만난 후 친정재산을 받게 되면 공덕을 쌓고 싶어 사찰을 지어 억대를 시주하고 싶다고 하면서 감언이설로 접근을 하는 것입니다. 그리고 통화중에 연실 부동산에서 사모님 빨리 팔라고 하는 음성이 새어나오게 통화를 하고 완벽하게 연결을 하며 거사를 통해서 변호사보다 큰 스님이 급하다고 업장이 무거워 빨리 친견하고 싶다고 하며 부탁하면 중년 거사는 자기 이름이 적힌 명함을 주며 어느 사찰 어떤 스님을 찾아가라고 소개를 받게 되면 그 명함을 들고 절에 찾아가서 사실 얘기를 다 하며 이혼하고 혼자 살다 보니 시간이 남는다고 기도도 하고, 절 봉사도 하고 싶다고 하면서 몇 차례 왔다 갔다 하며 신용을 얻으면 스님에게 접근해서 말하기를 아들이 서울대학교 4학년인데 곧 졸업하고 취직하면 되는데 마지막 학기 등록금을 못 내서 졸업장을 못 받고 취직을 못하게 되었으니 큰 돈은 나중 문제고 현재 차용증을 쓰고 400만원만 빌려 달라고 하면서 눈물을 뚝뚝 흘리면 마음약한 스님이 일리가 있는 것 같아 등록금을 빌려주면 갚을 때까지 온갖 심부름과 절일을 다 하겠 다고 미리 선불로 인건비 주신다고 생각하고 해달라고 애원을 하면 남들 보기도 안 좋고 해서 그냥 온라인으로 보내 주었다고 합니다. 왜 냐하면 온라인으로 보내면 근거가 남기 때문에, 그리고 차용증도 받 았고. 그러나 그 뒤 더 큰 문제가 터졌습니다. 이 스님과 자기하고 넘 어서는 안 될 선을 넘었는데 위자료로 이렇게 적은 액수로 합의보자 고 보냈다는 말을 전화로 스님에게 하는 것입니다. 700만원 채워서 안 보내주면 사람 많은 법회날 찾아가서 망신을 주겠다고 공갈협박 을 하는데 일단 이런 문제가 생기면 세상 사람들은 스님이 얼마나 외 롭고 고독하고 힘들었으면 그 보살과 그런 일이 벌어질 수 있을까 이 해한다는 식으로 넘어가는 쪽과 평소에 불만 있던 보살은 있을 수 없 는 일이라고 격분하게 됩니다. 일단 법적으로 가더라도 승복입고 스 님이 경찰서를 왔다 갔다 하는 것도 웃기는 일이고 200만원만 더 주 면 없던 것으로 하겠다고 하여 돈을 뜯긴 스님이 한두 명이 아닙니다. 이런 꽃뱀, 사기꾼 보살들이 선방의 선승들에게는 접근하지 않고 불 사를 크게 하는 스님들에게 서로가 어느 절은 어떻고 어떤 스님은 어 떻다는 등의 정보를 공유하면서 사기를 치기 때문에 안 당할 수가 없 다는 것입니다. 어느 사찰에서 사기 치던 보살을 잡았는데 결국 이 보 살도 일당 받고 일하는 하수인이고 배후에서 조종하는 나쁜 꾼이 따 로 있다는 것입니다. 이제는 투명하게 범죄를 예방하기 위해서는 주 지 스님 방안에도 CCTV를 설치하고 낯선 사람들과 함께 대화 나눌 때는 녹화를 하는 것만이 범죄예방에 도움이 될 것입니다. 그러나 당 하려고 하면 보살들이 다 좋게 보이고 착하게 보이고 순진하게 보이 기 때문에 도둑 하나를 10명이 지켜도 못 당한다고 꽃뱀형 사기꾼 보 살들을 막는다는 것은 현실적으로 힘든 일입니다. 전화는 다 대포폰,

차는 랜트카를 빌려서 타는데 어찌하오리까. 이 험한 세상에서 수행하는 돈 많아 보이는 스님들, 가난한 스님달 사기꾼들은 귀신같이 압니다.

▶ 꽃뱀보살사례 5)

큰 스님이 아프다고 하니 신도들은 걱정하고 많은 사람들이 병원으로 병문안을 옵니다. 그 중에 보살 두 명이 스님에게 "돈내고 쓰는 간병인은 기독교를 믿고 불친절하니 저희들 두 명이 교대로 신심을 내서 무료봉사 간병을 할 테니 허락해 주십시오." 이렇게 간절하게 병문안 와서 치료비로 100만 원 정도 쓰라고 하면서 보시하고 돈까지 내면서 간병한다고 하니 허락 안 할 스님은 아무도 없습니다. 진짜 지극정성으로 돌아가면서 불자 두 명이 가족처럼 병간호를 하는 것입니다. 신도회장이 찾아오면 일기장을 보여주며 어떤 분이 어떻게 왔다 갔고 무슨 내용으로 대화했는지 까지 다 공개하며 신용을 얻고 간병을 합니다. 그렇게 일주일 정도 한 다음 스님과 신도회장에게 집안일이 바빠 한 명은 빠지고 자기는 낮에만 잠깐 해줄 수 있다고 일반 간병인 하나를 쓰게 해달라고 하여 한 명만 남고 한 명은 간병인을 썼습니다. 그러나 일반 간병인에 비해 신심 있어 보이는 불자 간병인이 아픈 큰 스님에게는 정신적으로 위로가 되는 것은 당연한 일입니다. 그러다가 3일간은 못나온다고 다른 간병인을 써야 된다고 하면서 3일만 집안에 제사도 있고 일을 마치고 다시 와서 복 짓겠다고 하면서 잠시 자리를 비우게 되니 큰 스님은 낯선 간병인에게는 마음이 안가고 몸도 더 아픈 것 같고 3일을 지루하게 보내다가 진짜 3일이 딱 되니까 활짝 웃는 모습의 간병인이 나타났는데 너무 반갑고 몸도 금방 나을 것 같았습니다. 이제는 서서히 한달, 두달 세월이 흐르니 방문객도 줄고 신도들도 지쳤고 간병보살과 스님만 남는 시간이 많았습니다.

병원비도 대신 내야 되고 이제 스님 통장을 달라고 해서 입원비 중간 결산을 안하면 병실도 옮기고 나중에는 병원에서도 나갈 수밖에 없다고 하면서 움직이지 못하는 큰 스님에게 보호자인 것처럼 병원에서 행동을 하면 큰 스님은 통장과 도장을 입원할 때 갖고 들어왔기 때문에 내줄 수밖에 없습니다. 그 통장에 들어있는 돈이 이제는 꽃뱀간병 보살 통장으로 변할 수밖에 없는 것입니다. 병원비 목적으로 정확하게 찾아서 결산을 보고 영수증과 함께 스님께 드리고 그 다음날 다시 계산을 덜했다고 통장과 도장을 달라고 하여 줄 수밖에 없는 상황에서 원무과로 가겠다고 하고는 그 길로 은행으로 가서 잔금을 싹 찾아서 도망간 사례가 있습니다.

액수도 엄청 큰 액수인데 이 스님은 기다려도 오지 않는 이 보살을 찾아달라고 간호사에게, 의사에게, 주변사람에게 이야기 하지만 아무도 신경써주는 사람이 없습니다. 결국에는 두 사기꾼 보살이 접근해서 돈을 뜯긴 이 스님은 병세는 악화되고 결국은 임종하였다고 합니다. 병원에 입원했을 때 친척이라고 찾아오는 보살이나 간병하겠다고 접근하는 보살일수록 항상 나쁜 간병꽃뱀이 꼬인다는 것입니다. 꽃뱀 보살의 특징은 단독으로 혼자 범행을 저지르지 않는 다는 것입니다. 항상 2인조, 3인조가 조직적으로 역할을 분담해서 움직이는 것이 특징입니다.

☞ 재미로 읽는 글, 사기꾼 구분 요령

절에만 다니시는 착하고 순진한 보살님들 중에 간혹 다단계의 유혹에 빠져서 헤어나오지 못하고 금전적인 손해를 입고 괴로워하는 보살님들이 있습니다. 그리고 남편의 퇴직금을 노리고 주변에 접근하는 나쁜 보살 중에 사기를 치려고 하는 보살들도 있습니다. 그리고 남편이 재산을 남겨놓고 죽었다고 하면 어떻게든지 속여서 돈을 빌려가서

갚지 않고 애를 먹이는 사기꾼들이 달려들어 시달리거나 사기를 당할 수 있는 것입니다. 이 책을 읽기 전에는 사기를 당할 수도 있겠지만 사기꾼 구분요령을 참조한다면 미연에 방지할 수 있다는 것입니다. 제일 사기당하기 쉬운 사람들이 들리는 말로는 공무원, 군인, 교수, 운동선수, 연예인 등이 많다고 합니다. 왜 그럴까요? 피해사실을 남에게 알리면 남들이 바보 같다고 욕할 것 같고 또 악착같이 받으러 다닐 시간도 없고 요리조리 빠지는 사기꾼을 잡을만한 능력도 없기 때문에 벙어리 냉가슴 앓는 것처럼 혼자만 애를 태운다는 것입니다. 누구나가 돈이 있으면 사기를 당할 수가 있습니다. 돈이 없는 노숙자에게는 사기꾼이 접근하지를 않습니다. 이 점을 명심하시기 바랍니다.

1. 외모가 신뢰감이 갈수 있도록 착하고 깔끔하고 대부분 인상이 좋고 잘 생겼다.

2. 고급 승용차(특히 외제차)를 타고 다니며 자기 재력을 과시하며 허풍을 떤다.

3. 명품 고급 옷을 입고 명품시계와 반지 등 다른 사람에게 자기 재력을 과시할 수 있는 소품을 표시나게 드러낸다.

4. 목소리가 조용하며(남이 들을 까봐 습관적으로 작은 소리로 말함) 긴 시간 소곤소곤 설득시켜 나간다. (우렁찬 목소리는 절대 사용안함)

5. 커피숍 등 대중이 모이는 장소는 제일 구석 사람 눈에 안 띄는 장소에 등을 돌려 남의 시선을 피해 장시간 앉아 있다.

6. 말을 할 때 눈에 초점을 피하고 좌불안석이며 불안한 눈동자로 이야기한다. (왜냐하면 말하는 것이 먹혀 들어가는가 보면서 이야기하려니까)

7. 주로 혼자 다닌다. 자기 과거 신분이 떳떳치 못하기 때문에 친구나 주변 동료를 통해 나쁜 정보가 흘러가서 자기가 전에 사기 쳤던 것이 탄로 날까봐. (또 하나 이유는 주변 친구나 아는 사람에게는 다 뽑아 먹었기 때문에 사기 칠 곳을 새로 개척하려니까 이곳저곳 돌아다니며 특히 종교단체를 찾아다니며 기독교, 천주교, 불교를 다 믿고 이곳저곳 계속 얼굴을 내밀고 다님. 다만 절대 결혼식장이나 모임 등 돈을 내는 곳은 적당히 핑계 대고 참석하지 않음. 왜냐하면 돈도 들고 한국은 바닥이 좁아 자기를 알아보는 과거 피해자를 만날 것 같아서)

8. 사기꾼은 약속시간을 정확하게 지킴(신뢰를 쌓기 위하여). 상대방이 오전에 시간이 있다 하면 오전에 OK, 오후에 시간이 있다면 오후에 OK 왜냐 남는 것이 시간이기 때문에 주말에도 24시간 개방, 그러나 사기를 친 후론 180°달라짐. 전화를 안 받고 번호도 바꾸고 이사를 가고 종적을 감춰 만날 수가 없음. 설령 만났다 하더라도 자기도 당했다고 해결되면 돈 갚겠다고 계속 핑계를 대며 불행한 자기 인생을 토로하며 체념하도록 함. 일부 조금 갚고 시간을 벌며 장기전에 돌입함. (잡아넣으면 해결이 더 안됨. 벌면서 갚겠다고 함)

9. 사기꾼의 공통점 : 자기 과시를 하며 정치인 누구누구를 다 잘 알고 주면에 막강한 인맥을 과시. 권력자와 재력가들과 친척, 친구 동료와 같이 사진 찍은 것 보여주고 자기를 믿겠끔 홍보함.(큰소리로 대화 중 전화를 걸어 신분과시 또는 전화를 같은 편끼리 걸어 통화내용이 상대방에게 들리도록 평소 작은 목소리와 달리 자신감 있는 목소리로 통화함. 종료 후 통화 내용을 설명함.)

10. 사기꾼 집단 : 사람 소개를 계속하여 조직적으로 끌어당기게 현혹함.

11. 사기꾼은 이름을 수시로 바꾸어 사용함. 호적 이름을 개명도 함. 그래서 국가에서 개명할 때 신원 조회서를 첨부하도록 함. 사기 전과자는 개명이 안됨.

12. 사기꾼은 흔적을 안남기려 카드 사용을 잘 안함. 현금을 사용하며 처음에 환심을 사기 위하여 팁도 잘 주고 선물도 보내고 자비를 베풀어서 한건 하려고 함. 그러나 신분이 노출된 것 같으면 절대 돈을 안 쓰고 인색하고 연락을 안 함.

13. 사기꾼의 특징 중 가장 중요한 식별 방법 중 또 하나는 고급레스토랑, 최고급 음식으로 한턱 대접 잘하고 환심을 사려고 함. 주변 친구나 가족에게 절대 일이 진행되는 것을 누설하지 못하게 입단속을 시킴. 정보가 노출되면 큰 손해가 날 테니 혼자만 알고 있는 상황이라는 점을 늘 강조함.

14. 사기꾼 주변에는 반드시 여자가 있음. 정보를 수집해서 사기꾼에게 정보를 제공하고 행동대원으로 움직이기 때문에 재력을 과시하거나 돈 많으면서 혼자산다는 것을 알리면 안됨. 낯선사람은 조심하고 낯선장소는 가지말고, 사람을 만날 경우에는 반드시 친구든, 친척이든 2인 1조로 만나던지 일대일로는 만나지 말 것. 명심할 것.

보살님들의 다양한 종류의 명칭

지금까지 동물형으로 보살들의 성격을 파악했다면, 지금부터는 활동 영역을 놓고 행동명칭으로 다양한 보살님들의 세계를 알려드리겠습니다.

조폭형 보살

언뜻 보면 조폭두목형 보살은 나쁜 보살에 해당 될 것 같지만 사실은 사찰운영에 도움이 되는 보살입니다. 조폭형 보살은 두목의 명령을 목숨을 바쳐 이행하는 조폭들처럼 주지스님이나 회장보살의 명령에 절대 복종하는 보살입니다. 스님을 비방하거나 보살들 사이에 이간질을 시키거나 절에 이익을 주지 못하는 마구니 보살들을 보면 부하보살을 떼로 데려가 강렬한 눈빛으로 겁을 주고 분위기를 확 잡아 두 번 다시 헛소리를 못하게 군기를 잡아 버립니다. 그러면 마구니 보살들은 조폭두목형 보살이 무서워 절에 못 나오거나 나온다 해도 고양이 앞에 쥐처럼 덜덜 떨고 태도가 얌전해지고 딴사람이 됩니다.

또한 갓 들어온 초보 보살이나 나이 젊은 보살들이 노보살이나 웃어른들에게 함부로 말을 하거나 일을 시키기 위하여 지시를 내리거나 보살들을 다른 절로 소개하여 빼돌리거나 할 경우에도 조폭형 보살에게 걸렸다 하면 다른 보살들에게 깍듯하게 합장하고 인사할 것을 가르치면서 불만 있으면 절에 안 나오면 될 것 아니냐고 하며 불평불만 보살의 기를 꺾어 확실하게 서열을 정하고 인사법부터 가르칩니다.

만약에 따르지 않는다면 말 잘 듣는 후배보살들이 자기한테 예의를 갖추는 것을 보여줘서 차별화된 모습을 가르쳐 줍니다.

　나라에는 군인이 있고 사회에는 경찰이 있는 것처럼, 사찰에서도 법도가 필요한 것인데 스님들이 일일이 시시콜콜 한 것 까지 보살들과 직접 언쟁을 하는 것은 격이 맞지 않는 것입니다. 때문에 조폭형보살이 알아서 사찰 발전차원의 군기반장으로 활동하는 것을 묵인하는 것입니다. 자생적으로 생긴 조폭형 보살들은 어느 절이든지 있습니다. 조폭두목이 혼자 안 다니고 부하들을 몇 명씩 끌고 과시용으로 또는 신변보호용으로 데리고 다니는 것처럼 조폭형 보살도 초하루나 보름 또는 일요법회, 부처님오신날 등 법회나 절 행사 때 다른 보살과 달리 절대 혼자 오는 법이 없습니다. 꼭 몇 명을 같이 데리고 다니는데 제일 만만한 것이 큰딸이나 작은 딸, 딸 2명 정도. 그리고 큰며느리, 작은며느리, 4명은 기본이고 그 다음에 사돈이나 아니면 시누이, 올케, 손녀딸 그리고 자기 도반이나 동창, 친목회 회원, 동네 아는 사람 등 무조건 7~8명에서 10명 정도를 대동해서 데리고 다닙니다. 그러나 절에서 자기를 대접해주지 않고 섭섭하게 하면 같이 다니던 며느리나 딸 모두에게 명령을 내려 발을 딱 끊도록 만듭니다. 그래서 부하역할을 하던 보살들이 그 절을 가고 싶어도 두목형 보살이 무서워서 동조파업하는 것처럼 가지 못하는 경우도 있습니다.

　조폭형 보살들이 장점만 있는 것은 아닙니다. 조폭형 보살들은 여러 명을 데리고 함께 다니지만 그렇다고 돈을 더 많이 내는 것은 아닙니다. 기도비는 남들과 똑같이 한 명분만 내고 공양은 떼로 와서 밥 한 톨 안 남기고 싹싹 먹고 떡 같은 것도 싸가고 그러니까 절에 금전적인 큰 이익은 못줍니다. 예를 들어 결혼식장에 고급음식을 먹는데 축의금은 한명이 oo만 원 정도 하고 oo만 원짜리 음식을 7~8명이 와서 먹는다면 축하해주는 것이 아니라 피해를 주는 것과 같은 이치입니다. 그래서 큰 신심이 있는 것도 아니고 어떤 부분에서는 도움이 되지만 행동하는 것이 떼로 다니면서 너무 튀기 때문에 대부분의 보살들이 그렇게 반가워하지는 않습니다.

일반 신도들은 당연히 싫어합니다. 왜냐하면 두목형 보살이 공양을 할 때는 먼저 숟가락 드는 사람도 없고 대화를 나누며 공양을 들다가도 두목형 보살이 "공양 들을 때는 조용히 해!" 한마디만 하면 갑자기 벙어리가 되어 침묵이 흐르는 시간이 됩니다. 화장실도 혼자 못가고 두목이 먼저 사용하고 나와야 허락을 얻고 들어가는 것처럼 무엇이든지 두목형 보살이 왕과 같은 존재입니다. 마당가에 나가서도 법당엘 갈 때도 서열별로 줄맞춰서 간격을 두고 군대식으로 착착 이동하고 전체가 들어오면 합동으로 부처님한테 삼배하고 반야심경을 한독하더라도 우렁차게 큰 소리로 함께 해야 되며 절에 일손이 부족해 봉사할 일이 있으면 군대식으로 착착 뼈가 으스러지더라도 힘들다는 소리 하지 않고 어떤 일이든지 명령에 따라 해결해 놔야 그날 하산을 하는 것입니다.

그러나 절에서도 어떨 때는 신도가 없어 법회하려고 하면 썰렁할 때 조폭형 두목 보살이 10여명을 끌고 나타나면 숫자를 채워주기 때문에 그렇게 싫은 것은 또 아닙니다. 주지 스님이나 신도회장이 살살 잘 달래어 적당한 임무를 부여하면 확실하게 행동으로 해결해주기 때문에 악어하고 악어새 같은 관계가 유지되는 것입니다. 진짜로 이런 조폭 두목형 보살들의 남편이 진짜 조폭인지 조폭마누라 출신인지 아닌지는 알 수가 없지만 충분히 말이 되는 이야기입니다.

시자 보살

　사회로 따지면 비서와 같은 역할을 하는 보살들인데, 스님들 보필을 하는 보살로서 주로 큰 스님이나 주지 스님을 모십니다. 어디 갈 때 스님을 모시고 가기도 하고 운전을 하기도 하고 스케줄을 잡아 법회나 행사장으로 모시고 가기도 합니다. 또한 주변에 신도들 정보를 많이 듣고 스님에게 보고하기도 하고 적당히 큰 스님 말씀을 신도들에게 전달하고 주변 신도들의 애경사를 챙기기도 하고 스님의 건강을 챙기기도 합니다.

　너무 나이가 많으면 판단력이 떨어지기 때문에, 주로 중년 나이의 교양 있는 보살님으로 하는데 남편이 없거나 이혼한 보살 또는 결혼하지 않은 보살들이거나 절 경력 20년 이상 된 보살님들이 맡는 경우가 많습니다. 그러나 대부분 얼굴이 잘 생겼거나 용모 단정하면 구설수가 항상 따라다니는데 그래도 뚝심 있는 스님들은 신도가 떨어지건 말건 사회인이 어떤 눈으로 보던지 같이 차를 타고 다정하고 재밌게 다니는 경우도 더러 있습니다. 그런데 신도 회장 보살이 노골적으로 질투를 해서 내쫓는 경우가 많이 있기 때문에 일을 너무 잘하면 그 자리에 오래 못 있고 자주 바뀌는 것이 시자 보살입니다.

　옛날에는 스님들이 하던 역할이었는데 요즘엔 출가자가 적고 은사 스님을 잘 모시려고 하지 않는 추세이기 때문에 그 역할을 시자 보살이 대신하는 경우가 많이 있습니다. 또 스님의 빨랫감이나 스님 방 청소 등 신경을 써야 되는 부분이 많이 있기 때문에 구설수는 따르지만 한 명씩은 반드시 있어야 합니다. 시자 보살님들이 없는 절도 있지만 큰 절 본사급에는 행자님들의 소임 중에 시자 행자라고 별도로 있습니다. 그러나 작은 사찰이나 암자에서는 스님 혼자서 적당히 처리하고 공양주 보살이 대신 승복 빨래도 해주고 풀도 먹여줍니다.

시자 보살은 많은 정보를 알아서 한 번 업무를 알면 쉽게 자르지도 못하고 대통령 비서실처럼 권력의 한 부분을 차지하고 있기 때문에 신도 회장 보살들도 사이좋게 지내려고 하는 경우가 간혹 있다고 합니다. 간혹 들리는 이야기로는 스님의 속가 친척인 경우도 있다고 합니다.

법당 보살

큰 절에 있는 소임인데, 법당을 관리하고 청소하고 기도접수를 받고 불사금을 받는 보살을 말합니다. 일반 보살들과 달리 그 절의 얼굴이며 사찰운영에 있어서 중요한 위치이기 때문에 수행이 깊은 노보살들이 주로 맡습니다. 법당 보살은 평일에는 바쁘지 않지만 주말이나 법회나 천도재 등 절 행사가 있을 때 바쁩니다. 법당 안쪽에 작은 책상과 권선문과 연등 접수증 등을 비치하고 있는데 주지 스님은 실적이 없는 법당 보살을 일반적으로 싫어합니다. 그래서 법당 보살은 상냥하고 친절하고 잘 이야기해서 동참하게 하는 역할을 합니다. 다른 보살들을 잘 설득할 수 있는 능력을 지니고 있다는 것입니다. 그때그때 보살들의 분위기를 잘 파악하며 보살들과의 관계와 대외 업무를 잘 다룰 줄 아는 보살입니다.

법당 보살과 공양주 보살은 일반적으로 서로 사이가 안 좋다고 합니다. 왜냐면 공양주 보살은 힘들게 밥하고 설거지하고 반찬 만들고 안 보이는 후원에서 고생하는데 법당 보살은 법당 안에서 편하게 불자들 안내하고 말로만 일을 하는 것처럼 보이고 공양시간만 되면 나타나서 살짝 숟가락만 놓고 나가는 것이 공양주 보살 입장에서는 얄밉게 볼 수 있다는 겁니다.

그것을 직감적으로 아는 법당 보살은 공양주 보살의 약점이 없는가를 찾아냈다가 주지 스님에게 일러바쳐 혼을 내주려고 항상 잔머리를 쓰는 경우가 있기도 하고, 반대로 공양주 보살은 미리 주지 스님께 선수를 쳐서 법당 보살을 공격하기도 한다고 합니다. 이렇게 고양이와 쥐처럼 어울리지 못하는 경우가 법당 보살과 공양주 보살의 관계라고 합니다.

총무 보살

절 살림을 맡아서 모든 일을 책임지고 하는 보살이 있습니다. 초파일 준비부터 크고 작은 절 행사를 준비하고 진행하며 가을이 되면 김장하는 것까지 책임을 지고 신도들끼리의 화합과 교류를 할 수 있도록 분위기를 만들어 주기도 합니다. 위로는 회장 보살이나 주지스님을 보좌하면서 절에서 필요로 하는 일을 하는데 점점 권한이 세져서 공양주 보살과의 다툼도 있고 종무소 사무실 직원들과 친하면서도 적이 되기도 하고 마음에 들지 않으면 심통을 부리는 일도 있습니다. 온갖 일을 처리도 잘하고 능력 있는 보살을 정식으로 임명해서 총무로 쓰는 경우도 있지만, 보살님들 사이에서 총무 보살이라고 불리는 절의 신장과도 같은 보살이 절마다 한명씩은 꼭 있습니다.

절이 잘 되고 안 되는 것은 사람에게 달려 있는 것입니다. 마음을 잘 쓰고 편안하게 해 주면 사람들이 많이 몰려오고 마음을 괴팍하게 쓰면 있던 사람도 삐져서 한 명씩 다 떨어집니다. 이런 역할을 잘 하는 총무 보살을 시키면 절이 발전하는 것이고 총무 보살이 능력이 없으면 마치 부품이 부족한 차가 잘 안 굴러가는 것처럼 절이 발전도 못하고 제자리에 머물러 있는 것입니다. 그렇기 때문에 총무 보살이 아

주 중요한 중추적인 역할을 하는 것입니다. 적당히 비위도 맞춰주고 하심도 하고 돈도 좀 있어서 모범적으로 불사금도 잘 내고 노래방 가서 노래도 잘하고 공무원이 찾아오거나 귀찮은 사람이 오더라도 능수능란하게 잘 처리하고.

이처럼 대인관계가 원만한 보살이 유능한 총무라고 할 수 있습니다. 물건 팔러 오는 사람을 너무 냉정하게 몰아쳐도 안 되고 다단계 하는 보살들 정보를 공개해서 망신 시켜도 안 되고 사연 많은 보살들의 사생활을 누설해서도 안 되고 새로 와서 불교를 잘 몰라도 어느 정도 정착이 될 때까지 공익을 위해서 뛰는 헌신적인 보살도를 닦는 보살이 총무 보살입니다. 왜냐면 회장 보살이나 위에 있는 보살님들은 대부분 노보살들이라 판단력도 흐리고 힘든 업무를 볼 수 없어서 중간 정도의 간부 보살 중에서 총무의 역할은 아주 중요한 것이기 때문입니다.

신들린 보살

기도도 많이 하고 주력도 많이 해서 식이 좀 가라앉아 아는 소리 하다가 점쟁이 귀신이 몸에 붙어 앞일을 예언하기도 하는 신기있는 보살이 있습니다. 이런 보살들은 눈빛이 다르고 자신을 잘 대접해주기 바라며 돈도 갖다 바치라고 합니다. 그렇지 않으면 나쁜 일이 생긴다고 겁도 주고, 반말 비슷하게 하면서 사람을 홀리려고 하는 묘한 기운이 몸에서 흐릅니다. 어느 절 어느 법당이든 변덕 많고 신이 붙은 신기 보살들이 있습니다. 이 신기있는 보살들은 특징이 스님을 싫어하고 흉을 많이 보고 절에 온지 얼마 안 되는 초보자 보살들을 포섭하려고 합니다. 순진한 사람이 잘 먹혀 들어가기 때문입니다.

▶ 현담스님이 직접 겪은 신들린 보살이야기

옛날에 제가 직접 겪었던 이야기를 해드리겠습니다. 어느 날 해인사로 가던 도중 대구 동화사에 잠시 들러서 하루저녁 자고 시간이 조금 남아 대구 시내 번화가 한복판에 있는 보현사라는 절에 잠깐 들렀습니다. 부처님께 참배하기 위하여 법당에 들어갔는데 어떤 노보살이 나를 보면서 '나타! 나타!' 이렇게 말하는 것입니다. 왜 그러는가 물어보니 나무아미타불 주력을 하다가 신이 들려 말만 하려고 하면 '나타!'라고 한다는 것입니다. 이 '나타'가 나무아미타불의 약자인데 10년 째 떨어지지 않고 이렇게 귀신이 붙어서 사사건건 남하고 얘기만 하려고 하면 장소와 시간에 상관없이 '나타!' 이러니 도저히 살수가 없다는 것입니다. 이렇게 말하면서도 또 '나타!' 이러는 것입니다. 그래서 신을 떼려고 하지 말고 인연이 깊어 같이 생활한다고 생각하며 화두법을 배워 참선을 하라고 가르쳐 줬습니다. 앉으나 서나 '이뭣고'

만 열심히 하면 '나타!'는 재미가 없어 서서히 소멸될 수 있으니. "떨어지고 안 떨어지는 것은 영가 마음이기 때문에 말귀를 알아들으면 떨어질 것이고 아직도 더 괴롭힐 업이 남아있으면 계속 '나타!'를 할 것이니 그런 줄 아십시오." 신들의 세계도 중생이기 때문에 언젠가는 권태가 나면 떠나가는데 안하던 참선을 하게 되면 심심하고 재미가 없어 결국에는 다른 아주 먼 세계로 갈 수도 있다고 말해주었습니다. 이렇게 이야기하니 "알았습니다." 하면서도 '나타!' 하는 것입니다.

또 어느 절에서 신들린 보살을 만났는데 자기는 사람의 전생을 다 본다고 하며 날 보고 전생을 이야기 해주겠다고 합니다. 그래서 호기심으로 말해달라고 했더니 맨 입으로는 안 된다고 돈을 내라는 것입니다. 그래서 안한다고 했습니다. 진짜 신들린 사람은 돈을 앞세우지 않고 방언하는 것처럼 말이 먼저 술술나오는데 사기꾼 귀신이 붙어서 사기치듯 전생을 봐준다고 하면 누구나가 호기심으로 돈내고서라도 듣고 싶어 하는 것이 사람의 심리입니다. 내가 싫다고 하니 이 보살이 공짜로 봐주겠다고 합니다. 그래서 정법문중에서는 일초 전이 전생이라고 어제가 전생이요, 간밤에 꿈꾼 것이 전생이요, 조금 전이 전생인데 이상한 헛소리로 새로운 업을 자꾸 짓지 말라고 웃으면서 한마디 해줬습니다. 그러자 전생을 봐주겠다는 신들린 보살은 나하고 이야기를 하니까 머리가 아프다고 하더니 자리를 뜨는 것입니다.

또 이런 일이 있었습니다. 신들린 보살이 혹시 감기에 걸리지 않았느냐며 이 감기가 급성 폐렴으로 변해서 죽을 수도 있기 때문에 액막이를 해야 한다는 것입니다. 그러면서 돈을 요구하는 이상한 신들린 보살을 지리산에서 정진할 때 잠깐 보았습니다. 약간 지능이 모자란 것 같은 사람인데 이말 저말 하는 것이 재미있었습니다. 그 이상한 신들린 보살이 말하기를 전쟁이 날 뻔 했는데 안났다고. 왜 안났냐면 전쟁은 사람이 일으키는게 아니고 귀신들이 일으키는데 남한에는 명산대찰에서 조석으로 예불을 하기 때문에 부처님의 힘과 신장들이 남한

에 집중되어서 방어하고 있기 때문이라고 합니다.

　그러나 스님들 신심이 떨어지고 불교 힘이 약해지면 또 전쟁이 날 수 있으니 새벽 예불은 빠지지 말라며 이 신들린 보살이 말하는데 꼭 지리산 고승이 몸에 붙어서 일러주는 것 같아 신들린 보살들은 재미있구나 그래서 사람이 빨려들어가는 것임을 알았습니다. 그래서 내가 한마디 하기를 사바세계는 귀신이 먼저가 아니고 사람이 기준이 되고 사람을 잘 대하고 마음을 잘 쓰고 올바르게 판단을 잘 내리면 귀신들이 붙을 자리가 없고 사람들이 허황되고 삿대면 귀신들이 붙을 수 있는 것이라고 사람 홀리듯이 전쟁이니 뭐니 이런 소리 하지 말라고 웃어가면서 얘기를 했습니다.

　그러자 순간적으로 얼굴이 변하면서 이제는 빨치산 영가가 붙은 것처럼 "간나새끼 중동무! 입 닥치라우!!! 조국인민 해방을 위해 우리가 여기에 왔소!!!" 이런 소리를 하는 것입니다. 순식간에 신들린 보살 몸에 빨치산 영가가 붙더니 막대기로 나를 찌르려고 하길래 빠른 걸음으로 쏜살 같이 도망갔습니다. 그랬더니 신들린 보살이 돌을 집어 던지면서 저 새끼 죽이라고 하는 것입니다. 무서워서 숲속에 숨어 있었더니 서서히 혼자 히죽 거리며 신들린 보살이 내려가는 것입니다. 이 때부터는 절대로 신들린 보살들하고는 장난도 하면 안되겠다고, 잘못하면 사람 죽을 수도 있다는 생각이 들었습니다. 숲에 숨어 있는 동안 나도 모르게 '호신진언 옴치림 옴치림 옴치림'을 세 번 했습니다. 어휴, 별의별 보살들이 다 있습니다.

또 어떤 신들린 보살은 밥을 먹지 않는다고 합니다. 주로 물과 과일만 먹는데 쌀은 불려서 생식을 합니다. 왜 그런가 한 번 물어 봤더니 신이 붙었는데 생식하며 지리산에서 도닦다가 죽은 스님의 영혼이 붙은 것 같았습니다. 이 보살은 공부 잘한다는 스님만 소문을 듣고 찾아다닌다고 합니다. 귀신이 소문 안듣고 다녀야지 소문 듣는 것이 무슨 신붙은 사람이냐고 했더니 자기는 신이 오는 날이 있다고 합니다. 그 날만 그렇다고 합니다.

창건주형 보살

대부분 절을 새로 짓게 되면 많은 돈이 들어가기 때문에 새롭게 불사를 할 때 투자를 가장 많이 한 보살을 투자자 보살이라고 하지 않고 창건주형 보살이라고 합니다. 창건주형 보살들은 권한이 막강하여 스님도 함부로 대하지 못하고 대접받는 것을 당연하게 생각하며 사찰 운영을 공동으로 상의하기도 합니다. 대학교로 따지면 주지스님은 총장이고 재단이사장에 해당되는 것이 창건주형 보살입니다. 사사건건 사찰업무에 간섭하고 스님에게 왜 요즘은 그렇게 조석예불을 자주 빠지시냐고 화를 내기도 하고 신도가 줄어들면 신도 관리를 왜 그렇게 못하시냐고 신도들 애경사를 잘 챙기라고 일일이 간섭한다는 것입니다. 스님이 마음에 들지 않으면 기운이 탁해졌다는 둥, 온갖 잔소리를 많이 하니, 참는 것이 수행이라고 생각하며 참고 참았던 스님도 사람이기 때문에 더 이상은 스트레스가 쌓여 살 수가 없어 말없이 떠나가면 창건주형 보살은 속으로는 잘 됐다고 생각하며 잽싸게 그동안 자기가 주지스님으로 모시려고 했던 스님에게 연락하여 잽싸게 모셔오는 창건주 보살도 있다고 합니다.

또한 사찰을 사찰로 보지 않고 기업으로 생각해서 투자하고 이익을 보려는 이익지향형 창건주 보살은 49재 등 불공이 들어오면 목돈이 들어오는 것이기 때문에 스님이 천도재나 49재를 하지 않으면 푸대접하는 창건주보살도 있다고 합니다. 서울보단 지방 소도시에 이런 경우가 많고 불교세가 강하다는 부산지역이 특히 소규모 창건주 보살들이 전국에서 가장 많이 밀집되어 있다고 합니다. 이 창건주보살 등살에 견디지 못한 스님들이 너무나 많습니다. 사찰에서 입김이 너무 세고 인사권과 경제권, 운영권을 쥐고 있기 때문입니다. 창건주형 보살은 스님이 의식이나 하고 법문만 하고 포교만 하기를 바랍니다.

나머지 일은 자신이 권력을 잡아서 휘두르는 것을 좋아하는데 공양주의 임명부터 종무소보살, 신도회 간부보살까지 자기 식으로 뽑고 임명하며 누가 따지면 절이 싫으면 중이 떠나간다는 식으로 배짱을 부려 신도를 다 내쫓다시피 하는 경우도 있습니다. 어떻게 놓고 보면 마구니 보살 같기도 한데 절을 지은 공덕으로 대접을 안 해줄 수 없는 현실 속에 창건주형 보살이라는 분은 조실처럼 머무르고 있습니다. 대를 이어 세습하는 것처럼 일부 창건주 보살들은 아들이나 딸에게 운영권을 넘겨서 대신 행사하도록 인수인계하고 죽는 경우도 있다고 합니다.

진짜 좋은 창건주형 보살은 절만 지어놓고 일체 운영에 간섭하지 않고 명의는 종단으로 귀속시키고 사중통장은 스님에게 드려 경제권과 인사권, 운영권을 다 공중을 해서 서류로 넘겨드리는 깨끗하고 확실한 창건주보살도 있습니다. 이런 보살들은 절 운영이 심리적으로 부담이 된다며 절에 잘 나오지도 않고 1년에 한번 초파일 때나 백중 때 같은 날에만 찾아가서 다른 신도들과 똑같이 엎드려서 삼배하고 조용히 떠나간다고 합니다. 이런 보살들은 절이 어렵다고 하면 운영비를 온라인으로 보내주어 암중으로 도와주며 지켜보는 아주 착하고 신심이 깊은 보살입니다.

좋은 창건주 보살을 만나느냐, 나쁜 창건주 보살을 만나느냐의 문제점은 스님한테 달려있는 것입니다. 왜냐하면 전생부터 선업을 많이 닦은 착한 스님은 좋은 창건주보살을 만날 것이고 남을 괴롭히고 피곤하게 했던 스님은 전생 인연으로 기업형 창건주보살에게 달달 들볶일 것이기 때문입니다. 모든 것은 자업자득, 인과의 법칙이 적용된다는 것입니다. 또한 창건주 보살들도 스님들을 너무 괴롭히면 공덕을 쌓는 것이 아니라 새로운 업을 짓는 것이라는 것을 알아야 한다는 것입니다. 잘 생각해보십시오. 나무관세음보살!

화주 보살

대한민국 절은 사회주의 국가에서 운영되는 것이 아니고 민주주의 국가에 불교가 있기 때문에 돈과의 관계가 아주 밀접합니다. 돈이란, 죽을 사람도 살리는 것이고 잘 쓰기만 하면 불법을 피우는데 꼭 필요한 것입니다. 돈이 있음으로써 더 많은 중생들에게 불교와 인연을 맺게 할 수도 있습니다. 돈에 대해서 노래 가사에 잘 나와 있습니다. "돈 없어 굶어 봤어? 돈 없어 맞아봤어? 돈 없어 당해봤어? 돈 없어 울어봤어? 돈 때문에 사랑을 팔지 마." 돈이 있으면 사랑도 쉽게 할 수도 있고 없으면 사랑하다 헤어질 수도 있다고 합니다. 돈이라는 글자와 마음을 닦는 도라는 글자는 'ㄴ' 하나 차이인데 받침 하나에 울고 웃는 인생사가 되는 것입니다.

'부자 아빠, 가난한 아빠'란 책에는 이렇게 쓰여 있습니다. 여유 있는 부자집안에 태어나서 자란 어린 자녀에게 부자 아빠가 돈에 대한 교육을 시킬 때 "애야, 돈이란 소중한 것이란다. 왜냐하면, 돈이 있어야 주변에 가난하고 어려운 이웃을 도와줄 수 있단다. 그래서 남을 위해서 쓸 데 써야 되기 때문에 돈을 소중하게 생각하고 함부로 쓰지 말고 벌어야 된단다." 그러나 가난한 집안에 태어난 자녀에게 가르치는 가난한 아빠의 교육방법은 쪼들리고 힘들게 살던 것을 기억하며 말하기를 "돈은 귀한 것이란다. 쓰지 말고 모아야 돼. 돈이 많아야 대접받고, 없으면 구박을 받아. 이 세상은 돈이 최고야. 행복은 돈으로 좌우된단다." 이렇게 가난한 아빠와 부자 아빠의 교육은 다르다는 것입니다. 가난한 아빠의 교육을 받은 자식이 컸을 때는 돈 소중한 것만 알고 필요성만 알기 때문에 수단과 방법을 가리지 않고 악착 같이 돈을 모으려고 하면서 쓸 줄은 모르고 검은 돈, 부정부패로 생긴 나쁜 돈을 뇌물 받고 또 찾아다니고 결국에는 들통나서 사회적인 문제가 되기도 하고 노후에 돈이 많아도 남에게 베풀 줄 모르고 인색하게 살다가 죽는 것입니다. 이렇게 어릴 때 돈에 대한 교육방법에 의해 돈에 대한 관념이 형성된다고 합니다. 그래서 빌딩을 소유 하고 부자가 되어도 사회에서 소외받는 어려운 사람에게 조금도 자비를 베풀지 않는 경우가 많이 있는 것입니다.

이런 인색한 부자들에게 비위를 맞추고, 신심을 넣어주고, 아는 것만큼 법문을 해주며 조금씩 초파일 등 값부터 동참금을 받고 절을 지을 때 시주를 하면 공덕이 크니 서까래 한 장, 기와 한 장이라도 동참하도록 살살 꾀어서 불사 동참을 시키는 역할을 하는 보살님들을 화주보살이라고 합니다. 하지만 요즘은 화주보살이 시어머니 대에서 며느리나 딸로 내려가지 않고 서서히 없어지는 추세입니다. 이 화주보살의 힘으로 선방을 운영할 수 있고 참선하는 선객스님들 뒷바라지를 위한 대중공양을 화주보살들이 지금까지 해왔는데 안타깝게도 젊은 세대로 넘어가면서 대가 끊기고 있다는 것입니다. 요즘 세대는 인터넷세대이기 때문에 남의 일에 발 벗고 나서려 하지 않고 개인의 이익만 추구하는 개인주의이기 때문입니다. 불법을 위하려고도 하지 않고 또 먹혀들지 않는 세상입니다. 인터넷뱅킹이나 폰뱅킹, 자동이체가 잘 되어 있기 때문에 옛날처럼 권선문을 들고 현금으로 받아서 절에 시주하는 대리인제도가 소멸되다시피 되었다고 보시면 됩니다.

그러나 아직도 시골사찰에서는 불사권선문을 가지고 다니면서 화주를 하는 화주보살들이 많지는 않지만 더러 있습니다. 화주보살들의 임무 중에 하나는 선방을 운영하는 사찰이 어렵기 때문에 부식이나 떡이나 과일이나 스님들의 필수품을 조달해 주는 역할을 합니다. 정기적으로 신도들에게 회비를 걷어 공양을 올리기도 하고 스님들이 아

프다고 하면 치료비나 약값 등을 여기저기 연락하여 주선해서 도와주는 역할도 화주 보살들이 하는 것입니다. 높은 암자에 불사가 안 되어 있으면 몇몇 신심있고 돈 있는 보살들을 모아서 불사를 하게끔 도와주는 역할도 합니다. 이렇게 화주보살의 공덕 덕분에 불교가 발전할 수 있는 것이고 운영이 어려운 사찰이 유지될 수 있는 것입니다. 대보살과 다른 점은 대보살은 단독으로 크게 움직인다고 하면 화주보살은 십시일반 조금씩 걷어서 그때그때 상황을 시원하게 잘 해결해주는 해결사라고 할 수 있습니다.

시어머니형 보살

절에도 깐깐하고 고지식한 시어머니 같은 보살이 한 두명은 꼭 있습니다. 특히 불교에 대해서 잘 모르는 초보보살이 오게 되면 더욱 위력을 발휘합니다. 근엄한 표정을 짓고 호통을 치는 모습은 대자대비한 부처님 법하고는 180도 다른 모습이기 때문에 초보보살들은 마음의 상처를 받기에 딱 알맞습니다. 교회에서는 친절하고 상냥하고 알랑대며 신자로 정착시키기 위하여 노력을 하는데, 교리가 뛰어나고 가르침이 훌륭한 불법문중에서는 세속의 며느리 구박하고 아들감싸는 시어머니처럼 주지스님이나 스님들을 아들로 착각하고 초보보살을 며느리 대하듯이 구박하는 이런 시어머니 보살 때문에 절에 나가고 싶어도 발길을 끊게 만드는 경우가 많습니다.

법당의 질서를 잡는다고 여기저기 앉아서 기도하면 더 많은 사람이 앉을 수 있도록 자리를 좀 옮기라고 잔소리를 하고, 엄숙한 법당에서 핸드폰이 울리면 여기가 어딘데 꺼놓고 들어와야지 그러는 것 아니라고 일침을 놓습니다. 가끔 아이를 데리고 오는 보살들이 있는데 왜 아이를 데리고 와서 다른 보살들 방해 되게 만드냐며 나가라고 하고, 절 마당가에서 서성거리는 사람들은 불심검문하듯이 절에서 왜 왔다 갔다 하냐고 어디서 왔느냐고 묻고 법당에 들어가 참배하고 가라고 하기도 하고, 여름에 옷차림이 너무 야하다고 살을 드러내놓고 어디 법당에 들어가려고 하느냐고 다음부터 그러지 말라고 하며 나무라기도 하고, 공양간에서 서로들 반갑다고 떠들면서 먹으면 절이 도떼기 시장인줄 아냐고 엄숙하게 공양을 들어야지 집에서나 떠들고 먹고 식당에서나 떠들고 먹지, 청정한 도량에서 공양을 들면서 시끄럽게 떠들고 먹는다고 큰 소리로 호통을 치면서 질서를 잡는 것을 좋아합니다.

그런데 말은 맞는 말입니다. 공양들 때는 밥 씹는 소리도 안 나게, 차분하게, 수저소리도 안 나게 공양을 들어야 하는게 원칙입니다만 한 달에 한 두 번, 법회날 아는 보살들끼리 만나 이야기 하는 즐거움을 원칙이라는 이름하에 뺏어버리면 그 또한 남의 행복 추구권을 박탈하는 것입니다. 안그래도 시집와서 옛날부터 시어머니한테 시달렸는데 절에 와서도 그래야 되나 생각이 들면서 저절로 싫어집니다. 조폭형 보살들은 한눈에 시어머니형 보살에게 걸렸다 하면 그 자리에서 지적을 당하기 때문에 시어머니형 보살이 있는 사찰에는 재미가 없어 가지 않습니다. 그런데 이런 시어머니형 보살도 원체 막가파식으로 대책 없이 떼로 와서 설치는 늑대형 보살들한테는 아무 소리도 못합니다. 물릴까봐 조용히 소리 소문 없이 지적도 하지 않고 눈감아 줍니다.

이런 것을 다른 착한 보살들은 모르기 때문에 '왜 시어머니형 보살이 순둥이가 되고 얌전해 졌지? 수행이 잘 됐는가봐. 신심이 생겼는가봐.' 이렇게 이야기를 하면 어쩔 수 없이 참고 듣고 있다가 시간이 흘러 늑대형 보살들이 자취를 감추었다 하면 다시 시어머니 특유의 잔소리를 시작합니다.

다른 차를 댈 수 있게 '차 똑바로 대십시오.'하며 주차부터 간섭하기 시작하여, 공양 간에 와서는 정리정돈, 청소상태, 위생상태, 두발상태, 세탁상태, 다 불량이라고 지적하면서 공양간에서 일하는 사람이 깨끗해야 음식 맛이 나지, 이게 뭐냐고 한마디 합니다. 공양주보살도 싫어하고 다 미워하는데 그 말을 해야만 직성이 풀려 싸움이 붙더라도 내 말이 틀렸느냐고 월급 받고 일하면 똑바로 해야 될 것 아니냐고 하며 따지듯이 덤벼들면 사람은 경우에 막히고 귀신은 경문에 막힌다고 말은 바른 소리기 때문에 결국에는 주지스님 귀에 들어가 공양주에게 깨끗이 하라고 위생관념 잘 가지고 하라고 지시를 받습니다. 그러면 아니꼬워서 공양주가 그만둔다고 하고 나가는 경우도 있습니다. 조폭형 보살이나 늑대형 보살이나 여우보살들하고는 공양주가 사이가 좋은데 시어머니와 같은 잔소리를 하는 시어머니형 보살과는 상극이라서 한 판 붙고 절을 떠나기 때문입니다. 필요한 것 같으면서도 필요 없는 시어머니형 보살은 어느 절에나 있습니다. 시어머니형 보살은 대부분 돈을 잘 내는, 돈이 있는 보살들 중에서 큰 소리를 치는 경우가 있습니다. 그래서 절 주지스님도 절 운영상 모르는 척 눈감아 준다고 합니다.

부처님은 남을 비방하지 말고 또한 시비를 가리지 말며 다만 스스로 신행을 보아서 자세히 정·부정을 보아야 한다. 모든 악을 짓지 말고 마땅히 선을 봉행하여 스스로 그 뜻을 깨끗이 하라고 이렇게 가르침을 주셨습니다. 부처님께서는 계(戒)를 받았을지라도 마음에 삿된 생각을 즐겨하고 바른 도를 믿지 않으며 아첨하고 아양을 부리면 남에게 시비와 비방당함이 끊이지 아니하여 가히 제도를 받기가 어렵나니 이러한 무리는 옛날에 조금 지은 복으로 잠시 동안 바른 가르침을 보게 되나 마음과 뜻이 흐려 깨닫기 어려워 다시 삿된 생각으로 빠진다고 하셨습니다. 전생부터 시비하던게 습이 돼서 사사건건 시어머니처럼 작은 건수라도 시비거리를 만들어 잔소리하고 싸우려고 덤벼드는 보살입니다.

현담스님 강의 | 113

도깨비 보살

　절에서 스님들이 가장 많이 쓰는 명칭중 하나입니다. 그 이름도 신기한 도깨비 보살은 동에 번쩍, 서에 번쩍, 이곳저곳 깜깜한 밤중에 툭 튀어나오는 도깨비처럼 한 군데 절에 가만히 있지 않고 전국의 명산대찰과 선방을 비롯하여 암자, 토굴 할 것 없이 스님이 계시는 곳은 낮밤을 가리지 않고, 발길 닿는 대로, 자기 생각나는 대로 '가는 사람 붙잡지 않고, 오는 사람 막지 않는다.'는 절에서 쓰는 말을 좌우명으로 삼아 바람 따라 물길 따라 유람하듯이 이절 저절을 마음 놓고 툭툭 튀어 다니는 보살을 도깨비보살이라고 하는 것입니다.

　서울에서 제주도, 울릉도 까지 전국에 있는 사찰이 다 자기 집으로 알고 거침없이 행동을 합니다. 이 도깨비보살은 상황에 따라 절일을 도와주기도 하고 참선하기도 하고 정진도 하다가 기도도 하기도 하고 어디고 또 큰 스님이 계신다고 하면 꼭 친견을 하러 가야 직성이 풀리고 산사음악회부터 주지스님 진산식, 큰 스님 법문 하는 곳, 대웅전, 낙성식, 불사하는 현장이나 다비식은 빠지지 않고 종단의 크고 작은 행사에 쫓아다닙니다. 그래서 절에 손해는 입히지 않지만 그래도 큰 이익을 주지는 못합니다. 스님들도 이 도깨비보살들이 그렇게 싫지는 않기 때문에 이절, 저절 정보를 물어보기도 하고 아는 스님 소식을 묻기도 합니다. 도깨비보살들 끼리는 서로 비슷한 심정의 지역도깨비보살들이 있기 때문에 전화 한통이면 서로 정보를 공유하기에 대신 물어서 스님께 대답해주기도 합니다. 대부분 절에 다닌지가 20~30년은 된 경력을 가져야 도깨비보살 노릇을 하는 것입니다. 도깨비보살들은 절의 대보살을 알고 있기 때문에 도깨비 보살들이 큰 신도를 끌어당기는 역할도 하고 있습니다. 다만 권태를 금방 느껴 한절에 오래 다니지 않고 금방 이절 저절 옮겨 다닌다는 특징이 있습니다.

맹물 보살

　절에는 가끔 싱거운 보살님들이 스님들을 찾아오는 경우가 있습니다. 시간만 뺏고 아무 영양가도 없는 보살입니다. 그러나 중생을 제도한다는 차원에서 맹물보살을 다루려면 도가 높아야 합니다.

▶맹물보살사례 1

　불교를 잘 모르고 스님을 신기한 남자 정도로 생각하며 호기심은 많고 무조건 아는 사람으로 만들고 싶은 심정으로 인생을 살아가는데 어느날 우연히 기차를 탔는데 앞자리에 젊은 스님이 앉아서 졸다 창문 밖을 보고 무엇인가 지긋이 눈을 감고 생각하는 표정을 보고 있다가 스님이 심심해 할 것 같아서 먼저 말을 걸면서
"어느 절에 계세요?"
"○○사입니다."
"법명은 ○○입니다."
"어딜갔다 오셔요?"
"정처 없이 떠돌며 다니는 만행스님입니다."
"만행은 무슨 말입니까?"
"수행자는 여행도 수행이기 때문에 많은 것을 보고 듣고 느끼는 것 체험하는 것을 만행이라고 합니다"
"잘 알았어요! 스님 그런데 왜 출가하셨습니까? 세상이 싫어졌나요? 아니면 사랑에 실패하셨나요? 궁금합니다."
"그렇게 묻는 것이 아닙니다. 보살님!"
"불교는 좋아하는데 어디서 어떻게 배울 수가 있나요?"

"불교책을 구입해서 읽고, 가까운 절에 가십시오!"

"절에 가면 마음이 편하고 좋은데 바빠서 시간이 없어 못가요. 그리고 저도 어떨때는 절에 가서 살고 싶은데 돈을 가지고 가야 고생하지 않는다고 하는데 얼마를 가지고 가야하는지 진짜로 알고 싶습니다."

"절은 발심하여 오는 곳이지 돈을 요구하지 않습니다."

"진짜예요? 그런데 사실은 안 그렇다고 하는데..."

"○○종은 그런 것 없습니다."

"다른 종단은 돈을 받나요?"

"그것은 그쪽에서 물어 보세요."

"그럼 스님은 ○○종이세요?"

"네. 맞습니다. 보살님 이제 내릴 때가 된 것 같습니다. 그럼 이만..."

"아니, 스님! 법명을 알고 싶어요! 이것도 인연인데..."

"○○스님입니다."

이 순간 맹물 보살은 ○○스님의 소속 사찰 이름과 법명을 자기 수첩에 적어 놓고 목적지에서 내린 후 바쁘게 생활을 하다가 어느 날 문득 여행이 하고 싶어 차를 몰고 이 절, 저 절 다니다가 ○○사에 도착을 했습니다. 이 때 문득 옛날에 만났던 ○○스님을 찾으니까 선방에 있다고 하여 찾아 갔는데 진짜 열심히 정진을 하고 있었습니다. 반갑게 특별 면회 허락을 입승스님에게 받고 대화를 몇 마디 나누었는데 맹물 보살은 싱겁게 떠나가고 그 스님은 구설수에 쌓이기 시작했습니다.

　'속가 애인이 찾아왔다, 아니다. 돈을 많이 내놓았을 텐데 선방에는 한푼도 내놓지 않고 혼자 감춰두었다.' '그런 스님 아니다. 부정적으로 보지마라' '맹물 보살이 왔다' 이런 많은 말들이 선방안에 오고 가기 시작했습니다.

　간혹 그 스님도 망상이 자꾸 생기고 전보다 공부는 안되고, 주체 할수가 없었습니다. 이렇게 공부를 방해하고 구설수를 만든 그 맹물 보살은 여행을 마치고 일상으로 돌아왔지만 스님은 괴로웠습니다. 마치 배가 고프고 출출할 때 누가 음식을 만들면 음식 냄새가 솔솔 나는 것이 더 배고프게 하는 것처럼 불타는 혈기 왕성한 젊은 스님을 괴롭히는 원인은 맹물 보살 때문이라는 생각을 갖게 되었습니다. 그래도 ○○스님은 한 철 잘 참고 해제를 했는데 결국 ○○스님을 싫어하는 어떤 스님이 맹물보살과 ○○스님이 서로 만난다는 헛소문을 내고 말았습니다. 이 말을 들은 다른 어떤 스님은 '○○스님과 맹물보살 사이에 애가 있다고 하더라!' 또 그 뒤로 들리는 소문은 '속퇴했다고 하더라', '다시 살아 들어 왔다고 하더라.' 이렇게 점점 커져버린 발 없는 말이 돌아다니는데 정작 ○○스님은 이 소문을 모르고 있었습니다. 그러나 얼마 지나지 않아 ○○스님도 이 소문을 듣게 되었고 주위 스님들과 보살님들이 ○○스님을 대하는 태도가 쌀쌀맞게 달라지고 예전과 다르다는 것을 느끼게 되었습니다.

왜 그럴까요? 그 이유는 기차에서 맹물보살에게 법명과 소속 사찰을 알려준 것이 결국에는 이렇게 피해를 본 것입니다. 이렇게 쓸 데 없이 이 절 저 절 찾아다니며 아무런 영양가도 없는 불교에 맹탕인 보살을 맹물 보살이라고 합니다. 국을 끓일 때 맹물로 맛이 납니까? 파, 마늘, 양념 간장 등의 모든 것이 들어가야만 되는 것처럼 주변 보살이 양념 역할을 해주고 법문도 듣고, 실수하면 경책도 받고 해서 다듬어져야 자기 입장만 생각하는 것이 아니고 다른 사람을 생각하는 배려심 깊은 알맹이가 꽉 찬 보살이 되는 것입니다. 가까이 하기에는 너무 먼 보살, 맹물보살!

▶맹물보살사례 2

어느 절에 주지스님과 총무스님 부전스님 등이 있었습니다. 이 절에 다니는 맹물보살 한분이 있었는데 이 맹물보살이 생각하기에는 주지스님은 나이도 많고 신도가 많아 만나기도 어려운데 비해 온지 얼마 안 된 젊고 잘생긴 부전스님은 기도 시간 외는 시간도 있는 것 같고 신도도 없는 것 같은 생각이 들어 맹물 보살은 부전스님을 조용히 만나 차 한잔 얻어먹고 싶었습니다. 그래서 결국 차를 한잔 얻어먹었는데 그 뒤 시간만 되면 맹물보살은 부전스님에게 점심 공양을 대접하겠다고 하는 것입니다. 결국 주지스님께서 외국으로 나갔을 때 부전스님은 바깥에서 맹물보살과 공양을 하게 되었습니다. 부전스님이 공양대접을 받고 돌아왔는데 그 뒤로 이 맹물보살이 눈치없이 자꾸 전화를 하여 또 만나자고 공양을 하자고 하는 것입니다. 스님도 싫지는 않았지만 남들 눈치가 보여 적당히 대답하기를,

"전화번호를 가르쳐 주시면 제가 시간이 있을 때 연락을 하겠습니다."라고 대답을 하는 것입니다. 결국 맹물보살의 연락처를 받고 얼마 지나지 않아 공양도 할 겸 신도 관리 차원으로 연락을 하여 전화

를 걸어 공양을 들었는데 공양주가 왜 공양을 절에서 하지 않고 예쁜 보살을 만나 바깥에서 먹고 다니느냐고 하였습니다. 이에 화가난 부전스님은 왜 간섭을 하느냐고 하였더니, 이에 놀란 공양주는 결국 잘못했다고 하면서 나중에 주지 스님에게 예쁜여자 보살을 만나 밥 먹고 부전스님은 절밥이 맛이 없다고 하며 공양을 절에서 잘 안 드신다고 고자질을 했습니다. 주지 스님은 이 절에서 일어나는 일은 모두 주지 스님 본인의 책임이니 그러지 말라고 주의를 주었습니다. 이 모든 사실을 모르는 맹물 보살은 시간이 나면 또 스님들에게 연락을 하기 때문에 좌우지간 맹물보살은 제도하기 힘든 보살입니다. 전생에 닦은 것이 있어야 금생에 쉬운데, 부지런히 닦아야 내생에는 도가 어느정도 차는데 이 맹물보살을 제도하기가 참으로 어렵고 어려운 것입니다.

애기 보살

'새까만 눈동자의 아가씨, 겉으론 거만한 것 같아도, 한 번만 마음 주면 변치않는 여자가 정말 여자지. 얼굴만 예쁘다고 여자냐, 마음이 고와야 여자지.' 이런 노래 가사가 있습니다. 순수한 문학소녀처럼 착하고 순박한 미혼처녀 보살을 절에서는 순진한 아기 같다고 해서 듣기 좋은 말로 애기보살이라고 합니다. 시간이 많고 절을 좋아하기 때문에 절만 다니면서 스님들 눈에 띄어 봉사하는 경우에도 노보살님들 입장에서는 어리기 때문에 애기보살이라고 부르기도 합니다.
또 어린이 불교회 또는 학생회, 청년회 시절을 한 사찰에서 다 보내고 남들은 인연따라 시집도 가고 다른 곳으로 떠나가기도 하는데 자신은 원찰을 떠나지 못하고 열심히 살다가 훌쩍 세월이 지나가 나이가 들어 노처녀가 되었는데도 애기보살로 불러주는 경우가 있습니다. 즉, 미혼처녀보살을 나이하고는 상관없이 애기보살로 부르는 것입니다.

이 애기보살의 특징은 불교를 너무너무 좋아하고 신심이 깊기 때문에 세속의 일반 남자들보다 스님들을 존경하고 존경이 짝사랑으로 변하는 경우가 있다는 것입니다. 그렇게 짝사랑으로 변해서 혼자 좋아했다가 혼자 마음에 상처를 입고 울고 웃으면서 마음고생 꽤나 하는 보살이 애기보살입니다. 중매나 연애결혼을 하려고 해도 배우자의 종교만은 꼭 불교여야 하고 자신보다 더 신심이 깊어야 한다는 결론을 내리고 배우자를 찾다보니 찾기가 어려운 것입니다.

노처녀 보살들이 결혼을 못하는 이유는 전생을 고승으로 살던 습이 있기 때문일 수도 있다는 것입니다. 그 많은 생을 혼자서 청산 깊은 골에 일간토굴 지어 놓고 도만 닦았기 때문이라는 것이죠. 또는 한 생각 망상으로 여자를 무시하고 마구니라고 업신여기며 구박했던 과보로 금생에는 여자 몸을 받아 살아가지만 전생에 고승이었기 때문에 불도는 쎄게 닦고 신심은 솟구치고 절에 살던 습은 있어 절에는 자주 가게 되고 혼사는 안되면서 청정하게 독신으로 살아나가는 노처녀 보살도 애기보살이라고 부릅니다.

요즘 애기보살들은 인터넷을 통해서 전국사찰의 정보도 잘 알고 종단의 정보에도 관심이 많고 자기가 좋아하는 스님의 까페에 들어가서 심심치 않게 토론도 잘하고 핸드폰 문자 주고받는데 숙달되어 있고 법문을 녹화해서 인터넷에 동영상으로 올리기도 하고 아주 활발한 활동을 합니다. 감수성이 예민해서 봄에 꽃이 피게 되면 스님들과 꽃밭에서 사진 한 컷 기념으로 찍기를 바라고 예쁘다는 말 한 마디에 가슴이 두근두근거려 얼굴이 빨개지는 순진한 처녀보살들입니다. 그리고 또 이 애기보살들은 일반 노보살들과 달리 자기가 좋아하는 그림카드나 선물 등을 택배, 우편으로 보내기도 하고 절에 갈 때 부처님께 쌀이나 초를 사가는 것이 아니고 젊은 스님들이 좋아하는 아이스크림이나 케익이나 빵 종류, 과자, 음료수 등을 사가지고 공양을 올리는 경우도 많이 있습니다.

　애기보살들은 노스님이던 젊은 스님이던 스님이라면 대부분 존경하고 믿고 따르기 때문에 스님들과 대화 나누는 것을 좋아하고 겨울이면 스님들이 추울까봐 정성껏 목도리나 모자나 장갑을 뜨개질로 만들어서 선물로 드립니다. 그리고 자기가 해드린 정성들인 목도리나 모자를 항상 쓰고 다니는지 관심있게 살피다가 자기 것을 안 쓰고 다른 보살이 해준 것을 착용하면 혼자 마음이 아파서 끙끙 앓는 것이 애기보살들의 특징입니다.

　또 한 부류의 애기보살 중에서는 자기 분수를 모르고 스님하고 차마시는게 마음 편하다고 차나 마시고, 절에서 공양만 먹고가는 등 눈총을 받아가면서도 자기만의 불교를 하는 애기보살들도 있습니다. 이런 경우엔 사나운 노보살한테 걸리면 박살이 나기 때문에 마음에 상처를 입고 당분간 절에도 안나오고 발길을 끊는 애기보살들도 있습니

다. 또 다른 부류는 법문 듣고 불교 교육 받는 것을 좋아해서 기초교리반이나 불교대학을 나와서 포교사자격증을 따서 포교활동을 하는 보살도 있는데 사찰에서는 포교사보살이라고 불러주지 않고 그냥 종전처럼 애기보살이라고 부릅니다.

사례 1) 겉은 애기보살

산좋고 물좋은 시골에서 태어나 남들보다 무척 튼튼하고 건강미가 넘치는 보살님이 있었습니다. 성격도 원만하고 여기저기서 중매가 들어왔습니다. 그 당시에 나이는 꽃다운 스물네살. 그래서 읍내에 살고 있는 현재의 남편과 백년가약을 맺고 약혼도 없이 바로 결혼으로 골인 하였습니다. 그런데 몇 년을 살다보니 건강하기만 했던 부인이 전생의 업장 때문인지 서서히 보통사람과 달리 헛것이 보인다고 하고 가끔 헛소리를 하는 정신이상 증상을 보이기 시작한 것입니다. 첫 아이 출산 후부터 증세가 심해져 정신과에서 치료를 계속했지만 증세는 호전되지 않았습니다. 오히려 더 심각해져 완치가 힘들다는 판정을 받았고, 장애 증상까지 보인다고 했습니다. 그런데 그녀의 남편은 이런 그녀의 치료를 돕기 위한 어떠한 노력도 하지 않고, 오히려 그녀로 인해 자신의 인생이 망가졌다며 구타와 학대를 일삼았습니다.

그러던 중 증세가 다소 호전되자, 남편은 "당신을 너무 사랑하기에 당신이 정신을 놓는 모습을 더 이상 견딜 수 없어. 그래서 나도 모르게 당신에게 자꾸 폭력을 휘두르게 되고, 그게 당신을 더 악화시키는 것 같다. 그러니 우리 잠시 떨어져 있자. 나중에 당신이 건강해지면 다시 같이 살자"라고 그녀를 설득했습니다. 애절한 남편의 호소에 감동한 부인은 위자료 없이 협의이혼에 동의했고, 그렇게 하여 이혼이 이루어졌습니다. 결국 이혼해서 이익보는 쪽은 남편일 것이고 이 고통을 겪고 살아가는 보살은 이혼녀 딱지가 붙으면서 양육비도 제대로 받지 못하고 아기까지 기르며 친정생활을 할 수 밖에 없으니 친정어머니의 가슴은 항상 답답하고 메어 질 듯한 심정으로 살아가면서 그래도 외손자 돌보고 크는 재미로 그럭저럭 살아나아가고 있습니다만 젊은 보살은 병까지 들어 정상적인 사회활동도 할 수 없는 입장에서 경제적으로 쪼달리게 살고 있는데 교회에서 도움을 주겠다고 손길을 뻗치는데도 부처님 법에 인연이 깊어 모든 것을 뿌리치고 가까운 절에 나가서 기도도 하고 봉사도 하고 살아갑니다. 그러나 판단력이 모자라고 정신이 오락가락하기 때문에 사람들이 싫어서 중요한 일은 할 수 없고 허드렛일과 변소청소 등을 하면서 업장소멸 기도를 하는데 누구나 하기 쉬운 관음 기도를 하고서 많은 가피를 입었습니다. 생활도 어느정도 안정이 되었고 정신 상태도 많이 나아졌습니다. 이제는 업장이 녹으니까 다른 곳에서 처녀인줄 알고 중매를 서겠다고 합니다. 그러나 가정형편이나 자기의 이혼 사유를 알게 되면 다 도망갈 것 같아서 모든 것을 간직하고 기도와 봉사를 열심히 하고 살아나가는 이 젊은보살의 기구한 사연은 전생의 업장을 금생에 받는 것이기 때문입니다. 남들은 이혼녀하면 무조건 다시 한번 보는 경향이 있지만 이런 젊은 보살이 힘차게 구만리 같은 앞길이 펼쳐 질 수 있는 인생이 될 수 있도록 다함께 노력하는 불교가 되어야 되는 것입니다. 그러나 사연을 모르는 노보살들은 젊은 보살만 보면 무조건 시기 질투하고 무시하고 마음의 상처를 주기 때문에 우리는 한번 더 남의 입장에서 깊이 생각하고 생각해서 인격적으로 사람을 대해야 하는 것입니다. 절에서 무조건 젊은 보살만 구박하는 터줏대감 같은 노보살님들은 이 글을 깊이 읽고 다시는 젊다는 이유로 구박하고 상처주지 마시기를 불보살님 전에 기원드립니다.

사례 2) 가난 때문에 벌어진 애기보살 사연

어느 지방 작은 도시에서 벌어진 일로 착한애기보살이 절에 다니는 보살님이 중매를 잘못선 바람에 인생에 지울 수 없는 상처가 된 사례를 말씀드리겠습니다. 애기보살은 절에 열심히 다니면서 기도도 잘하고 봉사도 잘했습니다. 얼굴도 잘생기고 마음씨도 착해서 보살님들 세계에서 아주 인기가 있었습니다. 그런데 흠이 있다면 집안이 너무 가난해서 혼수감을 장만해서 떳떳하게 시집갈 입장이 못됐습니다. 이런 사정을 아는 일부 주변에 있는 보살님들이 꼭 총각에게만 가려고 하지말고 인연따라 적당하게 마음에 쏙드는 좋은 사람을 소개시켜줄 터이니 한번 만나보라고 하는 것입니다. 그러면서 미리 이야기 하겠는데 이 사람은 총각도 아니고 유부남도 아니고 어쩔 수 없는 사정에서 결혼 생활하다가 이혼한 남자이지만 그래도 사람은 착하고 직업도 반듯하니 결혼하면 괜찮을거라고 하여 이런 사연을 다 알고 몇차례 만났는데 생기기도 잘 생겼고 대학도 나왔고 직업도 안정적인 공무원으로써 모든 것이 괜찮았습니다. 혼수감을 못해온다고 하더라도 다 이해할 사람이라고 해서 몇 번 교제한 후 남자가 청혼을 하길래 고민을 하였는데 몇차례 만나다가 저녁을 먹고 마음도 외롭고하여 쓸쓸한 마음을 서로 달래기 위해서 노래방도 가고 단둘이 분위기 좋은 까페에 가서 음악을 들으며 커피를 마시며 낭만을 즐겼습니다. 며칠 있다가 연락이 와서 또 만나고 그러다가 어느 날 어쩔 수 없이 결혼해달라는 말에 마음이 흔들려 고민을 하였습니다. 왜냐하면 데이트 도중에 전처하고 호적정리를 깨끗이 했다고 호적까지 보여주며 애기보살을 설득시켰기 때문에 과거는 과거일 뿐이다 현재 이 남자는 나를 사랑하고 있으니 결혼을 하는 것도 부처님의 뜻이라고 생각하고 단촐하게 일가 친척들이 모인 가운데 혼례를 치루고 부부가 되었습니다. 그럭저럭 행복하게 살아가고 있는데 어느날 갑자기 봉창 두들기는 소리처럼 엉뚱한 일이 터졌습니다. 마른하늘에 날벼락 칠만할 사건이 터진 것입니다. 신혼의 단꿈에 빠져 있던 애기보살에게 전화 한 통이 따르릉 걸려왔습니다. "여보세요?" "네, 누구시죠?" "아, 말로만 듣던 절에 다니는 착하다는 보살이군요?" "네, 그러신데 전화하신 분은 누구십니까?" "나는 지금 남편의 본처입니다." "네?!" 이미 2년 전에 호적에서 정리된 남편의 전처였습니다. "그래서요?" "당신은 이 집을 떠나줘야 되겠어요." "무슨소리하고 계시는 거에요? 나는 정식으로 결혼을 했고 호적에도 올라갔습니다. 과거에 이혼한 전 부인이 무슨 권리로 전화를 하고 헤어져라 마라 그러는 것입니까? 말도 안되는 소리하지 마십시오." 그리고 전화를 끊었습니다. 알고 보니 남편은 전 부인의 거액의 도박 빚을 갚지 않기 위하여 임시로 전략적으로 재산 압류를 당하지 않기 위하여 위장 합의이혼을 했던 것입니다. 그리고 혼자 사는 척하면서 자식들과 본부인이 살고 있는 집을 왔다갔다 하

면서 빚쟁이들이 찾아올까봐 혼자만 독신인 것처럼 이혼하고 사는 이혼남으로 위장하고 있었는데 절에 다니던 옆집에 있는 보살이 이 애기보살에게 중매를 한 것입니다. 이렇게 엄청나게 꼬여 있는 사건 속에서 애기보살은 호적만 깨끗하면 될 줄 알고 시집을 가서 행복하게 살 생각을 하고 2년간 애낳기 전에 잘 살고 있었는데 이런 일이 터지니 더 이상의 결혼생활은 하고 싶지도 않고 배신감에 죽고 싶을 정도로 괴로운 나날을 보내고 있었습니다. 뻔뻔스러운 남편은 노골적으로 이제는 처가 집에서 자기 부인 빚도 반 이상 갚아주고 모든게 해결됐으니 위자료를 줄테니 헤어져 달라고 다시 자기도 떳떳한 정상적인 가정을 유지하고 싶다고 하면서 애기보살에게 사정을 하는 뻔뻔스러운 이 남편을 어떻게 할 수가 없어 과거생의 나의 업장으로 생각하고 고민, 고민 하다가 이것이 나의 시련이고 전생의 업장이라고 생각하면서 한가정을 나하나만 빠져 나오면 다시 살릴 수 있다는 자비심으로 모든 것을 용서하고 약간의 위자료를 받고 마음의 상처만 남기고 호적상 협의 이혼을 승낙하고 법적으로 헤어진 후 지방으로 이사가서 살고 있는 애기보살도 있다고 합니다. 여러분 진짜 못믿을 것은 사람의 마음이고 절집에 순진한 애기보살을 타신통이 터지지 않은 일반 보살들이 자기 입장에서 상대방 남자가 앞으로 변해갈 마음도 예측하지 못하고 중매선다고 절대로 보살님들 하지 마십시오. 남의 인생하나가 초전박살이 날 수 있는 것입니다. 잘하면 보약이고 잘못하면 독약인 것이 중매인 것입니다.

사례3) 애기보살의 일대기

절에 열심히 나오는 착한 애기보살의 이야기입니다. 그는 용모가 단정했고 마음씨가 고왔으며 더욱이 신심이 돈독했고 다른 애기보살들과 달리 육도윤회 설을 확실히 믿기 때문에 비구니로 출가 하려고 몇 번 마음을 먹고 부모님과 상의했으나 내 눈에 흙이 들어가기 전에 는 그런 말은 절대 꺼내지도 말라고 완고하게 반대하는 어른들 때문에 출가를 몇 번 시도하려고 하다가 망설여서 갈등을 느끼고 있을 때쯤 집근처에 천년고찰 아담한 절이 있어서 틈만 나면 절을 열심히 다니면서 출가 못한 것을 안타깝게 생각하며 더 열심히 참선도 하고, 염불도 하고, 기도도 하며 살아갔습니다. 그런데 어느 날 절에 다니는 수다스러운 보살 한 분이 눈여겨 보았다고 참하고 착실한 애기보살도 혼기가 된 것 같다고 자기가 중매를 서겠다고 하면서 수다를 떠는 것입니다. 서울에 일류 의과대학을 나오고 병원에 근무하는 총각 의사인데 얼굴도 잘 생기고 마음도 착하고 모든 것은 갖추었는데 집안이 좀 가난한 것 밖에 흠잡을 것이 없는 의사로 서로 잘 맞을 것 같아 시간 되면 선이나 한번 봤으면 좋겠다고 말하는 것입니다. 수다보살은 거절을 해도 계속 끈질기게 인연인 것 같다고 언제든지 생각나면 이야기하라고 하면서 그 날은 헤어졌는데 초하루 법회에 만나서 슬쩍 사진을 보여주면서 잘생기지 않았냐고 하는데 진짜 인물이 훤칠하고 키도 크고 모든 것을 잘 갖춘 훌륭한 남편감 같은 생각을 가졌습니다. 그래서 사진 한 장을 받아서 장난삼아 부모님께 그 동안 있었던 일을 이야기하며 결혼을 하라고 절의 수다보살이 하는데 어떨까요? 하고 말을 하면서 부모님께 사진을 보여주니 모두가 환영하는 것입니다. 가난한 것은 우리가 보충해주면 되는 것이고 이런 일이야 말로 기도를 열심히 했기 때문에 부처님 덕에 이제야 산으로 가지 않고 제대로 가정을 가지는 출가를 하는가보다 하면서 기뻐하시는 것입니다. 그 뒤, 또 수다보살을 보름 법회에 만나서 불자들은 사주는 안보는데 이쪽 사주이고 그쪽에서도 안믿으면서도 사주라도 한번 봤으면 좋겠다고 시댁 쪽에서 요청하니 생년월일을 불러달라고 그래서 불러주고 집에 왔습니다. 서로 사주를 양가집에서 맞추어 보니 너무나 잘 맞는 것이랍니다. 다만 한가지 찝찝한 것은 남자가 도화살이 있어 조금 바람기가 있을 것 같다는 이야기지만 이 시대에 이런 것 저런 것 다 따지면 언제 시집장가 보내겠느냐고 부모님들이 적극 찬성하는 바람에 일이 빨라져서 수다보살이 왔다갔다 하면서 선을 호텔 커피숍에서 만나 보게 되었는데 그 순간에 서로가 뿅가게 마음이 잘 맞아 서로가 결혼을 전제로 계속된 데이트를 하게 되고 결국에는 양가부모 상견례를 통해서 결혼을 허락받고 가난한 신랑집에 도움을 주기 위하여 혼수도 많이 하고 열쇠 세 개에 병원도 차려주기로 약속을 하고 아파트도 사주고 고급 승용차도 사주기로 약속을 하였습니다. 신랑은 입이 다물어 지지 않을 정도로 좋아하고 신랑집에서도 가난의 때를 벗고 너만이라도 잘 살았으면 좋겠다고 하면서 다 좋아하는 축복속에 많은 일가친척이 모인 가운데 으리으리하게 큰 일류호텔에서 결혼식을 끝마쳤습니다. 이 애기보살은 이제 시집을 가서 아들하나 딸하나를 낳고 행복하게 십년째 잘 살았습니다. 그러나 결혼 후 작은 개인 병원을 개업한 남편은 사랑하는 자기 부인의 고마움은 시간이 갈수록 까맣게 잊고 늦게 들어오고 다른 여자를 만나고 바람을 살살 피기 시작하면서 따지듯이 말하고 술주정을 하고 폭력까지 휘두르는 저질남편으로

변해 버렸습니다. 그러면서도 심한 말로 너를 만나지 않았으면 나는 더 출세할 수도 있고 행복할 수도 있는데 절에만 다니면서 비구니로 출가하고 싶다고 할 때 왜 장인장모가 말려서 결국 나한테 걸리게 만들어 서로가 맞지도 않는 부부생활을 하며 살아야 되느냐고 충격적인 술주정을 하기 시작하는 것입니다. 그래도 불심이 깊고 인과법을 믿고 있는 이 보살님은 인욕바라밀을 한다고 참고 살면서 친정부모님에게는 한 마디도 하지 않고 속가슴은 새까맣게 타들어가는 고통을 겪더라도 말하지 않고 세월을 보냈습니다. 그렇게 의사부인보살은 남편의 무심함에 가슴 한편이 베이는 듯해서 그 상처에서 느껴지는 시린 통증을 이겨내기 위하여 잠시 대학동창들을 만나서 점심을 먹고 가끔 등산도 하고 일상생활에 벗어나는 행동을 하기 시작했습니다. 그러다 친구한명이 너는 스트레스가 많이 쌓인 것 같은데 등산보다 화끈하고 짜릿하고 재미있는 댄스나 한번 배우러 함께 가자고 살살 꼬시는 바람에 처음에는 거절했지만 10번 찍어 안넘어 가는 나무가 없다고 절에만 다녔던 보살이 친구들에게 이끌려 처음으로 춤추고 배우는 무도장에 첫발을 내디뎠습니다. 대낮인데도 어두컴컴하고 오색등불 밑에 남녀들이 음악에 취해서 스텝에 취해서 서로가 얼굴을 마주보고 춤을 추는 그 장면을 보니 자기의 존재를 잊어버렸습니다. 거기서 잠시 있는 동안 친구가 어떤 남자를 소개시켜줘 춤을 한번 간단한 기초부터 배울 수 있게 하였습니다. 처음보는 춤선생은 자기에게 따스한 눈빛, 부드럽고 예의바른 매너, 점잖으면서도 편안한 음성으로, "사모님" 하면서 살짝 손을 잡을 때 느껴지는 그 감촉은 무뚝뚝하고 폭력적이고 거짓말만 하고 바람만 피우는 자기 남편 의사와는 극락과 지옥의 차이처럼 느껴졌습니다. 이렇게 하루를 친구들과 무도장 출입한 것이 인연이 되어 친구들끼리 서로 바쁜날은 빼고 시간만 나면 함께 자연스럽게 출입하게 되었고 그 중 친구한명은, "댄스도 스포츠다 스포츠. 아직도 너는 긴장하고 있는 것 같은데 시절이 옛날과 다르다. 먹고, 마시고, 즐기고, 놀고 이렇게 인생을 재미있게 살아야지 애완견처럼 집에만 쳐박혀서 답답해서 어떻게 살 수 있느냐." 그러면서 맥주도 한잔씩 권하고 처음에는 거절하다가 한 잔, 두 잔 먹는게 습관이 되어 술도 먹고 춤도 추면서 서서히 변해가기 시작했습니다. 자기도 모르게 이제는 무도회에 출입하는 것이 창피하지도 않고 부끄럽지도 않고 떳떳하게 생각이 들 정도로 변해버렸습니다. 그런데 어느 날, 이 춤선생의 유혹 1단계가 시작 되었습니다. 춤을 추다 말고, "사모님. 저는 앉으나 서나 오직 사모님만 사모하고 있습니다. 불타는 이 심정 조금이라도 알아 주신다면 소방수가 되어서 한 줄기 물로서 이 가슴을 식혀주시기 바랍니다." 이 말을 듣고 너무 기뻤습니다. 자기 남편은 자기를 무시하고 구박하는데 자기도 속으로 은근히 좋아했는데 사랑을 고백하다니 이렇게 멋있는 춤선생님이 사람도 많은데 하면서 자기 혼자 도취되기를, '하긴, 다른 여자야 집안이 받쳐주나. 얼굴이 받쳐주나. 돈이 받쳐주나. 너무 젊지도 늙지도 않는 내가 최고라는 것은 무도장에서 다 아는 사실이고 당연한 것 아니겠어?' 이런 식으로 스스로 만족스럽게 결론을 내면서 그 날은 가벼운 발걸음으로 집에 들어왔습니다. 그런데 의사 남편이 미국에서 학술세미나가 있다고 의사협회에서 출장을 보름간 다녀오라는 통보가 왔다고 그 동안 병원 일에만 바빴는데 출장을 다녀오겠다고 이야기 하는 것입니다. 그래서 잘 다녀오라고 하고 출장을 갈 준비를 다 마쳐준 다음에 공항으로 떠나고 나서 허전하게 2, 3일을 쉬고 있을 때 친구들로부터 한 통의 전화가 온 것입니다. 시내에서 점심이나 같이 먹자고. 그래서 그러자고 깊은 생각 없이 고급식당으로 나와있는데, '아니, 세상에!' 친구들은 나오지 않고 춤선생이 나와 있는 것입니다. 이 일이 어떻게 된 것이냐고 물으니, 친구들은 갑자기 다 볼일이 있어 못나오게 되었다고 두 분이 서로 좋아하는 것 같으니 자리를 만들어 주겠다면서 피했다는 것입니다. 처음에는 서먹서먹한 분위기에서 춤선생과 식사를 했지만 그 이후 드라이브나 하자고 멋있는 고급승용차로 2단계 유혹에 들어간 것입니다. 그러면서 경춘가도를 달려 순수하게 드라이브만 하고 집근처에 데려다 주어 애들이 집에 있기 때문에 시간 맞추어 돌아왔습니다. 아직도 남편이 출장을 다녀오려면 10여일은 걸리는데 달콤한 시간을 보냈으면 좋겠다고 마음을 먹었더니 춤선생으로부터 3박 4일간 놀러가자는 유혹의 전화가 온 것입니다. 자기도 지금만 시간이 있다고 휴가를 얻었다고 원래 이 춤선생은 조그만 회사에서 중역으로 일하는 사람인데 시간날 때 취미삼아 무도장에서 춤을 가르쳐주는 선생입니다. 그래서 친정어머니에게 애들과 집을 봐달라고 하고 며칠간 친구들과 동창회에서 국내 여행도 하고 지방사는 친구도 만나고 하기 위하여 바람을 쐬고 오겠다고 적당히 거짓말을 하고 친정어머니를 집에 모셔놓고 춤선생과 약속한 날 여행을 떠났습니다. 단 둘이만... 그런데! 보름간 가기로 했던 의사남편이 미국에서 세미나 일정이 축소가 됐다고 일주일만에 모든 것이 끝났다고 긴급히 돌아온 것입니다. 집에 와보니 장모님만 있어서 자기 부인은 어디갔냐고 하니 친구들과 여행을 갔다고 하니까 폭력기질이 있는 의사남편은 빨리 찾아오지 않으면 죽이겠다고 험한 말을 하여 어쩔 수 없이 1박 2일만에 긴급히 친정 어머니의 연락을 받고 집으로 돌아왔습니다. 그 순간 대판으로 싸움이 벌어졌습니다. 왜 자기 허락없이 출장 갔을 때 여행을 갔냐고. 적당히 거짓말로 닭발을 내밀면서 싸움의 위기를 모면했는데 그 다음 날 아침에 춤선생은 이런 사정도 모르고 문자를 보낸 것입니다. 빨리 나오라고. 그런데 우연히 남편이 부인의 핸드폰을 열어 본 것이 아침부터 큰 싸움이 벌어진 것입니다. 출근도 하지 않고 심각하게 일이 터진 것입니다. 의사남편은 그녀를 방탕한 여자로 바라보며 남자 관계를 추궁하고 구타하기 시작했습니다. 그런데 병원에서 급한 환자가 왔다고 빨리 오라고 하는 바람에 싸움이 일단은 멈췄습니다. 그 뒤 퇴근한 후에도 또 술을 먹고 와서 누구하고 어디를 다녀 왔냐 그 전화는 어떤 놈팽이냐 사사건건 시비를 걸고 싸움을 하자고 덤벼드니 도저히 집안이 지옥이 되어 같이 살 수가 없는 것입니다. 둘은 결국 한 집에서 살기는 하는데 냉랭한 기운 속에 원수나 다름없는 사이로 지내게 되었습니다. 드디어 더 이상의 고통스런 결혼생활을 견딜 수 없었던 보살은 편지 한 장을 써 놓고 당분간 절에 가서 기도좀 하고 오겠다고 가출을 했습니다. 그러나 절에서 기도한다고 정확한 자기의 위치와 핸드폰을 항상 받을 준비를 하고 있으니 빨리 돌아오라고 모든 것은 용서해 주겠다고해서 기도하다 말고 집에 들어가면 또 술을 먹고 싸우고 때리고 이런 일을 반복하니까 의사부인은 애들이 불쌍해서 참고 살려고 했는데 이제는 모든게 싫어져서 우울증에 걸리게 되고 결국에는 약을 먹고 집에서 음독자살을 시도하였습니다. 그러나 직업이 의사이기 때문에 재빨리 응급처치를 하고 살려내는데 도사이기 때문에 죽는 것도 뜻대로 안되었습니다. 그러나 기가 꺾인 겁먹은 남편은 폭력도 휘두르지 않고 술도 먹지 않고 차분한 옛날의 모습으로 돌아

왔습니다. 이제는 서서히 가정이 안정이 다시 시작 되었는데 바람기 많은 남편이 환자로 왔던 젊은 이혼녀와 눈이 맞아 사랑에 폭 빠져버린 것입니다. 이제는 노골적으로 가정에서도 통화를 할 정도로 사이가 진전되었고, "너도 너 좋아하는 사람 만나고 나도 나 좋은 사람 만나 살자" 이렇게 말하면서 협의 이혼을 하자는 것입니다. 그러나 너무나 차분하고 착한 보살은 나를 버리고 이혼녀와 결혼하고 행복한 가정을 다시 만들려는 남편을 용서할 수 없었습니다. 이혼을 못하겠다고 하니 남편의 구타가 이어지는 고통스러운 나날이 다시 또 시작됐습니다. 그러던 중 그녀는 다시 절에 가서 쉬었다 온다고 가출을 했습니다. 이제는 남편이 찾지도 않습니다. 이혼녀에 폭 빠져 있기 때문에 잘 됐다는 식으로. 그래서 일주일 만에 절에서 기도를 마치고 다시 돌아왔습니다. 남편에게서 벗어난 일주일은 절에서 기도하면서 마음도 편안했고 모든 것이 좋았습니다. 다시 집에와서 싸우면서도 이혼녀 만나는 재미에 폭 빠져 있는 남편을 볼 때 화가 치밀어 오르다가, '그래도 나는 인과법을 믿는 불자인데 내가 전생에 죄를 많이 지어서 이 고통을 받는다' 고 스스로 생각하며 주변 사람에게 물어보면 남자들 바람기는 일순간이니까 그래도 참고 살라고 해서 그럭저럭 맞으면서 싸우면서 휴전하면서 다정하게 지냈는데 이 이혼녀가 더 좋은 남자를 만나 좋은 조건에서 재혼을 해버린 것입니다. 그러니 이 남편은 다시 병이 도져 괴롭다고 술을 먹게 되고 폭력을 휘두르게 되고 다시 또 지옥이 된 것입니다. 이제는 친구 동창들을 만나 모든 것을 다 알고 있는 것 같아 입다물고 있던 궁금한 비밀을 다 이야기해 버렸습니다. 그랬더니 친구들은, 골아프게 살지 말라고 너도 술이나 한잔 하라고 술마시면 다 잊을 수 있다고 처음 무도장에 데려갔던 이 나쁜 친구는 도리어 자기 아는 남자를 소개시켜주겠다고 까지 얘기해 주는 것입니다. 처음에는 거절했지만 호기심으로 술집에서 한번만나 술한잔 먹은 것이 다음에 또 만나 술친구로 그 이상의 관계는 아니고 서 너번

합석을 하게 되었습니다. 남성들과 어울리던 술집에 우연히 친구들과 의사남편이 술먹으러 왔다가 들키고 말았습니다. 결국 집으로 들어가서 대판 싸우고 구타를 당했습니다. 그래서 못살겠다고 계속 이혼해 달라고 간절히 남편에게 사정을 했는데 이 의사는 절대 누구 좋으라고 이혼이냐고 해줄 수 없다고 거절하는 것입니다. 살자니 고생이고, 죽자니 애들이 불쌍하고 이렇게 매맞고 사는 우울증 걸린 보살이 되어 절에 법문 들으러 다니면서 처녀 때 애기보살 시절 비구니로 출가하지 않고 살기 때문에 이 업을 받는가보다 하면서 모든게 나의 전생의 업보라고 생각을 하면서 또 참고 10년을 살아 이제는 절에서는 없어서는 안될 대보살로 승진하여 그 고비를 부처님 가피력으로 잘 새겨서 의사남편은 절에 착한 거사가 되어 돈도 많이 시주를 하고 이 애기보살 출신 의사부인보살은 신도 회장으로 까지 승진하여 모 사찰에서 절 살림 챙기며 잘 살고 있습니다고 어떤 스님에게 들은 이야기 입니다. 이렇게 사연 많은 사람들이 모여사는 곳이 보살들의 세계인데 애기 보살의 일생은 주변 수다보살이나 중매서겠다는 보살로 인해서 인생이 극락이 될 수도 있고 지옥이 될 수도 있기 때문에 사람 소개한다는 것이 혼례는 더욱 함부로 하는 것이 아니라는 교훈을 가르쳐 주는 애기보살의 일대기 같습니다.

날라리 보살

스님들이 우스갯소리로 하는 말 중에 절 운영이 잘 되려면 날라리 보살이 많아야 된다고 합니다. 날라리 보살이란 무엇이냐? 남편한테 허락을 얻어서 돈을 절로 날라주는 보살을 날라리 보살이라고도 하고 남편 모르게라도 절 운영에 도움 되라고 시주 잘 하는 보살을 날라리라고도 합니다.

　날라리 보살들은 여우형 보살 출신이 많습니다. 어릴 때부터 어머니가 절에 다니셨고, 할머니는 독실한 불교 신자이기 때문에 누가 종교를 물으면 불교라고 자신 있게 대답은 하지만 불교 기초교리 공부를 한 적도 없고 어느 절에 소속되어서 봉사활동이나 기도·불공을 드린 적도 없는 보살입니다. 그러나 초파일에는 연등 달러 절에는 가고 불교에 관심이 많고 절에 가서 공양 먹는 것을 좋아하고 보살들 사귀는 것을 좋아하는데 남들처럼 참선을 하거나 100일 기도를 하거나, 법당에서 시간 맞춰 절을 하거나 조석으로 예불을 해본적은 없습니다.

　종교는 다 똑같은 거 아니겠습니까? 불교도 착하게 잘 살라는 것 아닙니까? 남에게 피해준 것도 없고 부처님한테 의지할 것도 없고 바랄 것도 없는 팔자 편한 내가 무엇 때문에 힘들게 수행을 하겠습니까? 그건 스님들이나 하는 것이고 보살들이 너무 절에 푹 빠지면 광신자가 되는 그런 것을 싫어합니다. 인생이 무엇입니까? 짧은 인생, 다시는 돌아오지 못할 이 청춘, 신나게 마시고 놀고 즐기고 그러면서 부모형제에게 잘하고 동기간에 우애 있고 남들에게 친절하고 나라에 세금 잘 내고 살아온 내가 왜 날라리 보살이라고 합니까? 라며 따지는 보살이 날라리 보살입니다.

　스님들하고는 가까이 하기가 힘들어 하고 같은 불자끼리 조금 친해지면 곡차나 한 잔 하자고 하고, 노래 속에 불법이 있는 거라며 노래방에 가자하고 분위기가 달아오르면 한바탕 신나게 춤추고 놀고나서 다음에 또 보자며 헤어진 후 잘 도착했냐고 전화하는 재미있는 보살. 절에서 성지순례 가면 함께 가자고 알려달라고 하며 성지순례를 갔다 하면 버스 안에서 마이크 잡고 열심히 노래 부르고 신나게 춤도 추고 자기의 밝은 성격과 거침없는 행동을 부끄러워하지도 않고 당연하게 생각하며 세속과 절을 전혀 구분하지 않고 걸림 없이 살아가는 보살님을 날라리 보살이라고도 합니다.

어느 절, 어느 단체에나 이 날라리 보살들은 반드시 있는데 날라리 보살과 친해지면 한 명이 두 명 되고 친구 날라리 보살도 합세하면 신도회에 영향을 주는 힘 있는 보살로 성장합니다. 일을 시키면 거침없이 소화해 내고 때에 따라 총대를 메고 악역을 맡기도 합니다.

그런데 이 날라리 보살은 마구니 보살과는 다릅니다. 날라리 보살은 기도비나 동참비 등도 잘 내고 기본적으로 불심이 있고 심성이 착한데 마구니 보살은 계획적으로 돈을 뜯으려고 하고 남을 곤경에 처하게 하는 악한 사람들을 말하는 것입니다. 마구니 보살을 제도하는 것은 스님이 아니고 날라리 보살들이 은근히 설득시켜 제도시키기도 합니다. 또한 반대로 날라리 보살이 마구니 보살에 포섭되어 더 나쁜 길로 가기도 합니다. 결국은 신심 없는 날라리 보살이 많으면 절이 시끄럽고 보살들도 서서히 물들어 가기 때문에 노보살님들은 날라리 보살과 마구니 보살을 구분해서 부르지 않고 무조건 마구니 보살로 부릅니다.

▶ 날라리 부인, 발동 걸렸다!

결혼하기 전에는 몰랐어요. 살다가 부부지간에 성격들이 드러나기 때문에 싸우게 되고 모든 업력들이 돌출되는 것입니다. 여기 어떤 부인의 사례를 하나 소개하겠습니다.

남편이 그렇게 속 좁고 앞뒤가 꽉 막힌 편협한 사람인 줄은 몰랐습니다. 사실 여자의 성격은 결혼을 했어도 남편의 지시나 간섭받는 것을 견딜 수 없어 하고, 같은 또래의 여자들과 놀러다니는 것을 너무나 좋아합니다. 술도 잘 먹고 담배도 피우고 춤도 잘 추고 날라리 기운이 너무 많아 남편은 매일 결혼한 것을 후회하고 괴로워하지만 어쩔 수 없이 애들 때문에 살아갈 수밖에 없었습니다. 이런 부인을 만나게 된 것은 우연인 것 같아도 어쩔 수 없었던 전생의 인연이었던 것 같았습

니다. 왜냐하면 남편도 결혼 전에는 그렇게 많은 사람들이 중매를 서
준다고 하고 또 여자 친구를 사귀기도 하고 했는데 모든 것이 마음에
안 들어 결혼을 하지 않고 이 핑계, 저 핑계 대고 결혼을 하지 않았던
것입니다. 그런데 어느 날, 회사에 다니던 남편은 회사에서 단체로 회
식이 있어 1차를 가고, 2차를 나이트클럽으로 몰려간 것입니다. 화려
한 조명과 아름다운 여자들의 모습속에 술마시고 춤추고 놀다가 우연
히 서로 마주친 그녀가 그렇게 마음을 뺏어갔고 같이 몇 마디의 대화
를 나누고 초면에 술도 마시고 춤을 추고 놀았습니다. 헤어지기가 서
운해서 전화번호를 서로 나눈 것이 인연이 되어 몇 번 더 바깥에서 만
난 후 결혼으로까지 골인하게 되었습니다. 결국 날나리 부인을 만난
장소가 나이트클럽이었기 때문에 끼가 있는 부인은 결혼 후에도 업력
이 동해서 안 살면 안 살았지, 공식적이든 비공식적이든 놀고 와야 직
성이 풀리는 업력으로 바뀐 것입니다. 그러니 애 낳고 살면서 주부가

이런 행동을 한다는 것이 남편으로서는 도저히 이해할 수 없는 것입니다. 가지 말라면 싸우고 나서 또 가고 안 싸워도 가고 마약에 중독된 것처럼 놀러 다니는 것이 당연한 것처럼 되어있습니다. 남들이 볼 때도 창피하고 결국은 몇 차례 이혼을 결심했다가도 또 수그러들고 이렇게 몇 년을 살았습니다. 남편은 결혼하기 전 이렇게 심한 사람인지 몰랐던 것입니다. 하도 억울해서 처갓집을 찾아가 장인, 장모에게 다 일러 바쳤습니다. 그랬더니 도리어 처갓집 식구들은 나이트클럽에서 만난 여자가 제 정신이겠느냐고 반문을 하며 평생 시집 못갈 줄 알았더니 좋다고 결혼하겠다고 하니 사위가 직장도 번듯하고 인물도 괜찮아 허락해 애 낳고 잘 사는데 딸이 옛날에는 안 그랬는데 직장을 들어가 승진을 못해 스트레스를 받다 보니 술을 먹게 되고 친구들과 어울리는 시간이 많다 보니 담배도 피우게 되고 유흥업소를 다닌 것 같은데 잘 구슬려서 살면 그런 나쁜 행동이 멈춰질 것으로 생각이 드니 알아서 잘 하라고 점잖게 타이르는 말만 듣고 아무런 소득도 없이 다시 집으로 왔습니다.

집안 살림도 제대로 되는 것이 없고 낭비벽도 심하고 남편이나 애들한테는 관심도 없고 그냥 기본적으로 간신히 밥하고 빨래하는 정도 외에는 몸은 집에 있어도 마음은 항상 밖으로만 나가있으니 남편의 고민은 이만저만이 아니었습니다. 결론은 헤어지자고 하면 여자는 앞으로는 안 그러겠다고 말로는 그러면서 이 습관, 이 버릇을 고치지 못하는 날라리 부인을 둔 남편은 '내가 전생에 무슨 업이 많아서 이렇게 사나,' 한탄하면서 살고 있다는 이야기를 들은 적이 있습니다.

여기서 잠깐 유식학적으로 알기 쉽게 설명해드리겠습니다. 몸뚱아리를 끌고 다니며 나이트클럽에서 춤을 추는 날라리 부인은 심법이 있는 줄 모르고 마음의 수행을 할 생각은 하지 않고 몸뚱아리에 푹 빠져 몸이 자신인줄 알고 살고 있기 때문에 몸이 영원한 것도 아닌데 몸은 색법인데 이 색법을 어떻게 설명해야 될지 막막한 것입니다. 유식에서는 이런 경우를 전생에 익혀온 습기(習氣)라고 합니다.

습기(習氣)에 대해서 설명하고 지나가겠습니다. 습(習)이란 본래 '반복하다, 익히다'라는 의미로, 습이란 글자는 어미 새가 날아오르는 모습을 새끼가 보고 따라서 날갯짓을 수없이 반복하여 익히는 모습을 보고 만들어진 한자입니다. 이처럼 우리가 반복적으로 행한 행위가 마음속 깊숙이 심어진 것을 습기(習氣)라고 합니다. 습기에는 명언습기(名言習氣), 등류습기(等類習氣), 이숙습기(異熟習氣) 등이 있습니다.

- 명언습기(名言習氣)란 언어가 우리들의 인격 속에 반복해서 축적되어 간다는 뜻입니다. 사람들은 자신들이 쓰는 언어에 의미를 부여해서 말을 듣고 글을 읽고, 쓰고 말로써 표현하는 등 대부분의 행동들을 언어에 의지하여 행동하고 있습니다.
- 등류(等類)는 '원인과 결과가 닮다'라는 의미로, 원인과 결과의 성질이 동일한 습기를 말합니다. 예를 들어 내가 선한 행위를 해서 그 행위에 의해서 아뢰야식에 심어진 씨앗이 선한 성질이면 결과도 선한 행동으로 나타난다는 것입니다. 이것을 등류습기라고 합니다.
- 이숙습기(異熟習氣)는 등류습기와는 달리 원인과 결과의 성질이 다른 습기를 말합니다. 다시 말해 등류습기에서는 선한 씨앗을 심게 되면 선한 열매가 열리게 되지만 반대로 이숙습기에서는 선하거나 또는 악한 씨앗을 심어도 결과는 선도 아니고 악도 아닌 무기(無記)라는 것입니다.

만약 등류습기처럼 선한 행위에 의해 그 사람의 인격이 착하게 되고 악한 행위에 의해 악이 된다고 한다면, 착한 사람이 나쁜 사람으로 변화되거나 나쁜 사람이 착한 사람으로 개과천선하는 이유를 설명할 수 없기 때문입니다. 이렇게 유식은 완벽하고 철저한 논리로 우리의 마음을 설명하고 있는 것입니다.

습기를 없애기 위해서는 날라리부인부터가 불법을 만나야 되고 일단 불법을 만나야 하고 그 다음 법문을 들을 만큼 실컷 들어야 합니다. 듣고 또 듣다 보면 생각하게 되고 생각할 만큼 하면 수행을 하겠다고 결심하게 되는 것입니다. 이런 날라리 부인은 아뢰야식 가운데 전생에 기생으로 살던 습기가 금생까지 남아있다고 볼 수 있고 반대로 전생에 무기수로 감옥 생활을 했기 때문에 금생에는 좁은 공간이나 답답한 집보다 화려하고 향락적이고 시끄럽고 신나는 자유를 갈망하던 업식이 습기로 남아서 이런 행동을 할 수 있다고 생각할 수도 있습니다.

선방 보살

참선을 하고 도를 닦는 수행자를 도를 구한다고해서 구도자라고 합니다. 자, 구도자의 노래라는 시가 있습니다.

구도자의 노래

살아 있는 동안 손님을 맞이하라.
살아 있는 경험 속으로 뛰어들고
살아 있는 동안 삶을 이해하라.
그대가 구원이라고 부르는 것은
죽음이 오기 전에만 가능한 일
살아 있는 동안 밧줄을 끊지 않는다면
죽은 뒤에 어떻게 자유를 얻겠는가.
육체가 썩은 다음에야

영혼이 신과 결합될 수 있다는 것은
크나큰 착각이 아닐 수 없다.
지금 그를 발견하라.
지금 그를 찾지 못한다면
그대 갈 곳은 죽음의 도시뿐
지금 이 자리에서 그와 하나가 되라.
그러면 이다음에도 그와 하나가 되리라.

▶ 시어머니에게 구박받고 선방보살이 되다

  결혼 초부터 시어머니는 "며느리와 아들의 궁합이 맞지 않아 장차 며느리 때문에 아들의 인생에 구름이 낄까 염려된다."는 말을 수시로 하며, 아들이 문지방에 걸려 넘어지기만 해도 그것을 며느리의 탓으로 돌려 구박하기 일쑤였습니다. 뿐만 아니라 시어머니에게 무시당하

는 시아버지를 챙겨드리는 모습도 못마땅해 했습니다. 하지만 무작정 용서를 구해 다시 돌아오는 일이 셀 수 없을 정도였습니다.

그러나 남편은 어머니와 아내 사이에 있는 문제를 조정하려고 노력하기는커녕 "젊은 사람이 재치 있게 시어머니 비위 하나 못 맞추느냐."며 구박만 해댔습니다. 이런 시어머니의 구박과 남편의 야속한 태도에 속은 하루하루 타들어 가는 것입니다. 그래도 유일한 낙은 낮에 불교방송을 청취하는 시간이었습니다. 서서히 불심이 깊어지며 모든 것은 인과에 의한 것이라는 것을 알고 시어머니의 구박을 자신의 전생의 업장 탓으로 돌리며 견뎌왔습니다. 그러나 엎친 데 덮친 격으로 첫 아이를 자연유산을 하고 말았고, 그러자 시어머니도 아기도 못 가진다며 날로 구박이 더 심해지는 것입니다.

"남들도 다 쉽게 낳는 애 하나도 제대로 못 낳느냐, 그럼 도대체 할 줄 아는 게 뭐냐."며 구박을 해대는 시어머니에게 말대꾸도 할 수 없었습니다. 인격모독을 당할수록 시어머니와 며느리의 갈등은 더욱 심각해질 뿐입니다. 더구나 남편은 그저 수수방관할 뿐입니다. 도저히 참을 수가 없어서 남편에게 분가를 하자며 애원했으나, 남편은 그녀를 무시한 채 도리어 어머니편을 들며 밖으로 겉돌기 시작하는 것입니다.

하루는 불교방송에서 스님의 법문을 듣게 되었는데 전생의 업장이라는 말에 업장소멸을 하려면 어떻게 하는지 옆집에 사는 절에 다니는 친한 보살님에게 물어보았습니다. 그러자 그 보살님은 불교 기초교리를 먼저 배우고 신심을 키우라고 하여 절에 나가서 교육을 받은 후 부터는 수행자가 되기로 결심을 하였습니다. 육도윤회를 면하기 전에는 또 태어나고 죽고 한량없이 나고죽는데, 태어나지 않으면 시어머니 같은 사람을 만나지 않을 것 같아 태어나지 않는 법이 무엇인가 알아보았더니 참선을 해서 도를 통해야 한다고 하여 참선에 관심을 가지고 열심히 정진하기를 10년 세월을 마음공부를 하였습니다.

그 뒤 좋은 아들도 낳았고 시어머니는 구박이 점점 줄어들더니 갑자기 치매가 들어 요양병원에 있다가 돌아가셨습니다. 그런데도 일가친척들은 며느리를 잘못 얻어 다른 사람보다 일찍 돌아가셨다며 며느리 욕을 하는 것입니다. 부모 모시기 싫어 요양병원에 넣었다고. 그러나 참선법을 만나 선방보살이 된 후부터는 남이 뭐라고 해도 조금도 서운한 마음을 가지지 않고 '이뭣고' 화두속에 재가불자로 정진하며 열심히 살아나가고 있는 이런 보살들도 선방보살입니다. 인정쓸 것 다 쓰고 먹을 것 다 먹고 잘 것 다 자고 착한 며느리 소리를 들으며 귀여움 받으며 선방에 다니면 좋겠지만 토끼 두 마리를 한 번에 잡기 어려운 것처럼 집안일도 잘하고 수행도 잘하기는 어렵다는 것입니다. 그래도 노력을 하면 서서히 변하기 마련입니다.

☞ **무사의 노래**

나에겐 부모가 없다
하늘과 땅이 나의 부모
나에겐 집이 없다.
깨어 있음이 나의 집
나에겐 삶과 죽음이 없다.
숨이 들고 나는 것이 나의 삶과 죽음
나에겐 특별한 수단이 없다
이해가 나의 수단
나에겐 힘이 없다
정직이 나의 힘
나에겐 비밀이 없다
인격이 나의 비밀
나에겐 몸이 없다.

인내가 곧 나의 몸
나에겐 눈이 없다
번개의 번쩍임이 나의 눈
나에겐 귀가 없다
예민함이 나의 귀
나에겐 팔다리가 없다
신속함이 나의 팔다리
나에겐 기적이 없다
바른 행동이 나의 기적
나에겐 고정된 원칙이 없다
모든 상황에 적응하는 것이 나의 원칙
나에겐 전략이 없다
비움과 채움이 나의 전략
나에겐 벗이 없다
내 외로운 마음이 곧 나의 벗
나에겐 적이 없다
부주의가 곧 나의 적
나에겐 갑옷이 없다
관대함과 의로움이 나의 갑옷
나에겐 굳건한 성이 없다
흔들림 없는 마음이 나의 성
나에겐 검이 없다
나를 버림이 곧 나의 검

기도 보살

　기도 보살의 특징은 매일매일 절 법당 또는 관음전, 산신각 등으로 출근을 하는 것입니다. 절에서 무슨 일이 일어나든말든 상관하지 않고 기도비만 내고 절에 다니며 기도만 하기 때문에 사중하고는 가깝지도 멀지도 않은 적당한 간격을 유지합니다.

　기도하는 보살도 여러 가지 유형이 있습니다. 사연이 많아서 하는 보살이 있고 간절히 원하는 소원이 있어서 하는 보살도 있습니다. 기도를 시작한 지 오래된 보살들은 법당에 자기가 좋아하는 자신만의 자리가 있습니다. 그래서 자신의 자리에 남이 앉아 있으면 싫어합니다. 그리고 정성껏 부처님께 삼배를 드린 이후부터 독송하는 보살이 있는가 하면 꼭 목탁소리가 있어야만 기도하는 보살이 있습니다. 새벽부터 하는 보살이 있고, 오전만 하는 보살이 있고, 오후에만 하는 보살이 있고, 철야에만 하는 보살이 있습니다.

　이 기도 보살의 특징은 꼭 자신만의 자리가 있다는 것입니다. 자리에는 좌복과 큰 타월 한 장, 불경 한 권, 108염주 하나, 여름에는 생수병, 겨울에는 보온물병, 복장은 법복에다가 겨울에는 두툼한 외투를 걸칩니다. 절 운영에 관심도 없고 다른 보살들을 알려고도 하지 않고 사중에 스님들과 말도 하지 않고 혼자 조용히 기도만 하다가는 것이 기도 보살들의 특징입니다. 절에 대한 경험이 많기 때문에 스님들을 알아 두면 절 사정을 듣게 되고 그러다 보면 끄달려서 기도에 방해가 된다고 생각하기 때문에 애초에 혼자 기도만 합니다.

　그중에서도 기도비를 내는 보살들이 있는가 하면 혼자 기도비도 내지 않는 보살이 있고, 또 내고 싶어도 낼 형편이 안 되어서 못내는 딱한 보살들도 기도 보살 중에는 있습니다. 왜 이런 문제가 생기냐면 남편은 사업하다가 실패하고 아이들은 점점 커가는데 사는 것이 너무 힘들어 어디 가서 일이라도 하고 싶지만 마땅한 일자리도 없고 집에 있자니 너무너무 답답하고 물에 빠진 사람 지푸라기라도 잡는 심정으로 의지할 곳은 부처님의 신통력과 가피력밖에 없기 때문에 타력적인 수행인 기도에 몰두하는 것입니다.

지성이면 감천이라고 지극정성으로 100일을 정하고 1000일을 정하고 하다 보면 주변이 잘 풀림으로써 조금씩 숨통이 트여나가는 경우가 진짜로 많이 있습니다. 그래서 지금 이 시간에도 기도 보살들은 어디서든지 열심히 부처님 백만 믿고 기도하고 있는 것입니다. 그리고 또 이렇게 절박한 사정은 아니지만 기도를 열심히 하는 기도 보살들도 있습니다.

또는 남들은 시집가서 애들도 잘 낳고 잘 사는데 전생에 무슨 업인지 자식이 생기지 않아 불공을 드려 절에 다니는 보살님들이 있습니다. 자식을 낳기 위하여 안 해본 기도가 없고 천도제도 하고 좋다는 명산대찰을 다 다니고, 그래도 자식이 생기지 않아 포기한 보살도 있습니다. 그 대신 신심이 생겨서 불퇴전에 용맹정진으로 보람 있게 살아나가는 부부들도 있습니다.

옛날부터 자식이 생기려면 하늘에서 점지해 주어야 한다고 말합니다. 자식이 생기지 않는다는 것은 인연이 없기 때문인 것입니다. 자식이 없는 보살님들은 심적인 고통은 사실 말도 못합니다. 코를 갈아 먹으면 아들을 낳는다는 속설에 돌로 된 석불상 코가 다 닳아서 없는 문화재도 박물관에는 보존되어 있는 것을 보면 예나 지금이나 얼마나 자식 갖기를 간절히 원하면 그런 일이 생겼을까라고 생각할 정도입니다.

영혼들은 아주 민감합니다. 자기가 태어날 곳을 사전에 답사도 하고 부모와의 인연관계도 허공계에서 다 조회를 해보고 입태를 한다고 생각하시면 맞는 말일 것입니다. 왜냐하면 자기가 일평생 부자로 잘 살고 싶은데 너무 가난한 집에 태어나면 고생을 하고 재산이 없기 때문에 자수성가해서 부자가 될 수도 있지만 노력해서 부자되는 것보다 돈 많은 부잣집으로 영혼이 태어나고 싶기 때문입니다.

그러니 재벌집이나 큰부잣집에 태어나려면 경쟁이 엄청나게 세서 백만 대 일이나 십만 대 일 이상의 확률로 뚫어야 된다고 볼 수도 있습니다. 그러나 가난한 집은 경쟁이 약할 수가 있습니다. 외면하기 때문에 쉽게 얘기하면 좋은 직장 대기업체 들어가기보다 중소기업이 쉽고 중소기업 보다 자영업 하는 쪽이 쉬운 것과 같은 이치입니다.

그 집에 태어나야 될 이유가 있어야 됩니다. 재벌한테 전생에 공덕을 많이 쌓았다던지 재벌에게 꿔준 돈을 못받아서 빚받기 위해서 자식으로 태어난다던지 아니면 전생에 조상으로 유산을 많이 물려준 적이 있기 때문에 이번 생에 환생해서 재벌 집에 태어나 자기가 넘겨줬던 유산을 넘겨 받기 위해서 들어온다던지 이런 이치가 맞는 말 되는 소리를 해야 같은 영혼들 입장에서도 밀리지 않고 우선 순위가 정해지고 부잣집으로 재벌집으로 태어날 수 있다는 것입니다.

하루아침에 노숙자가 죽었는데 자기가 소망사항은 재벌집, 부잣집 환생이지만 복 지은 것도 없고 인연도 없는데 혼자 생각으로 원한다고 그쪽으로 태어날 수 없는 이치와 똑같습니다. 왜냐하면 학력이 초등학교 밖에 안되는데 서울대를 가고 싶다고 아무리 원한다고 하더라도 노력에는 한계가 있는 것입니다. 그 과정을 겪어야 되는 것입니다. 검정고시를 패스하고 공부를 아주 잘한다고 해도 기존의 명문 고등학교, 과학고등학교 출신의 고3생들하고 경쟁을 하면 밀리는 것과 같은 이치입니다.

부잣집에 태어나고 싶다고 태어나는 것이 아니라 태어날 목적과 이유가 있어야 된다는 것입니다. 그러기 위해서는 환생을 하려고 할 때 살아 생전부터 원력을 세우고 금생에 가난하게 살아보니 너무나 돈이 소중하고 고생을 많이 했기 때문에 남도 못 도와주고, 복도 많이 못 줬기 때문에 신심을 일으켜 내생에는 꼭 부잣집에 태어나 부자가 되면 자기도 잘살고 남도 잘살게 해주고 불교도 잘 되도록 시주도 많이 하고 부처님 법을 천년, 만년 내려갈 수 있도록 원력을 세우고 살아야 되기 때문에 부잣집으로 태어나야 됩니다. 이런 발원을 다지고 다진 사람은 부잣집에서 태어 날 수 있다는 것입니다.

그러나 너무 막연하게 마음을 즉흥적으로 써서는 영혼의 상태에서 경쟁에 밀리기 때문에 살아 생전에 기도를 하라는 것입니다. 기도는 발원이고, 중요한 것입니다. 원을 세울 때 부잣집으로 태어나고 싶은 분들은 무슨 경을 하는 것이 가장 좋으냐 할 것 같으면 무엇보다도 장엄염불입니다. 아미타불을 부르는 그 정성어린 염불이야 말로 살았을 때도 부자는 극락생활을 하는 것이요, 죽은 후에도 극락세계는 고통이 없는 세계이니 이 장엄염불을 많이 하면 마음의 여유가 생기고 얼굴이 바뀌고 모든 세포가 서서히 바뀌기 때문에 너무나 소중한 염불입니다. 자, 그러면 한번 한글로 되어 있는 장엄염불을 한독씩 해봅시다. 일평생 천독씩 한다면 내생은 어느 정도 부잣집 환생이 보장 되는 것입니다. 또 장엄염불을 하면 내생까지도 안갑니다. 금생에 부자가 될 수도 있습니다.

왜냐하면 이 경을 열심히 읽음으로써 악인원리 귀인상고 악인은 전생인연으로 만나야 되지만 영원히 소멸되서 만나지 않고 전생에 선근을 짓고 공덕을 쌓았던 귀인은 빨리 만나기를 발원하면 1분, 1초가 급하기 때문에 빨리 만날수록 업장은 녹고 좋은 일이 잘 되도록 도와주기 때문입니다. 사람끼리 울고 웃는 인생사에서 업이 무거울 때 만나는 사람은 자기하고 똑같은 업무거운 사람만 만나게 되고 일이 풀릴 때는 잘 풀리는 사람만 만나게 되는 것입니다. 기름은 기름끼리 물은 물끼리 유유상종이라고 끼리끼리입니다. 염불 또한 기도이기 때문에 시간을 맞춰서 해도 좋고 틈나는 대로 해도 좋습니다.

이 일은 실제로 있었던 일인데 모 사찰에서 스님 한 분이 자식 낳는 불공만 전문으로 한다고 영험이 있다고 소문이 나서 이 스님이 가는 곳마다 전국에서 아기 얻기를 원하는 보살님들이 이 스님만 쫓아다닙

니다. 그리고 진짜 전문적으로 자식 기도를 해서 그런지 다 소원성취 했다고 합니다.

이 소문을 듣고 딸만 다섯을 낳았던 보살이 아들을 낳기 위해 이 스 님을 찾아가서 백일기도를 입제해서 회향을 했습니다. 열심히 목탁을 치고 기도를 드려서 그런지 딸 부잣집 보살님이 배가 불러왔는데 어 떻게 된 일인지 엉뚱하게도 아들을 낳지 않고 딸 쌍둥이를 낳은 것입 니다. 화가 난 산모가 친정어머니와 이 스님을 만나러 쫓아오는 바람 에 스님이 또 다른 절로 떠났다고 합니다. 스님도 졸면서 기도를 해 서 실수로 그런 것인지 몰라도 간절하게 아들을 원한 보살님이 딸 쌍 둥이를 얻었으니, 총 일곱 명의 딸을 낳아서 기르려니 화가 날 수밖에 없는 것 아니겠습니까?

아들을 원하는 기도를 득남기도라고 합니다. 옛날에는 기도하러 오 는 보살님 중에 많은 비중을 차지하는 기도입니다. 첫 아들을 낳으면 딸은 안 낳아도 되지만 첫 딸을 낳게 되면 아들을 바라다가 또 둘째가

딸이면 둘 셋을 낳아야 해서 벌어지는 현상입니다. 옛날에는 피임 도구가 없어서 누구나가 임신하면 펑펑 낳아서 길렀지만 지금은 옛날과 다른 시절입니다. 사실 입태할 때가 가장 중요합니다.

아무리 아이를 가진 다음에 후천적으로 태교를 잘하려고 하더라도 좋은 영혼이 들어와야 되는 것인데 종자가 불량 종자가 들어갔는데 무슨 소용이 있겠습니까. 그렇기 때문에 결혼하고 나서 바로 임신을 시키지 말고 3일 정도는 금욕기간을 가지고 기도를 한 후 왜 임신을 해야 되는가. 어떤 아기가 입태되기를 바라는 가를 확실히 결정한 다음에 관계를 맺는 것이 좋습니다. 3일 보다는 일주일이 낫고 일주일 보다는 21일이 낫고 21일 보다는 3개월이 낫고 1년 보다는 3년 정도 공을 들이고 금욕을 한 다음에 기도를 한 후에 우수하고 영리하고 복 많고 건강한 좋은 선업을 많이 쌓은 영혼이 들어오기를 발원하고 기도하는 것이 아주 좋은 자식을 얻을 수 있다는 것입니다. 하지만 원하지 않게 병원에서 감별하고 딸이면 유산시키는 업을 짓는 일이 멈춰지지 않는 시절입니다.

만약에 아이를 유산시켰다면 반드시! 참회 기도를 해야 되는 것이 원칙입니다. 그래서 이런 기도를 하는 보살님들이 어느 절에나 반드시 있습니다.

가을에 수능 시험 때가 되면 아들이나 딸 또는 손자, 손녀들 고득점 발원을 위해 100일 간 수능 기도에 동참하여 법당에서 지극정성으로 기도하는 보살님들도 있고 아들이나 딸의 취직 시험 합격 발원에 원을 세우고 간절히 기도하는 보살님도 있습니다. 사람은 사는데 혼자 살 수 없는 것입니다. 총각, 처녀가 만나 자식을 낳고 가정을 이루며 살기 때문에 천생연분 배필을 만나게 해 달라고 혼사 발원 기도하는 보살님도 있습니다.

건강이 안 좋은 보살님들은 건강 발원을 위해 약사여래 기도하는 보살님도 있고 남편이나 본인이나 자식이 병원에 입원하거나 아프면 건강발원 기도를 너무나 정성껏 간절히 하는 보살도 있습니다. 사바세계를 떠날 나이가 된 노보살 중에는 아미타불 기도를 임종시 극락왕생 발원기도를 하는 분도 있습니다. 부모님 영가, 가족 영가, 일가친척 영가, 일체 인연있는 영가 해탈을 발원하며 지장보살을 정근하며 지장 기도를 열심히 하는 보살님도 계십니다. 집이나 땅, 아파트 등 주택이 잘 팔리지 않아 너무나 답답하여 매매성사발원 기도하는 보살님도 있습니다.

귀인을 만나기 위해 발원하는 업장소멸 기도하는 보살님들도 계십니다. 하나의 목적을 가지고 죽기 아니면 살기로 산신기도만 하는 보살도 있습니다. 아침이면 혼자 혹은 가족과 함께 향을 피우고 절하며 예불로 하루를 시작하는 불자들도 있고 오신채를 안 먹기를 원을 세우고 일평생 자기기도 성취를 위하여 기도하는 율사와 같은 보살도 있습니다. 자기 식으로 신묘장구대다라니를 100만 독을 목표로 정하고 하는 보살이 있고, 능엄주를 하루 10독씩 하는 보살이 있고, 지장경을 읽거나 금강경을 독송하는 보살들 중 법당에서 독송 기도하는 보살도 있고 또한 스님 따라서 똑같이 염불하고 정근하고 기도를 따라하는 보살도 있습니다. 엄청나게 많은 기도의 종류와 기도하는 보살들은 많은데 정법으로 진짜 하는 기도는 화두 잘 되게 성성하게 해 달라고 하는 화두 참선 기도가 업장 소멸 기도이며 참회 기도인 것입니다.

기도를 시작하는 보살들 대부분은 처음 시작할 때는 성격은 부드럽고 착하고 좋은 사람들인데 기도를 깊이하면 할수록 더 착하고 하심하고 얼굴빛도 환하고 좋아야 정상인데 업장이 무거운 보살들은 기도를 하면 할수록 자기밖에 모르고 옆사람도, 도반도, 스님도 다 적으로 보고 자기 기도를 도와주지 못할망정 다 망치게 하는 마구니로 인식하여 적으로 만들어 인격형성이 점점 나빠지는 보살들도 기도 보살 중에 있습니다.

왜 이런 현상이 벌어지느냐 하면 자기 혼자 목표는 정했는데 현실적으로 잘 안 이루어지게 되면 그럴 수도 있겠구나, 모든 건 인과이고 뿌린 게 있어야 거둔다고 사찰에 이익도 주고, 보시도 하고, 주변 사람에게도 잘 베풀고 해야 된다는 것은 알지만 너무 가난하기 때문에 기도비도 못 내고 설령 기도비는 냈다고 하더라도 마음같이 잘 베풀지 못해 스스로가 심리적으로 위축이 되어 있기 때문에 식은 맑아졌기 때문에 다른 사람이 자기를 싫어하는지 기도만하기 때문에 미워하는지도 잘 알고 있습니다.

그런데 문제는 어디에 있느냐, 기도가 길어질수록 스트레스가 쌓이기 마련입니다. 왜냐하면 남들처럼 먹을 것을 마음대로 먹나, 잘 것을 마음대로 자나, 구경을 다니고 친구를 만나고 수다를 마음 놓고 떠나, 오직 일구월심으로 부처님 백만 믿고 죽기 아니면 살기로 기도만 하는데 자기를 이해하지 않고 기도도 하지 않는 사람들이 신심도 없는 사람들이 자기를 무시한다고 생각할 때 마음속으로 화가 서서히 커지면

서 스트레스가 서서히 날이 갈수록 더 쌓여서 성격이 괴팍해집니다.

그래서 기도하는 보살을 건드렸다가는 큰일이 나는 것입니다. 보통 사람은 참고 이해할 일인데도 자기 기도하는 자리를 등기내고 산 것도 아닌데 꼭 자기 자리에 자기가 앉아야 하고 무허가집 하나 지은 것처럼 법당의 한쪽은 자기 정신적인 영역이고 집으로 착각하는 것입니다. 이러면 안 되는데 이런 분들이 기도하는 보살들 중에 있습니다. 기도를 잘하려면 우주가 한 가족이요, 너와 내가, 우리가 둘이 아니고 한 식구처럼 편안한 마음으로 미소를 띠면서 자비심이 철철 넘쳐야 모든 기도가 성취가 될 것입니다.

그러나 안타깝게 반대로 나가고 있으니 건드리면 으르렁 거리고 사나워서 말 붙일 사람도 없도록 인격형성이 되어 있는 분들 중에 기도보살 중에 많이 있습니다. 공격적인 성격, 자기만 아는 이기심, 독단적이고 남을 배려하지 못하는 마음으로 기도하는 보살님들은 한 생각 바꾸시기 바랍니다. 이 법당 하나를 만들기 위해서 얼마나 많은 사람들의 노고가 있었는가, 돈주고 나무를 사고 다듬고 대들보를 올리고 서까래를 올릴 때 목수들의 수가 얼마나 많았겠습니까. 기와를 비새지 말라고 한 장, 한 장 올려서 작업하는 인부가 있고 돈을 조달하기 위하여 마음 졸이던 스님이 계시고 일하는 사람들 뒤에서 공양을 준비하는 공양주고 있고, 불상을 만들기 위하여 노력한 불모가 있고, 탱화를 그리기 위하여 노력한 불모도 있었기 때문에 온갖 사람들의 정성과 정성으로, 노력으로 깔고 앉아있는 좌복 하나에도 중생들의 노고가 깃들어 있는 것입니다.

☞ 불교에서 말하는 기도!

「기도」란 말은 산스크리트어의 「Mantra」에서 온 것입니다. Mantra(만트라)는 곧 「빈다」는 뜻인데, 「주문, 진언」등으로 번역 되거니와, 「부처님께 비는 진리의 말씀, 은밀한 진리의 소리」, 이런 의미입니다.

'주'란 빈다는 뜻입니다. 신주는 위력을 가진 것인데, 주문을 외우고 기도하면, 복이 오지 않음이 없고 화가 떠나지 않음이 없습니다. 이곳의 마하반야바라밀도 이와 같습니다. 사덕을 다 갖추고, 신력이 있는 까닭에, 안으로는 덕을 갖추지 못함이 없고, 밖으로는 어리석음을 떠나지 않음이 없습니다. 만약 지극한 마음으로 이 명구를 외우고, 부처님께 간절히 기도한다면 보살과 신인은 그 원하는 바를 다 이루어 주지 못하게 함이 없는 것입니다. 그런 까닭에 주라고 한 것입니다.」

우리 부처님 법에서는 삼귀의를 하는 뜻은 '제일먼저 거룩한 부처님께 귀의합니다. 거룩한 가르침에 귀의합니다. 거룩한 승가의 귀의합니다.' 이렇게 함으로써 눈에는 보이지 않으나 절대적으로 존재하고 있는 모든 신 그리고 불법이 아닌 가르침을 진리로 여기는 이교도, 외도의 무리들에게 절대로 굴복하지 않겠다는 다짐인 것입니다. 그러나 살다보면 불교신자라고 하더라도 순식간에 외도에게 속아 헤매는 경우가 있습니다. 외도법이라는 것은 기도를 주장하고 있고 불법은 자기 스스로 자기가 마음을 닦고 수행을 하는 것을 원칙으로 하는 것입니다. 그렇기 때문에 불교에서는 참선하는 것을 가장 높은 경지로 보고 있습니다. 그러나 타력적인 요소로 관세음보살을 찾거나 지장보살을 찾고 기도하는 것을 기도불교라고 하는데 타종교의 기도와는 엄연하게 다릅니다.

옛날부터 사람들은 세상 살아가면서 세 가지 영향을 가장 많이 받고 살아 왔습니다. 하늘과 산과 물이 그것입니다. 하늘이 비를 안내려주면 가뭄이 들고, 산이 없으면 나무를 때지 못하니 항상 춥게 되는 것이고, 물이 없으면 살수 없어서 꼭 필요하지만 홍수가 나면 또 사람이 죽는 일이니 사람들은 자연히 이 세가지를 두려워해서 인격화하고 신격화시키면서 신앙의 대상으로 만들어 버렸습니다. 그것이 바로 칠성이고 산신이며 용왕입니다. 이렇게 인격화되고 신격화 된 칠성, 산신, 용왕에게 드리는 기도를 우리가 흔히 알고 있는 기도라고 할 수 있는 것입니다.

잠시 용왕 신앙에 대해서 말씀드리겠습니다. 용왕 신앙은 불전에 나오는 8대 용왕을 받드는 것인데 불교 호법신중의 대표적 신입니다. 이름이 사가라용왕, 화수길용왕, 덕차가용왕, 아나발다용왕, 마야사용왕, 우바나용왕인 이 신들은 한국불교에서는 운우조화를 일으키고 강과 바다를 지키는 수신으로 위하면서 수륙천도재나 방생법회 때의 기도 대상으로 삼고 있습니다. 그러나 사실 이 용왕 신들은 인도에서 유래된 신들이지 한국 토속 신앙의 용왕들은 아닙니다.

그러나 신들이라고 하더라도 엄밀히 말해서 불교에서 볼 때 어떠한 속성과 능력을 지녔건 간에 중생입니다. 설혹 우주를 창조한 신이 있더라도 불교에서는 미혹한 존재요, 불완전한 존재로밖에 보이지 않는 것입니다. 그것은 법을 알지 못하기 때문이고 해탈하지 못했기 때문입니다. 그래서 부처님께 귀의한 불자는 신에게 오체투지를 하거나 지심귀명례를 하지 않도록 되어 있습니다. 경전에 보면 수많은 신들이 오히려 부처님께 귀의했고 법에 귀의했고 스님께 귀의했습니다. 우주의 창조주라 일컫는 대범천왕도 부처님께 귀의했고 천계의 왕이라 일컫는 제석천왕도 부처님께 귀의했습니다. 다른 종교에서는 인간이 신에게 귀의합니다. 그러나 불교에서는 신이 부처님께 귀의합니다. 이 세상에 신을 귀의시키는 종교는 불교밖에 없다는 것입니다.

불교에서도 미륵불의 기를 받았다느니, 관세음의 가피를 받았다느니, 삼생을 다 안다느니 하여 예언을 하기도 하고 병도 고치기도 하고 귀신을 부리기도 한다는 이들이 있는데 이는 모두 사마나 대력귀가 씌어서 일어나는 현상이거나 삿되고 허황된 말로 사람을 꾀어내는 외도이지 결코 바른 정법을 지닌 스승들의 도력이라고는 할 수 없다는 것입니다.

　신묘장구대다라니나 능엄신주 등 다라니를 외우면서 기운을 모으는 것도 좋습니다. 다라니를 외우면 수행자에 따라 차이가 있지만 일체의 산란을 거두게 되고 몸의 기운을 결인할 수 있게 됩니다. 입으로 또는 마음속으로 다라니를 외우면서 몸으로는 몸의 기를 통일하고 뜻으로는 소원을 발하든가 하면 이것이 구밀을 닦으면서 신밀·의밀을 닦는 것입니다. 하근기자에게 가장 적합하다 할 수 있고 중근기·상근기에게도 다른 수행법과 병행하면 큰 이익을 얻을 수 있습니다. 다라니는 그 자체가 우리 몸의 기운과 법계의 기운을 통일케 하는 파장을 가지고 있고, 건강·장수할 수 있는 파장을 가지고 있어서 다라니만 해도 큰 이익이 있습니다. 과거의 신통이 있었던 선지식이나 지혜가 있었던 선지식들 중에도 다라니를 항상 모신 분들이 많습니다.

　수행자 핑기야의 기도 성취를 이미 우리는 알고 있습니다. 밤낮없이 생각하며 예배드리는　그 앞에 고타마 부처님 〈석가모니〉께서 오셔서,『그대도 믿음에 의하여 깨달으십시오. 당신은 죽음의 영역에서 벗

어날 것입니다.』이렇게 응답하고 계십니다. 〈숫타니파아타〉

목욕 제계하고 부처님 앞에 나아가 무릎 꿇고, '소원 성취하여지이다.' 이렇게 3일 기도 · 7일 기도 · 백일 기도 · 천일 기도 · 관음 기도 · 지장 기도 · 칠성 기도 · 산신 기도…… 드리면서, 기쁨과 희망으로 살아 왔습니다. 고난과 좌절과 수치 속에서도 꺾이지 아니 하고, 굳건히 버텨 왔습니다.

☞ 기도는 보살의 서원

어느 날 갠지스강을 바라보고 있던 아쇼카왕이 신하들을 둘러보았습니다.

"이 갠지스강의 흐름을 거꾸로 흐르게 할 사람은 없겠는가?"

신하들은 모두 불가능하다고 대답했습니다. 이때, 강가에 사는 한 창녀가 나섰습니다.

"저는 파타리푸트라에 사는 창녀입니다. 얼굴을 팔아 생활해 가는 가장 천한 계집입니다. 그러나 저의 진실한 서원을 보아 주시기 바랍니다."

그렇게 그 여인이 말한 순간, 갑자기 갠지스강이 거꾸로 흐르기 시작했습니다. 이것을 본 왕이 놀라서 물었습니다.

"너는 분방한 생활을 하며, 남을 속이고 법을 어김으로써 어리석은 무리로부터 재물을 약탈하였다. 그런 그대가 이런 능력을 지녔다니, 어쩐 까닭인가?"

"물론 저는 그런 사람입니다."

창녀는 조금도 숨기려 하지 않았습니다.

"그러나 저같은 사람도 진실한 서원을 세운다면, 이 세상을 뒤집어 놓을 힘까지도 갖게 됩니다."

"그렇다면, 그대의 서원이란 무엇인가?"

"대왕이시여, 저는 재물을 저에게 주는 사람이라면, 귀족이든, 바라문이든, 상인이든, 노예이든, 구별하지 않고, 누구에게나 같은 태도로 대합니다. 상대가 귀족이라고 해서 특별히 봉사하고, 천민이라 하여 얕보는 일이 없습니다. 좋다는 감정이나 싫다는 생각을 떠나서, 돈 주는 사람을 섬깁니다. 대왕이시여, 이것이 제 서원이온바, 그 힘에 의하여, 이 거대한 갠지스강조차도 거꾸로 흐르게 한 것입니다."

기도란 무엇입니까?

기도라는 것은 자기 식을 밝히라는 거예요, 식을 밝혀라, 업식을 밝혀라 이거예요. 흙탕물을 휘저으면 뿌옇게 되잖아요? 흙 기운이 들떠 있는데 가만히 둔 다음 시간이 지나면 흙이 가라앉아요. 가라앉은 다음에 흙은 버리고 맑은 물을, 다른 그릇으로 옮기고 또 내버려 두면 또 가라앉아요. 또 다른 그릇으로 옮기고 여러 번 옮겨 세 번 옮기는 것을 삼안거 라고 그래요. 삼안거. 그런데 여러분들이 한 철을 나도 마음의 자리를 못 잡는 원인은 어디 있느냐? 참선하는 것보다도 여러분들이 처음 시작하는 목적이 잘못 됐단 말이에요. 참선해서 갑자기 로또복권 당첨되기를 바란다든지 공부도 못하는 아들이 갑자기 서울대 가기를 바란다든지 이런 요행수로 들어온 사람들은 오래 있을 수가 없어요.

기도의 정의

① 사람이 살다 보면 누구나 자기 혼자 극복하지 못할 어려운 일을 겪게 되면 평소에 불교를 믿지 않다가도 '부처님, 도와주세요. 부처님

의 가피력이 저에게는 절실하게 필요합니다.' 라고 마음속으로 기도를 합니다. 그리고 또한 위급한 일이 닥치면 '관세음보살님, 불쌍한 이 중생을 위하여 무한 가피를 내려 주십시오.' 그러면서 계속 관세음보살, 관세음보살을 찾게 됩니다. 또한 돌아가신 부모님의 왕생극락을 발원하며 나무아미타불을 일심으로 부르기도 하고 지장보살을 열심히 불러서 지옥 중생까지도 다 해탈하도록 지장기도를 드리기도 합니다. 그리고 갑자기 관제구설수나 어려운 일이 터지면 나한 기도가 좋다고 해서 나반존자, 나반존자를 열심히 정근합니다. 입시 때가 되면 문수보살의 대지혜를 이어받기 위하여 입시자 원만합격 발원기도로 문수보살, 문수보살을 정근하기도 하는 것이 일상적인 불자들이 기도하는 것입니다. 유난히 제일 많이 정근하는 것은 석가모니불을 가장 많이 부릅니다. 왜냐하면 청정법신 비로자나불 원만보신 노사나불 천백억화신 석가모니불이기 때문에 어디고 변화된 화신이 중생을 가엾게 여겨 항상 가피를 주신다고 믿기 때문입니다.

기도를 잘못하는 유형

1. 굶어가면서 하는 기도

지나칠 정도로 신심있다고 음식을 먹지 않고 기도하는 것은 불교 광신자와 똑같기 때문에 일시적으로는 모르지만 결국에는 성격이 괴팍해질 수 있기 때문에 하지 않는 것이 낫습니다. 이런 기도는 크게 권할 수 있는 기도가 아닙니다. 불법은 인과법이기 때문에 몸도 굶기고 무시하면 육십억조로 구성되어 있는 세포들은 엄청난 고통을 겪을 것입니다. 그 후유증이 결국에는 빼싹 마르고 병이 나면 면역력이 약해서 치료하기가 힘든 것을 말합니다.

2. 너무 추운 곳에서 하는 기도

너무 추운 곳에서 기도를 하면 겨울철에 몸에 냉기가 들어가 평생 감기가 떨어지지 않는 원인을 만들 수 있습니다. 우리 몸은 정밀하고 정확한데 추울 때는 병이 되지만 더울 때는 땀으로 배출하기 때문에 병이 되지 않는 것입니다. 문제는 기도한다고 너무 추위와 싸워가면서 심하게 하여 동상이 걸리거나 감기에 걸리거나 하는 경우를 잘못 기도하는 유형으로 봅니다. 첫째도 건강, 둘째도 건강입니다. 건강한 다음에 기도가 있습니다. 몸을 무시하고 마음만 중요하게 생각하는 것은 외도들의 기도방법입니다.

3. 자아도취되어 하는 기도

영웅심으로 혼자 자아도취되어 '나는 기도한다'고 목에 힘을 주며 기도하지 않는 사람을 신심없다고 무시하고 깔보는 마음이 생길 수 있습니다. 이런 것은 잘못기도한 사람입니다. 기도할수록 부드럽고 자비스럽고 친절하고 항상 남들한테 하심해서 잘 융화하고 모나지 않고 어디서나 호인소리 듣고 좋아하는 사람이 되어야 기도효과가 있는 것인데 혼자만 더 잘난척 하고 뽐내고 우쭐대고 하는 것은 잘못하는 기도이기 때문입니다.

4. 강제로 시키는 기도

남을 강제로 자기 식으로 기도에 끌어 넣어서도 안됩니다. 사람은 백인백색이고 천인천색이고 얼굴모습과 성격이 다 다른데 자기가 불심이 깊다고 남편이든 아들이든 친구든 친척이든 무조건 함께 새벽부터 절에 나가고 아니면 집에서 같이 하자고 피곤해서 자는 사람을 깨우고 요란을 떠는 것도 올바른 기도가 아닙니다. 자기가 하는 기도가 정말로 옳은 것이라고 할 것 같으면 들키지 않게, 표시나지 않게, 상대방에게 부담주지 않게 하는 것이 기도하는 사람의 자세입니다. 나라에서도 무엇을 강요하면 강요죄라는 것이 있는 것처럼 기도하자고 강제성을 띄고 압력 넣듯이 기도를 강요하면 안되는 것입니다. 상대방의 인격을 존중하고 개인마다도 거절할 수 있고 싫은

일은 안 할 수 있는 인간의 권리, 인권이라는 것이 있는 것입니다. 절대로 자기식으로 강요하지 않는 것이 바른 기도이고 강요하는 것은 올바른 기도가 아닙니다.

5. 삿된 외도의 기도

삿된 외도 기도를 하면 안됩니다. 땅에 씨를 뿌린 것만큼 거두는데 백 평뿌리고 천평 거둘 수 있도록 해달라는 것은 맞지 않는 것입니다. 천 평 뿌렸는데 백 평만 싹이 나와서 나중에 수확하게 해달라는 것도 맞지 않는 것입니다. 무조건 뿌린대로 거두는 것 처럼 노력한 것만큼 기도도 성취되는 것인데 하루 해놓고 일평생 잘 살게 해달라고 하고 부처님하고 협상하듯이 자기 소원이 성취되지 않으면 불교를 안 믿고 개종할테니 진짜 염험있는 불교라 할 것 같으면 자기 소원을 빨리 들어달라고 떼쓰듯이 하는 기도도 올바른 기도가 아닙니다. 그리고 빨리 신통력으로 죽어가는 사람에게 살려달라고 왜 염험있다는 불교가 사람 하나 살리지도 못하면서 불교에서 기도하라고 하는 것은 다 틀린것이라고 하면서 너무 큰 문제를 쉽게 해결해주기를 바라는 것도 올바른 것이 아닙니다. 물에 빠진 사람 보따리 건저달라는 격으로 한가지 소원이 성취되어 밥 먹고 살만하니까 이제는 빌딩사게 해달라고 갑자기

벼락부자 되게 해달라고 기도하는 것도 올바른 기도가 아닙니다. 공부는 반에서 꼴등을 할 정도인데 입시기도 하면서 서울대 가기를 바라면서 부모가 기도하는 것도 올바른 것은 아닙니다. 실력이 70%이고 부처님의 가피가 30%정도로 3분의2 이상은 학생의 실력을 기준으로 하여 생각하는 것은 올바른 판단력이고 올바른 기도인 것입니다. 장사를 하려고 하더라도 밑천이 있어야 되는 것처럼 기도를 하더라도 어느 정도 근본 바탕은 있으면서 하여야 맞는 것입니다. 이렇게 하는 것이 불법의 기도이고 기독교의 기도는 무조건 100% 전지전능하신 하나님이 다 해준다고 하니 외도로 불교에서는 보는 것입니다.

현실적으로 각자 겪는 업장이 다르기 때문에 기도를 한다고 하더라도 기도문을 어떻게 해야 될지 모르는 초보자를 위하여 알기 쉽고 마음에 와닿는 10가지의 기도문이 있습니다. 자기에게 딱 해당되는 것을 반복해서 하게 되면 효과가 있을 것입니다. 기독교인들은 주기도문이 있는데 불교에서는 꼭 내세우는 기도문은 없습니다. 잡아쓰는게 법이라고 합니다. 그러나 불교를 잘 모르고 이제 입문한 초보자를 위한 기도에 대한 글입니다.

개인적인 기도

개인적인 기도는 주로 자신과 가족 친지들을 위한 기도입니다. 우선 급한 것이 자기 자신일 경우 자신의 건강, 자신의 가정, 자신의 자식 문제, 자신의 배우자 문제, 자신의 사업 문제, 고민 등을 어느정도 해결하기를 원하면서 기도하는 것을 말합니다. 그 뒤에 여유가 생긴 중생들은 남을 위해 기도를 해주는데 이런 방법보다 항상 남들에게 좋은 염력을 보내주고 남 잘되기를 바라며 자기가 우선 잘되는 것입니다. 왜냐하면 세수물을 앞으로 끌어당기려고 하면 바깥으로 빠져 나가지만 자신 앞에 있는 물을 바깥으로 밀면 안으로 도리어 들어오는 이치입니다. 남한테 말한마디라도 편안하게 해주고 따뜻하게 인간적으로 잘 대해주면 바로 반응이 옵니다. 좋은 염력을 보내면 상대방도 그것을 느끼고 그렇게 염력이 옵니다. 산에서 메아리치는 것과 똑같은 이치입니다. 욕을 하면 욕이 오고, 칭찬을 하면 칭찬이 오는 이치입니다. 부자가 되고 싶으신 분들은 복을 지어야 합니다. 부처님도 부자를 만나 25년간 계셨던 기원정사 도량을 시주받아 가장 오랫동안 머무셨습니다. 오늘날 인도에 성지순례를 가보면 가장 넓은 터에 히말라야의 산 기운이 딱 떨어지는 정맥에 기원정사가 있습니다. 엄청나게 넓은 대학교 캠퍼스 넓이와 같은 절인데 2500년이 지난 오늘날까지도 잘 보존되어 있는 것은 수닷타 장자가 있었기 때문입니다.

타인을 위한 기도

 가족, 친척, 친구, 직장동료, 동창, 동호회 사람 등 주변에 있는 사람들이 어려움을 겪고 있을 때 염불하고 독경하고 정근하면서 항상 이름을 불러주고 축원을 해주면서 잘되라고 항상 간절히 부처님께 기도를 하게 되면 반드시 상대방이 효과를 볼 수 있습니다. 우리는 남으로 인해서 기쁨도 얻고 고통도 겪습니다. 악연을 지은 사람들, 제발 악연이 소멸되고 업장이 녹도록 간절히 기도하는 방법 중에 가장 힘이 있는 것이 능엄다라니입니다.
 처음에는 발음이 잘 안되고 딱딱하고 지루한 것 같지만 그래도 반복해서 자주하다 보면 술술술 넘어갑니다. 1독을 하는데 약 15분 정도가 걸리는데 천수경 1독 하는 것과 비슷한 시간이 소요됩니다. 빨리하는 사람은 7~8분 정도가 소요됩니다. 아주 영험이 많은 능엄다라니로 덕을 본 분들이 너무나 많습니다.
 원래 선방에서 망상이 많은 스님들에게 능엄주부터 한 다음에 옛날에 방부 받은 예가 있다고 합니다. 성철 선사도 능엄다라니를 수좌 스님들께 많이 권했습니다. 자기 업장 소멸에도 빠르지만, 남을 위한 기도에서는 능엄다라니가 힘이 있는 것을 누구나가 느낄 수 있습니다. 더러는 신심이 있고 식이 맑아, 많이 해서 외우는 분도 간혹 계십니다. 이런 기도를 많이 해야 자기 업장이 빨리 녹는 것입니다.

☆ 수닷타 장자 이야기

수닷타 장자는 석가모니 부처님을 보는 순간 너무 환희심이 나서 자신의 엄청나게 많은 전 재산을 다 바쳐 기원정사를 짓도록 그 터를 시주했던 대단한 사람입니다. 오늘날 대기업 재벌이 중요한 것은 가난한 사람은 마음뿐이지 물질로는 마음대로 해 줄 수가 없습니다. 정신의 고마움의 표현은 정신 대 정신이 아니고 물질이라고 합니다. 이 장자는 돈이 많기 때문에 자기 생각대로 부처님께 시주하고 절을 지어 드렸던 것입니다. 그렇게 해서 완성했던 기원정사를 짓고 나서는 신도의 자격으로 하루에 세 번씩이나 부처님께 찾아갔습니다. 그러면서 그는 멀리서라도 부처님 모습을 보고 돌아오고 아주 흐뭇한 마음으로 편안하게 하루하루를 살았습니다. 부처님과 부처님 제자들이 이른 아침에 탁발하러 나오면 우유와 공양을 꽃이나 향 등을 올렸습니다. 한두 명도 아니고 수백 명이나 되는 제자를 위해 많은 나날을 계속된 공양은 그의 재산을 마침내는 서서히 줄어들게 하여 빈털터리가 될 지경에 이르렀습니다. 남들은 너무 심하게 재산이 축난 거 아니냐고 비방하는 사람들도 있었지만 그는 조금도 아까워하지 않았고 나중에는 공양 올릴 물건이 없으니까 자기 집 마당의 고운 흙을 파가지고 가서 기원정사의 나무와 꽃 주변에 뿌리고 물을 주고 정원사처럼 가꾸고 청소도 하며 살았습니다.

이런 일이 있었다고 합니다. 그의 집을 지키는 가호신이 자기 주인의 재산이 줄어드니 신이 너무도 걱정이 되어서 꿈 가운데에서 이제 더 이상 기원정사를 가지 말라고 선몽을 하니 그는 오히려 그렇게 말하는 신을 주인의 뜻을 거역하는 신이라고 너부터 떠나가라고 야단을 치고 잠에서 깨어났는데 이 장면에 감동한 제석천왕이 수닷타 장자에게 다시 복을 줄 테니 부자가 되라고 도움을 주었다고 합니다. 그래서 그 많은 재산이 다시 또 들어오기 시작했다고 합니다. 그 공덕으로 그가 신도로서는 얻기 어려운 수다원과를 성취하였다고 합니다. 복을 많이 지으면 도도 쉽게 통할 수 있다는 것입니다.

참회 기도문

부처님! 저는 지금까지 불심 없이 제멋대로 살아왔습니다. 하고 싶은 말은 다하고 마음에 상처를 준 사람은 너무나 많고 이기적이고 욕심은 많고 부모님 말씀은 거역하고 무시하였으며 밑에 사람을 들볶아

사람들이 이제는 저를 보면 피해갑니다. 어딜가나 환영받지 못하고 대접받지 못하는 모든 것은 어리섞게 신심없이 살아온 과보라고 생각합니다. 부처님! 너무나 엄청난 업을 지은 업보 많은 저의 죄업을 반성하고 참회하오니 자비심으로 용서해 주옵소서. 나무관세음보살.

용서 기도문

부처님! 저의 잘못을 뉘우치옵니다. 살아오면서 인과법을 믿지 않고 눈에 보이는 현상계만 쫓아 다닌 저의 잘못을 부처님은 다 아시리라고 생각합니다. 그렇기 때문에 지금 저는 참회하고 있는 것입니다. 세월은 무정하게도 흘러가서 몸은 예전같지 않고 허리는 굽어지고 눈은 침침하고 귀는 잘들리지도 않습니다. 이빨은 흔들거리고 온 몸이 안 아픈 곳이 없습니다. 약을 먹지 않으면 잠을 못잘 정도로 여기저기 쑤신 곳이 많습니다.

이 모든 것은 불교를 일찍 만나지 못하고 늦게 업을 퍼진 다음에 만난 저의 박복함 때문으로 압니다. 이제는 대 신심을 내서 다시는 죄를 짓지 않고 복을 지을 수 있는 지혜 있는 부처님의 일등 불제자가 되기 위하여 반성하고 참회하오니 저의 참회가 진실로 부처님께서 용서해 줄 수 있는 용서가 될 수 있도록 간절히 발원하옵니다. 나무관세음보살.

여생이 다하도록 기도문

부처님! 마음속에 근심이 겹겹이 쌓여 있습니다. 죄악을 많이 지은 업장 무거운 중생의 몸으로 살아온 저는 몸을 깨끗이 하고 향을 피우고 촛불을 키고 다기물을 올리며 부처님께 진심으로 마음의 업장소멸 기도를 올리오니 굽어 살펴 주옵소서. 불쌍하고 가련한 이 중생은 인연이 닿지 않아 정법을 만나지 못하고 세속의 사는 재미에 폭 빠져 살아왔습니다. 이제는 두 번다시 부처님 법을 떠나지 않고 임종당하는 순간까지 불심을 잃지 않고 마음 속에 담아두고 참회하고 반성하며 보람있고 떳떳한 복 짓는 삶을 살 수 있도록 하겠습니다. 대자대비하신 부처님 우주 어디를 가나 부처님의 자비광명이 충만하도록 항상 돌봐주시는 부처님을 조금도 잊지 않고 살아갈 수 있는 참다운 불제자의 남은 여생이 다할때까지 오직 신심으로 간절히 기도히고 발언하옵니다. 나무관세음보살.

악을 짓지않는 속죄 기도

부처님! 지금 저의 생각은 악한 흉계로 가득 차 있고, 저의 말은 언제나 화려하게 그럴 듯하게 말을 하고 있지만 미운 사람에게는 날카로운 비수를 가슴속에 숨기고 언제든 찌를 듯이 간직하고 있습니다. 저의 행실은 배신과 배반과 온갖 더러움의 악으로 감싸 있습니다. 술을 먹으면 술주정을 하면서 가족이나 친척들 친구들에게 떼를 쓰고 행패를 부려 불안하게 하고 많은 사람들에게 죽는다고 겁을 줘서 남들을 근심걱정 속에 살도록 만든 아주 못된 중생입니다. 그러나 이제는 어두운 동굴 속에서 밝은 빛을 발견한 것처럼 부처님 법을 만나고 이제는 길이 보이기 시작했습니다.

타오르는 한 조각의 신심의 불이 저의 가슴 속에서 꺼지지 않도록 부처님께서 가피를 내려 주옵소서. 이제는 앉으나 서나 부처님만 생각하고 과거의 잘못을 속죄하며 하루하루 복되고 지혜로운 삶을 살기 위하여 피눈물로 참회하오니 이 참회가 참참회가 되도록 발원합니다. 부처님 가피력으로 가슴에 숨겨두었던 나의 비수는 연꽃 한송이로 변하여 상대방에게 전달해 줄 수 있도록 하고 남들을 배신하고 배반했던 것은 이제는 신용을 얻고 신뢰감을 얻는 삶을 살 수 있도록 부처님께서 돌봐주시기를 간절히 속죄기도하고 발원하옵니다. 나무과세음보살.

새사람으로 다시 태어나게 하는 기도

부처님! 저의 잘못내린 판단에 의해 많은 사람들이 괴로움 속에 허덕였으며, 저의 가정은 시끄러웠고 부모 형제 처자들은 안타까움에 한숨을 지어야 했습니다. 못난 중생이 막다른 길에 이르러서 마침 불법을 만나서 신심으로 귀의하였습니다. 이 귀의가 헛되지 않도록 시방삼세 모든 불보살님께 발원하고 참회하오니 저의 원을 들어 주시옵소서.

대자대비하신 부처님이시어 불법을 못 만났을 때는 항상 눈에 보이는 세계만 집착하여 불교보다도 돈을 우선으로 하였고 사람의 인격보

다도 돈으로서 상대방을 평가하였고 탐진치 삼독으로 꽉차여있던 나의 몸의 세포들은 결국에는 이기적이고 자기만 아는 성격장애를 가진 사회에서 사람들이 싫어하는 비인격자로 전락하였습니다. 다행이도 백천만겁 지나도록 만나뵙기 어려운 불법을 만났기 때문에 이제는 새 사람으로 발심하여 새로운 인생을 걸어가려고 하오니 부처님께서 이 중생이 넘어지면 넘어졌다고 꾸중하지 말고 넘어지기 전에 넘어지지 않을 올바른 판단력으로 나쁜 길에 들어서지 않도록 보살펴 주옵소서.

사람은 태어나서 꼭 필요한 사람이 있고, 있어도 그만 없어도 그만 한 사람이 있고, 없어 주었으면 하는 사람이 있는데 저는 세 번째에 해당되는 사람으로 살아온 것 같습니다. 이제는 꼭 필요한 사람 불법을 위해서도, 국가를 위해서도, 민족을 위해서도, 사회를 위해서도, 가정을 위해서도 건실한 생각으로 잘 살아나갈 수 있는 훌륭하고 착한 불제자가 되기를 참회하고 반성하고 발원하옵니다. 이 기도가 헛되지 않도록 간절히 두 손 모아 합장하고 삼보전에 원력빌어 간절히 눈물로 참회하고 발원하고 기도하오니 이 원이 꼭 이루어지기를 믿겠습니다. 나무관세음보살.

쓸모있는 불자로 태어나게 발원하는 기도

삼계의 도사이고 사생의 자부이신 시아본사 석가모니 부처님이시어! 저는 불교를 믿는 다고 해도 겉으로만 믿었습니다. 크게 나쁜 일 하는 것은 없지만 그렇다고 크게 좋은 일을 한 것도 없습니다. 제 자신 제 마음을 살펴보면 불교를 안 믿는 사람들도 정직하고 착하게 잘 사는데 불교를 믿으면서도 업을 짓습니다. 알면서도 죄를 지으며 살아가는 저 자신이 한 쪽으로는 미우면서 어쩔 수 없다는 마음 속으로 합리화를 시키고 변명을 하면서 이중 인격적으로, 삼중 인격적으로 살아가는 것이 저 자신입니다. 부처님! 신심은 약간 있는데도 왜 이렇게 이런 마음으로 속세에서 살아가야 됩니까? 이 못된 중생을 참다운 불자로 좀 더 착하고 쓸모 있는 불자로 태어나게 해주십시오.

부처님! 저는 이렇게 반성하고 참회가 중요한 것을 모르고 살았습니다. 이제 돌이켜서 반성기도를 하고 참회기도를 해보니 저 자신의 모순된 제 마음 속을 조금씩 살펴보는 것 같아서 한쪽으로는 흐뭇하고 뿌듯합니다. 그러나 아직도 중생의 습이 남아 있기 때문에 기도하는 날만 좋았지 그렇지 않은 평소에는 마음 속에는 아직도 시기와 질투심이 심하게 있으며 남을 미워하는 미움과 남들과 싸우려고 하는 분쟁심이 항상 자리 잡고 있습니다. 정의감이라는 이름으로 조금이라도 눈에 거슬리면 지적을 하고 훈계하고 꾸중하고 상대방 가슴을, 아랫사람 가슴을 대못질을 하는 것이 무슨 반성, 참회기도를 했던 불자인가 후회도 합니다만 이 버릇과 습관은 하루 아침에 고쳐지지 않는 것을 느낍니다. 제발 빨리 이런 못된 습이 빨리 고쳐 질 수 있도록 부처님 전에 간절히 기원하고 발원하고 참회하고 반성합니다. 용서를 빕니다. 부처님 무한한 자비광명을 저에게 내려 주옵소서. 삼보전에 원력빌어 간절히 눈물로 참회하고 발원하고 기도하오니 이 원이 꼭 이루어지기를 믿겠습니다. 나무관세음보살.

불타는 욕정을 식히는 기도문

부처님이시어! 저는 다른 사람보다 불심이 깊기 때문에 어디를 가나 하심하고 호인이라는 소리를 들으며 보시도 잘하고 일도 잘하고 좋아하는 사람들이 많이 있습니다. 제 마음속에는 항상 부처님이 자리를 잡고 있고 불교를 떠나서 현실에서 산다는 것은 아무런 의미가 없는 것을 압니다. 위로는 불법승삼보를 모시고 아래로는 가정과 일가친척과 주변 이웃을 위하여 모범 적으로 잘 살아나가고 있습니다만 제 마음 속에서 지워지지 않는 한 부분이 항상 자리를 잡고 있으니 그것은 남에게 말하기도 부끄러운 음욕심입니다.

유난히 이 부분 때문에 항상 고민하고 있습니다. 이러면 안된다는 것을 알고 있지만 솟구쳐 오르는 불타는 이 마음은 항상 식을 줄을 모릅니다.

부처님의 가르침은 '사음중죄 금일참회'라고 하였는데 이 부분이 항상 지켜지지 않습니다. 왜 이렇게 욕정과 욕망은 끊기가 어려운 것이고 청정한 스님처럼 살아갈 수 없는 것인지 제가 제 마음을 알 수가 없습니다. 이 세상에 살면서 저의 큰 죄업이고 잘못이라고 하면 이 습기를 제거하지 못하는 것입니다. 음식으로도 조절을 해보고 법당에서 기도하면서 발원도 해봐도 항상 본능적으로 욕망이 솟구치니 왜 이렇게 사랑의 갈증을 느껴야 되는지 알 수가 없습니다. 부처님의 가피가 아니면 저 자신도 모르게 마음으로 수많은 사람과 상상으로 죄를 짓고 있는 것입니다. 어찌 허물없는 중생이 있겠습니까만 저같은 이 중생이 고통을 겪고 살아나가고 있는 것을 부처님께서 가피력으로 저의 욕망의 세포로 구성되어 있는 육신을 불종자의 세포로 바꾸어 주시기를 간절히 참회하고 발원하고 기도하옵니다. 그래야만이 더 높은 청정한 부처님의 세계로 들어갈 것 같습니다.삼보전에 원력빌어 간절히 눈물로 참회하고 발원하고 기도하오니 이 원이 꼭 이루어지기를 믿겠습니다. 나무관세음보살.

남을 무시하고 멸시했던 것을 반성하는 기도

부처님이시여! 저는 다른 사람과 달리 마음이 넓지 못하고 옹졸하고 이기심으로 가득차 있어 물건을 남에게 주기 보다는 받기를 좋아하고, 남을 이해하기 보다는 오해를 잘하고, 남의 잘못을 용서하기 보다는 미워하기를 잘하고, 가난한 사람은 도와주지 않고 도리어 멸시하고, 무시하고, 천대하고, 구박하기를 잘했습니다. 남의 기쁜 일을 축하하기 보다는 안되기를 바라는 나쁜 마음이 자리잡고 있어서 남을 저주하였으며, 그리고 또한 남들을 사랑하기 보다는 항상 싸우려고 해왔습니다.

부처님이시어! 이렇게 못된 심성을 가진 제가 부처님께 참회하고 반성하고 뉘우치오니 신심 없을 때 벌어졌던 모든 일은 이제 신심이 생겼기 때문에 다시는 나쁜 업을 짓지 않도록 바른 길로 이끌어 주시기를 발원하옵니다. 삼보전에 원력빌어 간절히 눈물로 또 다시한번 참회하고 발원하고 기도하오니 이 원이 꼭 이루어지기를 믿겠습니다. 나무관세음보살.

부자가 되길 발원하는 기도

부처님이시어! 저는 신세만 지고 세상을 살아왔습니다. 저를 도와주었던 수많은 사람들에게 보답도 못한 것을 반성합니다. 마음에 고마움의 표시는 물질이라고 하였습니다. 물질적으로 신세를 많이 진 제가 사는게 아직까지 여유가 없어 주변에 부모형제 일가친척과 친구 동창 등 많은 사람에게 마음으로만 표했지 물질적인 흡족한 선물을 하지 못하는 것이 항상 걸립니다. 경제가 여유롭지 않아 전생에 재복을 쌓지를 못해서 알면서도 여유돈이 없어 선물도 못하는 저 자신이 한 없이 부끄럽습니다.

부처님이시어! 제발 저의 신세를 갚는 길은 불보살님의 특별한 가피력으로 재신이 도와주고 부처님이 도와주셔서 부자가 되는 길 밖에 없다고 생각합니다. 가난함 보다 더한 설움은 없습니다. 꼭 금생에 부자됐다는 소리한 번 듣는 것이 저의 원입니다. 어떻게 해야 제가 귀인을 만나고 저희 집 모두가 경제적으로 윤택하고 잘 살 수 있는지 부처님은 알고 계실 것입니다. 과거 생에 복을 짓지 못했던 것을 참회합니다. 과거 생에 인색하고 자비를 베풀지 않고 살았던 과보로 금생에 빈궁고를 겪고 있는 것을 반성하고 있습니다. 부처님이시어 이제는 과거를 참회하는 기도를 통해서 인색했던 전생업장과 복을 짓지 못했던 것을 반성하고 참회하오니 이 기도가 잘 성취되어 재물이 가득하고 부자가 되어서 주변에 신세졌던 많은 사람들에게 팍팍 흡족하게 돈을 쓸 수 있도록 가피를 내려주옵소서. 전생업장으로 악업을 많이 지었기 때문에 가난한 빈궁고를 받았다고하면 오늘 이 순간부터는 잘못을 알았기에 다시는 악업을 짓지 않을 것을 맹세하며, 선업을 짓는 착한 불자가되고 참선하고, 기도하고, 독경하고, 봉사하고, 중생에게 이익을 주는 복을 지을줄 아는 마음잘쓰는 심덕이 좋아 남들에게 인정받고 남들이 나를 보면 미소짓고 반가워하는 건강하고 좋은 불제자가 되기를 삼보전에 원력빌어 간절히 눈물로 또 다시한번 참회하고 발원하고 기도하오니 이 원이 꼭 이루어지기를 믿겠습니다. 나무관세음보살.

다니는 회사가 잘되기를 발원하는 기도

　모든 불보살님께 감사 기도를 드립니다. 가까이에는 저의 직장 사장님이나 윗사람들이 모두 불심이 충만하기를 기원 드립니다. 직장이 중요한 것은 월급만 받기 위한 일터라서가 아니라 인류에게 도움을 주고 국가와 민족에게 공헌하는 기업으로, 소비자들이 저희 회사 이름만 들어도 기분이 좋고 환희심이 날 수 있는 그런 기업이 될 수 있도록 기원 드립니다.

　부처님이시여! 저희 회사는 요즘 와서 많이 어려움을 겪고 있습니다. 경쟁 회사들이 나날이 성장해가는 데 비해 사장님이나 윗분들은 방만한 경영으로 무사안일하게 하루하루 얼렁뚱땅 적당하게 회사를 끌고 나가는 것이 바다에 떠 있는 배가 구멍이 나서 바닷물이 들어오는 것을 실감하지 못하고 언젠가는 침몰한다는 사실을 모르고 있는 것 같은 어리석음 속에 회사가 둘러 쌓여 있는 것 같습니다. 직장의 동료들은 자기 이익만 생각했지 회사의 이익은 생각하지 않고 사장은 지혜가 모자라고 국가에서는 과다한 세금을 부과하기도 합니다.

　마땅히 일을 하고 싶어도 일할 분위기가 아닌 저의 직장이 부처님의 신통력과 가피력으로 사장님이 정신이 번쩍 들고 윗분들이 잠자다가 깨어나는 것처럼 회사 운영에 더 좋은 아이디어를 창출하여 일류 회사로 성장할 수 있게끔 지혜를 주옵소서. 만약에 회사가 망한다면 같은 동료들은 뿔뿔이 흩어져서 다시 낯선 곳으로 일터를 찾아야 하고 만약에 찾지 못하면 그 가족들이 겪는 고통을 생각하면 가슴이 찢어질 듯합니다.

　이런 비극적인 일이 점점 닥쳐올 수 있는 현실인데도 불구하고 불심이 없는 동료 회사원들은 남의 탓·사장 탓·동료 탓·국가 탓만 하며 술로 낙을 삼고 갈수록 퇴근 후에 술 먹는 시간이 많아지고 담배 피는 사람이 늘어나고 있습니다. 동료들 모습들은 초췌해져 가고 있고 회사에 들어가면 썰렁한 기운이 무엇인가 빠져나간 것 같은 허전한 느낌이 듭니다.

부처님! 어찌하오리까? 그래도 이만큼 회사가 운영될 수 있었던 것은 불자인 저 한 사람의 힘으로 지금까지는 버텼습니다. 이제는 업장무거운 사장이나 동료들은 다겁생에 빨리 업장이 소멸되기를 간절히기도합니다. 어려울 때마다 항상 가피력으로 도와주시는 부처님이시여! 다시 한 번 불자인 제가 이렇게 간절히 매일 아침저녁으로 기도하오니 모든 일이 다시 잘 돼서 회사가 잘 운영되어 웃음꽃이 만발하고희망이 보이는 회사가 되기를 삼보전에 원력빌어 간절히 눈물로 또다시한번 참회하고 발원하고 기도하오니 이 원이 꼭 이루어지기를 믿겠습니다. 나무관세음보살.

직장 사장님 잘되기를 발원하는 기도

부처님이시여, 시방삼세 아니 계신 곳 없으시는 부처님이시어. 오늘하루가 또 시작이 되었습니다. 오늘도 아무 일 없이 하루가 시작되기를 간절히 부처님께 기도하고 발원합니다.

저희들이 한없는 옛적부터 지금까지 무명에서 헤어나지 못하고 육도를 윤회하며 성내고 탐내고 어리석었던 탓으로 지은 모든 업장을지극한 마음으로 참회 하옵나니, 바르고 슬기롭게 살도록 이끌어 주시옵소서.

오늘 하루도 몸과 입과 마음으로 어떤 업을 지을지 모르는 직장의긴장된 하루가 시작되는 것입니다. 오늘은 기도하는 공덕으로 저의과거에 지은 업장은 말끔히 소멸되고 오늘도 직장에서 업을 짓지 않고, 남과 다투지 않고, 남에게 이익을 줄 수 있고 직장에서 화내지 않는 하루가 되도록 해주십시오.

술 먹고 담배피지 않는 하루가 될 수 있도록 부처님께서 돌봐주시옵소서. 무량억겁을 생사윤회 하다가 다행히 불법을 만났는데 너무 업장이 두터워 그동안 하루일일 기도를 하지 않고 지냈습니다. 이제부터 일일기도를 하오니 부처님의가피력으로 신심 있는 하루가 시작되기를 다시 한 번 기도드립니다.

어제까지는 제가 너무나 힘들게 살았습니다. 힘도 없고 백도 없고 의지하고 믿을만한 사람은 아무도 없었습니다. 그러나 이제는 부처님을 믿기 때문에 저에게는 희망이 생겼고 용기가 생겼습니다. 화끈한 신심으로 확실한 발심으로, 불타오르는 듯한 이 열정과 정렬을 오직 삼계도사 사생자부 시아본사 부처님께 목숨 바쳐 귀의하오니 대자대비하신 부처님, 이 정성어린 일일기도가 반드시 성취될 수 있도록 기도드립니다.

오늘 하루도 아무 일 없이 건강하고 무사하고 남하고 다투지 않는 하루가 되게 해주시고 한눈팔고 넘어지거나 물건을 분실하거나 직장에서 상사에게 꾸중을 듣거나 기분 나쁜 일이 조금도 생기지 않는 하루가 돼 주시기를 기원 드립니다.

부처님이시어, 태어나서 사람은 먹고 살아야 되기 때문에 어쩔 수 없이 일을 해야 되고 직장을 다녀야 되는 것입니다. 출근의 고통, 근무의 고통, 업무가 잘 안될 때 겪는 스트레스와 고통은 저의 삶을 힘들게 합니다. 그러나 부처님을 믿고부터 부처님을 의지하고부터는 이제는 희망이 보입니다. 가족을 위해서 일터가 필요한 것이고 직장은 도를 닦는 도량이고 사장님은 부처님으로 생각하고 윗사람들은 신장이나 보살로 생각하고 열심히 일 잘하는 하루가 되게 해주십시오. 더욱 지혜로워서 능률이 오르고 하던 모든 일이 다 잘 돼서 우리 회사가 일사천리로 막힘없이 착착 잘 풀려 지도록 삼보전에 원력빌어 간절히 눈물로 또 다시한번 참회하고 발원하고 기도하오니 이 원이 꼭 이루어지기를 믿겠습니다. 나무관세음보살.

경쟁자를 이길 수 있는 사업가를 위한 기도

　이 세상의 모든 사람들은 다 복력으로 살아가는 것을 잘 알고 있습니다. 부처님! 혼자 외롭게 판단내리고 가정을 이끌어 나가면서 거래처와 인간관계를 잘 형성해서 끌고 나가는 사업은 너무나 굴곡이 많은 험난한 길입니다. 이제는 부처님의 가피력으로 안정을 찾았습니다만, 언제든지 경쟁업자와 한판의 승부를 걸고 사업을 하지 않으면 안될 지경에 이르렀습니다.

　부처님이시여! 자본도 딸리고 인맥도 약한 저에게 사업가로 항상 성공할 수 있도록 부처님의 가피력으로 도와주시길 간절히 바랍니다. 사회에서 직장 생활하는 사람은 동물원에 갇혀 있는 동물과 같고 사업하는 사람은 야생 동물과 같은 것이라고 생각합니다. 자기 마음대로 다닐 수는 있지만 언제든지 큰 동물에게 공격당할 수도 있는 것처럼 불안한 생활을 하는 것이 야생 동물이고 울타리 안에서 주는 먹이

로 편안히 지내는 동물원의 동물은 편안한 대신 자유가 없는 대신에 안정적으로 추위와 더위에 고통 없이 인간들이 다 해결해 주기 때문에 야생 동물처럼 걱정할 필요가 없는 것입니다. 국내로, 전 세계로 사업을 펼치고 불철주야로 노력하는 저에게는 항상 저를 망하게하려고 하는 나쁜마음을가진 경쟁 사업가가 있습니다. 이 사업가는 나쁜 염력을 거두고 선의의 경쟁자가 되고 저는 건강하고 일을 잘하기 위하여 새로운 거래처를 확보할 수 있도록 저에게 부처님의 가피력이 있기를 삼보전에 원력빌어 간절히 발원하고 기도하오니 이 원이 꼭 이루어지기를 믿겠습니다. 사업이 잘되야 가정을 돌볼 수 있고 가정이 편안해야 사찰에 시주할수도있기 때문에 저의 잘됨은 개인의 문제가 아니고 직원들과 가족과 일가친척 모두의 문제이며 사회의 문제이며, 국가의 문제인 것입니다. 그러니 불보살님의 신통력으로 지금 이 순간 가피를 내려주시기를 엎드려 절하옵나이다. 나무관세음보살.

신심 없는 부모를 위한 기도

'낳실제 괴로움 다 잊으시고 기를제 밤낮으로 애쓰는 마음
진자리 마른자리 갈아뉘시며 손발이 다 닳도록 고생하시네
하늘아래 그 무엇이 넓다하리오 어머님의 희생은 가이없어라

사람의 마음속엔 온가지 소원 어머님의 마음속엔 오직 한가지
아낌없이 일생을 자식위하여 살과뼈를 깎아서 바치는 마음
인간의 그무엇이 거룩하리오 어머님의 사랑은 그지없어라

어려선 안고 업고 얼러주시고 자라선 문기대어 기다리는 맘
앓을사 글될사 자식 생각에 고우시던 이마위에 주름이 가득
따위에 그 무엇이 높다하리오 어머님의 정성은 지극하여라'

부처님이시여! 이 노래가사처럼 저의 부모님이 아니면 이 세상에 제가 어떻게 태어날 수 있었겠습니까. 어머니는 임신을 해서 10개월 동안을 뱃속에서 길렀고 진자리 마른자리 갈아눕히며 젖을 주고 밥을 주며 양육해주신 은혜와 교육을 시켜 준 은혜와 모르는 것을 일깨워 주신 그 은혜와 어렵게 돈을 벌어 저희를 길러주시고 돌봐주신 그 고마음은 부모은중경에 나와 있는 것처럼 그 은혜가 한량이 없는 것을 잘 알고 있습니다. 부처님이시어! 이렇게 고마운 부모님이 계시다는 것은 저로서는 부처님의 덕분으로 생각하고 있습니다. 그러나 부처님 부모님이 신심이 없습니다. 불심이 없기 때문에 내생을 믿지도 않고 전생을 믿지도 않습니다. 이 신심 없는 부모님을 불법에 귀의하고 싶은데 믿어야 될 것은 불법승 삼보이고 숨만 떨어지면 영가가 될텐데 이렇게 하루하루 죽음에 대한 준비도 하지 않고 살아가시는 부모님을 볼 때면 도력이 없는 저로서는 어떻게 할 도리가 없습니다.

　부처님의 신통력으로 저희 부모님이 불심이 충만하고 신심이 생겨서 항상 염불하고 참선하고 기도하고 하는 인과법을 아는 불자가 되어 손에서는 염주를 떠나지 않게 하고 조석으로는 부처님께 예불하다가 생을 마치는 참다운 부모님이 되 주시기를 부처님전에 간절히 기도하고, 발원하고, 참회하고, 반성하옵니다.

　그러하오니 부처님이시어! 꼭 저희 부모님을 부처님 품으로 귀의할 수 있도록 부모를 위한 기도를 올리오니 이 기도가 헛되지 않도록 허공계에 감응이 될 수 있도록 간절히 기도하겠습니다.

신심 있는 부모를 위한 기도문

　부처님이시여! 저희 부모님들은 저를 낳기 전이나 저를 임신했을 때나 항상 부처님을 생각하고 부처님전에 조석으로 예불을 드리고 염불하고, 참선하고, 주력하고, 절하고, 사경을 하면서 아주 신심있는 생을 사시고 있습니다. 그렇기 때문에 저는 어머니 뱃속에서부터 불심을 가졌기 때문에 아무리 바쁜 도시 생활을 하고 있지만 항시 부처님을 잊지 않는 훌륭한 불제자가 되었습니다. 인과법을 알기 때문에 업을 짓지 않으려고 노력하고 틈만나면 참선을 하고 '성안내는 그 얼굴이 참다운 공양구요. 부드러운 말 한마디 미묘한 향이로다. 언제나 변함없는 그 마음이 부처님 마음일세.' 라는 부처님 말씀을 항상 외우면서 살아가고 있습니다.

이렇게 제가 참선하고 발심하며 살 수 있는 것은 신심있는 부모님 덕으로 생각할 때 저희 부모님은 이 세상에서 가장 훌륭한 스승이시고 관세음 보살님으로 알고 있습니다. 이렇게 신심있는 저희 부모님께서는 현재 나이가 많아 생이 얼마 안남았습니다.

아미타부처님을 친견할 수 있는 서방정토 극락세계로 왕생하기를 기도하오니 부처님께서는 굽어 살펴 주옵소서. 또한 부모님들은 저희

자녀를 위하여 기쁜 마음으로 환희심에 차서 항상 부처님전에 자식을 위해서 기도하고 있는 것을 저희들은 잘 알고 있습니다. 그렇기 때문에 저희는 부모님의 신심의 염력을 받아 잘 살아나가고 있는 것에 대해 다시 한번 부모님께 감사드립니다.

자녀들을 위한 기도문

'자장자장 우리 애기
넘애기는 깨워 주고
꽃이불에 재워 주고
개똥이불에 재워 주고
울애기는 재워주고
울애기는 꽃방석에
넘애기는 개똥밭에
자장자장 우리애기 잘도 잔다.'

어린아이의 순진한 마음을 기뻐하시는 부처님 저의 가정에 신심있는 자녀들을 사바세계에 태어날 수 있도록 해주셔서 너무나 기쁘고 고맙고 감사합니다. 부처님, 이 아이들이 불심으로 자라게 하시니 감사합니다. 이처럼 귀하게 여기셔서 저에게 맡겨 주신 자녀이건만 제가 자녀 양육과 교육을 올바르게 했는지 반성하고 있습니다.

야단칠 때는 어쩔 수 없이 아이의 잘못된 행동을 아이의 입장이 아닌 부모의 입장에서 틀린 것을 고쳐준다는 것이 아이들의 마음에 조금이라도 상처가 되었다면 그것 또한 저의 잘못이니 부처님께서 자비심으로 용서해주십시오. 부처님, 우리 자녀는 귀엽습니다. 그러나 형상을 닮은 독립적인 인격체로 태어났지만 전생에 지은 인과의 업이 다르기 때문에 서서히 크면서 아이들의 업장이 드러날 것입니다. 그러나 부처님, 자비심으로, 무한 가피력으로 이 아들이 살면서 큰 어려움이 없고 큰 사건, 사고 없이 잘 자라주기를 간절히 두손모아 합장하며 기원드립니다.

아이들의 업장이 소멸되도록 아이의 업장소멸기도를 올려드리오니 이 공덕으로 아이들의 앞길이 순탄하고 불심으로 충만하여 신심이 조금도 떨어지지 않는 아이로서 성장할 수 있도록 불법승 삼보의 힘으로 지켜주십시오. 부처님, 자녀의 독립성과 창의력을 더욱 잘 키워서 사회와 국가에 공헌을 할 수 있는 훌륭한 사람으로 자랄 수 있도록 기도드립니다. 그리고 커서는 건전한 인격을 갖추고 남을 배려할 줄 알고 안으로는 참선을 하며 화두를 참구하는 수행을 하면서 세상일도 존경받으면서 잘할 수 있도록 부처님의 가피력으로 앞길을 보살펴주시길 기도합니다.

불심이 없는 자녀들을 위한 기도문

'꼬마야, 꼬마야, 뒤로 돌아라
꼬마야, 꼬마야, 땅을 짚어라
꼬마야, 꼬마야, 만세를 불러라
꼬마야, 꼬마야, 잘 가거라'

이렇게 귀여운 어린이를 꼬마라고 합니다. 부처님이시여! 삼계대도사이고 사생의자부이신 시아본사석가모니 부처님이시여 아직 어리기 때문에 불심이 너무 없고 판단력이 없어서 외도법을 친구따라 믿고 교회를 다니고 있습니다. 이럴때는 어찌하옵니까? 이로 인하여 저의 심장은 찢어질 듯한 아픔을 당하고 있습니다. 특별히 아뢰옵기는, 오늘날 가치관의 혼란과 불신 풍조로 인하여 자녀들이 무엇을 근거로 하여 인격을 키우고 바른 인생관을 정립할지 알 수 없는 혼란하고 사

악한 시대 속에서 무엇보다 부처님의 가피가 자녀들에게 전달되어 갈 곳을 몰라 헤메는 철없는 자녀들이 외도법에서 더 이상 방황하지 않고 불심을 갖고 정법에 귀의하여 삼보를 호지하기를 간절히 기도하고 발원하고 참회하고 반성하옵니다. 그리고 저에게도 부처님의 가피력이 항상 충만하게하여 자녀를 잘 기를 수 있도록 지혜를 주시옵고 자식들이 교회에 가지 않게 해주십시오. 3살 버릇이 여든간다고 한 번 잘못된 습관이 잘못된 종교가 인생이 잘못될 수가 있습니다. 바른 정법, 부처님법을 믿고 실천하고 수행할 수 있는 신심있는 자녀가 될 수 있도록 간절히 두손모아 합장하고 기도합니다. 나무관세음보살.

남편을 위한 기도문

'니가 먼저 살자고 옆구리 콕콕 찔럿지
내가 먼저 살자고 옆구리 콕콕 찔럿느냐?
삐 빱바 룰라 삐 빱빠 룰라'

삼계도사이고 사생의 자부이신 석가모니 부처님이시어. 우주 만물은 인연에 의해서 생겼다가 인연에 의해서 없어지는 것이 진리라고 하셨습니다. 옷자락만 스쳐도 500생의 인연이 있어야 만난다고 하는데 얼마나 인연이 깊으면 무량억겁을 생사윤회하다가 다행히도 사람 몸을 받았는데 한 사람은 남자요, 한 사람은 여자로서 서로 사랑을 하게 되었고 부부까지 되었으니 그 인연이야 참으로 한량없는 깊은 전생의 업연이 아니면 만날 수 없는 것이라는 것을 잘 알고 있습니다. 저희 부부가 가정을 이루게 하신 것도 부처님의 뜻으로 알고 우리 두 부부는 한 마음으로 부처님께 감사드립니다.

그러나 불심이 별로 없고 자기 좋아하는 취미에 폭 빠져 하루하루를 허송세월로 살아가는 남편을 볼 것 같으면 너무나 제 가슴이 아픕니다. 신심없는 남편을 위하여 불심이 불같이 일어나게 부처님전에 간절한 마음으로 기도하옵니다. 이 기도인연의 공덕으로 남편은 발심을 하여 삼보를 호지하고 상구보리 하화중생할 수 있는 원력을 세울 수 있는 진실한 불자가 되기를 다시 한 번 또 기도드립니다. 불교를 반대하지는 않지만 약간의 불심은 미지근한 불심이기 때문에 화끈하게 무상을 느끼고 생사이탈의 대도를 닦고 참선법을 만나서 일구월심으로 화두잡고 참선하는 선객 남편이 되게 해 주시기를 또 기도하나이다.

그 동안 생활전선에서 가정경제를 위하여 헌신적으로 희생하고 노력하면서 건강도 제대로 돌보지 못하고 앞만보고 달려온 저의 남편은 심성도 착하고 성실하고 자상하고 좋은 남편입니다. 남들이 법없이도 살 사람이라고 하며 주변사람이나 일가친척 모두가 호인이라고 불러줍니다. 그러나 나이는 한 살씩 더 먹고 이마에 주름은 더 생기며 여기저기 몸은 아프다고 하는데도 도대체 발심은 하지 않고 매일같이 TV나 보고 친구나 만나 술이나 한 잔 하고 등산이나 갔다 오고 컴퓨

터, 인터넷이나 하면서 또 오늘 하루를 보냈습니다. 내일도 마찬가지로 보낼 것이고 그러다가 어느 날 병원에서 병이 들었다 하면 병간호를 해주어야 하고 그 뒤에 몸이 나았다 하면 그것도 부처님 덕으로 알아야 되는데 의사가 의술이 좋아서 첨단과학 의료기술 발달로 자기병을 고쳤다고 자만하며 살아갈 사람이 저의 남편입니다.

부처님, 중생들이 하루하루 살아가는 것이 사형언도를 받고 집행날짜를 모르고 살아가는 감옥의 사형수와 똑같은 것인데 무상을 못느끼고 허송세월로 또 이 귀중한 시간을, 귀중한 하루를 보내는 남편을 생각하면 눈물만이 나올 뿐입니다. 저의 힘으로는 설득을 해도 듣지도 않고 주변의 신심있는 스님들의 법문을 통하여 제도시키려고 노력도 해봤지만은 도저히 제도하는 것을 포기해야 될 정도로 힘듭니다.

어떻게 한 부부로 한평생 같이 살면서 아이들도 성장하고 아쉬울 것이 하나 없이 행복하게 잘 살았는데 불심없는 남편을 보니 제 가슴 한쪽이 뻥 뚫린 것 같고 살아도 산 것이 아니라는 생각을 갖습니다. 이런 남편을 위하여 간절히 부처님 전에 기도하오니 이 기도가 감흥되어 저의 남편이 발심을 크게 하기를 간절히 기도하고 발원하고 참회하고 반성합니다.

부처님, 저의 남편에게 또 건강은 더 좋게 해 주시고 착한 성품은 앞으로도 변치않게 해주십시오. 그리고 더 큰 지혜를 주시고 무슨 일이든 유능하게 처리할 수 있는 실력을 허락하여 주십시오. 그래서 행복한 가정을 이끌어나갈 수 있는 신심깊은 가장이 되게 해주시기를 간절히 삼보전에 원력빌어 간절히 눈물로 또 다시한번 참회하고 발원하고 기도하오니 이 원이 꼭 이루어지기를 믿겠습니다. 나무관세음보살.

가족을 위한 기도문

삼계도사 사생자부 시아본사 서가모니불. 우리 가족은 다른 가족과 달리 욕심과 탐심과 어리석음이 없는 착한 가족입니다. 무한경쟁 시대에 우리 가족이 행복하게 살 수 있는 것은 부처님의 가피력 덕분이라고 생각합니다. 그러나 가족 중에 순식간에 말 한마디를 잘못하여 싸움에 원인을 만들고 냉랭한 기운이 돌게만든 날도 있습니다. 이제는 이런 날이 반복되어서는 안됩니다. 그래서 오늘 가족을 위해서 제가 간절히 기도합니다. 서로를 존중하고 아끼고 보살펴주고 미소를 지으며 덕담을하며 잘살 수 있는 행복한 집안이 되기를 발원하면서 부처님께 기도합니다. 사람은 혼자살 수 없는 것입니다. 가족은 든든한 인생의 동반자이고 울타리이고 더 나아가서는 도반이고 생사해탈의 대도를 닦을 불제자들입니다. 평온한 가정에 친척이나 주변 지인으로부터 없던 말 한마디가 마음을 상하게 하여 서로를 불편하게 만든일이 가끔 발생합니다. 이제는 이런일이 생기지 않게 해주십시오. 중생들은 한량없이 육도윤회를 합니다. 가족은 모두가 부처님입니다. 화내는 부처가 없고 인상쓰는 부처님이 없습니다. 그런데 그러지 못하는 것은 저의 업장 때문입니다. 잘못을 참회하옵니다. 오랜 세월동안 스스로 짓고 스스로 받은 인과의 도리를 알지 못하여 갈 길 몰라 헤매었나이다. 이에 바른 법을 만나 귀의하오니 그 공덕으로 업보의 무거운 짐을 벗고 해탈의 밝은 빛을 찾아 자비의 품에 드는 가족이 되게하소서.

부처님이시여! 시방삼세 아니계신 곳 없으시는 부처님이시여. 오늘 이 중생이 간절히 부처님께 기도하고 발원합니다. 사람이 잘 살고 못살고는 신의 뜻이나 운명에 의한 것이 아니라 각자가 짓는 업의 과보임을 설하신 부처님의 가르침에 진심으로 귀의하오니 설산에서 고행을 하고 깨달음을 이루시고 중생과 더불어 항상 이 세상에 머무시며 보필하는 보살님께도 귀의합니다. 목숨에 고귀한 삶의 가치를 주게 된 이 환희, 이 기쁨을 무엇에다 견주리까.이제 외롭지 않사오며 믿고 의지하고 기도하고 참회할 확실한 의지처를 찾았나이다. 다생 동안 지은 업장 일시에 멸해지이다. 지혜 자비 온갖 덕성 나날이 증장하며 복의 바다 한량없고 지혜 광명 막힘없이 온갖 공덕 빠짐없이 원만하고 만나는 사람마다 함께 법을 빛내오며 가정이 편안하고 가업은 번창하여 널리 세간을 빛내옵고 항상 좋은 일이 있기를 발원합니다. 나무관세음보살.

☞ 집에서 기도할 경우의 장점

첫째, 항상 시간이 없는 현대인들은 기도하기 위해서 따로 명산대찰이나 암자등을 찾아가지 못할경우 가장 편리하고 매일 할 수 있는 장소가 자기 집입니다. 자기 방보다 더 좋은 기도처는 없는 것입니다. 자기 집안은 외부사람 눈에 잘 보이지 않는 깊은 장소이기 때문에 깊이가 있는 기도를 할 수가 있습니다. 왜냐하면 각자 집마다 방마다 눈에 보이지 않는 신들이 있습니다. 집을 지키는 가옥신이 있고 터를 담당하는 터신이 따로 있습니다. 위로는 불보살님 아래에 있는 신이기 때문에 신심을 갖고 기도를 하게 되면 집안에 있는 신들도 불법에 귀의 시키는 것이고 발심, 해탈 시킬 수 있기 때문에 사람도 좋고 신들도 좋은 것입니다. 그러나 하다 안하다 멈추다 권태를 느껴 안하면 가옥신이 실망하고 터신도 사람을 신뢰하지 않을 수 있습니다. 그러니 한번 시작했으면 아주 피곤하고 아주 바쁘고 어쩔 수 없을 때가 아닌 다음에는 꼭 염불을 하던지 참선을 하던지 독경을 하던지 주력을 하던지 참회게를 하던지 수행을 하는 것이 기도에 시작인 것입니다. 집에서 기도할 경우에 단점은 남들이 보지 않기 때문에 게으를 수가 있고 중요한 TV프로가 시작되면 시청하게 되고 외부에서 전화가 오게 되면 장시간 통화하게 되고 손님이 찾아오거나 원하지 않는 일이 생기면 이일 저일 치루냐고 시간을 다 뺏겨 집중적으로 할 것 같은데 아무일이 없는 날만 기도하게 되고 조금이라도 건수가 있게 되면 안하고 넘어가는 것입니다. 그래서 집을 나와 절에가서 하던지 자기가 독한 마음 먹고 기도하기 좋은 기도처를 정하고 하는 것이 집보다 유리할 수가 있는 것입니다. 그러나 집을 나올 수 없는 경우에는 자기 원을 세우고 정신차려 열심히 하는 것 이외에는 다른 방법이 없습니다.

☞ 절에서 기도할 경우의 장점

사람이 많이 죽은 장소는 스산하고 침침하면서 어딘지 모르게끔 불안하고 안정이 되지 않습니다. 왜 그럴까요? 그 이유는 죽은 사람의 에너지 흔적이 남아있을 수 있기 때문입니다. 급매물로 아파트가 나왔다고 좋다고 사서 입주했는데 밤에 가위눌리고 악몽을 꾸고 헛것이 보이고 하던일이 잘 안되고 몸이 아프고 자식이 속을 썩이고 하는 경우에는 그 집에서 전에 살던 사람이 자살을 했다거나 큰 억울한 죽음을 맞이했을 경우에 영가들의 기운이 남아있어 해코지를 새로 입주한 사람이 받을 수 있다는 것입니다. 그래서 싼 것이 비지떡이라고 뭣 모르고 입주하지말고 싼집이 나오면 누가 살다가 간 곳인지 어떻게 살다가 간 곳인지 알아볼 필요가 있는 것이 지혜입니다. 중생들은 생각이 깊지 못하고 즉흥적으로 가격만보고 들어가서 큰 손해를 보는 경우가 진짜 많이 있습니다. 소탐대실이라고 작은 것을 탐하다가 큰 것을 잃는다고 자신이 복이 많고 법력이나 도력이 있다면 이상한 집, 귀신나오는 집의 터를 누를수 있지만 그러지 못한다고 하면 터의 영향을 받습니다. 주변에 공동묘지가 있다던지 도살장이 있다던지 6.25때 학살당한 장소라던지하면 아무리 신심을 내서 관세음보살을 부르고 기도를 하고 참선을 한다고 해도 터의 영향을 받기 때문에 잘 안된다는 것입니다. 그럴 경우에는 꼭 도량을 찾아가 절에서하게 되면 이런 마장이 없고 기도가 잘 되기 때문에 절에서 기도하는 것입니다. 그것이 장점입니다. 그런데 기도가 잘된다고 소문이 난 절은 소문을 듣고 전국에서 사업에 실패하고 병들고 지치고 힘들고 죽지 못해사는 중생들이 많이 찾기 때문에 대부분 기도하는 기도객들의 표정이 어두운 경우가 많습니다. 그래서 낮보다는 새벽기도 새벽3시부터 5시까지 새벽기도가 좋은 것입니다. 절에서는 학살당한일도 없고 자살한 일도 없고 맑은 도량에서 조석으로 예불을 하고 맑고 깔끔하고 신심이있는 수행하는 스님들이 상주하여 계시기 때문에 당연히 집보다는 절에서 하는 것이 장점인 것입니다. 그런데 문제는 기도를 핑계로 사람을 유인하여 이상한 곳으로 끌고가려는 보살들이 있는곳도 절입니다. 병을 고쳐준다, 어느 한의원에 가서 약 한번지으면 만병통치다. 점잘보는 족집게 신들린 보살집이 있다. 같이 가자. 이렇게 유혹하면 신심을 내서 기도하러 왔다가 사람의 유혹에 넘어가는 경우가 있습니다. 또 나쁜 거사들이 돈 많은 보살을 유혹하기 위하여 옆에서 기도하는 척 하면서 안면을 튼 다음에 절 입구에 고급자가용을 옆에다 두고 아는 척 하면서 염주를 손에들고 불자인것처럼 빙자하면서 방향이 같으면 모

셔다 드리겠습니다. 이렇게 사기꾼 거사들이 노리고 있는 것이 절 기도처 근처입니다. 집에서 기도한다면 이런일이 없지만 절은 좋은 것만큼 나쁜거사, 나쁜보살들이 독버섯처럼 신분을 속이고 처음 기도하러 온 사람을 범죄의 대상으로 노리기도 하기 때문에 보살님들은 혼자 낯선 기도처에 가서는 안 됩니다. 특히 밤이나 새벽에 기도하려고 하면 2-3인이 팀을짜서 기도를 해야 되고 혼자 밤 늦게 신심만 믿고 해서는 안됩니다. 이 말을 잘 들으십시오. 피해자가 나올 수 있는 소지가 있습니다. 못생기거나 돈이 없어 보이거나 힘없고 빽없고, 아무 능력이 없어 보이면 절대로 유혹하지 않습니다. 자가용을 대놓고 당연히 태워주지도 않습니다. 그러나 젊거나 잘생겼거나 부티나게 돈이 많아 보이면 틀림없이 접근할 것입니다. 현담스님이 지리산 금대암에 있을 때 마을 사람에게 직접들은 이야기입니다. 사실이 아니기를 바라지만 그럴수도 있다는 생각을 하게 됩니다. 사회에서 부도가 나거나 살기 어려워 어쩔 수 없이 빚쟁이들에게 쫓기거나 죄를 짓고 수배가 내려 형사들이 잡으러 다니는 범죄자들은 호텔이나 여관에서는 검문을 하기 때문에 피해갈 수가 없고 지리산 같은 큰 산으로 피해들어 간다고합니다. 그리고 등산복장으로 빨치산처럼 여름에는 숲속에서 잠을자고 낮에 혼자 기도하러 온 보살을 순간적으로 범죄의 대상으로 삼아 돈을 뺏고 뺏은 돈으로 일부는 자기가 쓰고, 토끼같은 자식과 여우같은 마누라의 생활비로 전달해 준다고 합니다. 범죄자들이 가장 많은 곳이 지리산이라고 합니다. 그런데 경찰들은 범죄의 예방을 위하여 동시에 불심검문을 하지도 하고 예방홍보도 하지 않는다고 합니다. 맞는 말입니다. 그럴 수 있습니다. 3도(전남 전북 경남) 그리고 11개군이 모인 엄청난 7백리 능선에 지리산은 아름다움만 있는 곳은 아니라는 것입니다. 그래서 혼자 산에가지 말고 사찰에서 기도를 하라는 것입니다. 외국에서 기도할 때는 가장 좋은 터는 중국에 오대산이고 인도는 영축산입니다. 맑은 신령스러운 기운이 있는 좋은곳입니다만은 밤에는 범죄의 대상이되기 때문에 영축산에는 완전무장한 총에 실탄을 장전한 경찰들이 입구와 영축산 정상에 상주하였는데 요즘은 있기도 하고 없기도 한 것 같습니다. 그리고 중국 오대산은 어두워지면 다 6시 전까지 내려와야됩니다. 마음놓고 안심하고 기도할 수 있는 곳은 외국에서는 자기 호텔방이 가장 좋은 기도처라는 것을 경험에 의해 알려드립니다. 우리나라는 다 좋습니다. 명산대찰 그리고 암자할것없이 다 맑고 좋은 도량입니다.

중생을 위한 기도

중생을 위한 기도는 자기랑 친한 사람들이 모여있는 곳에서 자기는 떳떳하게 불자라는 것을 밝히고 염불 한번 하겠다고 예불 한번 할터이니까 허락해달라고 허락을 얻은 후에 하는 기도입니다. 그 가정을 방문했을 때 불교식으로 염불하고 축원하고 기도하는 법이 있습니다. 꼭 알아둬야 될 사항은 상대방이 원하는 가를 물어보고 해야된다는 것입니다. 병원에 입원해있는 아는 사람을 인연따라 병문안 갔을 때 환자가 원하거나 가족에게 허락을 얻어 예불을 하거나 반야심경을 한편 독송하던지 하는 기도입니다. 환자가 원하면 손도 잡아주고 따뜻한 마음으로 속으로 염불하는 것도 좋은 방법 중에 하나입니다.

그리고 친척이나 아주 친한 가족 결혼식에 가서는 염불독경 기도로 반야심경이라도 한 독 또는 신묘장구대다라니 한 독이라도 염불하면 주변 기운이 아주 맑아지고 참석한 사람에게도 큰 도움을 줄 수 있는 기도입니다. 타종교인들이 있더라도 주체측이 불자라 하면 할 수 있는 것입니다. 앞길이 구만리 같은 신랑, 신부의 앞날을 위하여 염불하고 축원하는 일은 아주 좋은 일입니다. 왜냐하면 부처님의 가피력이 반드시 있어야 더 행복하게 잘 살수 있다는 확신을 가지고 할 수 있기 때문입니다. 그리고 인연있는 친한 사람 장례식에 가서는 그 유족들에게 허락을 얻어 불교를 믿게 되면 염불을 하는 것입니다. 좀 길지만 장엄염불을 한 독 하는 것이 아주 효과적입니다. 이 장엄염불은 영혼들을 위해서 아주 도움이 되는 것입니다.

아침기도

1. 어제 일을 생각하면서 오늘은 절대로 어리석게 시간을 보낸 것처럼 하루를 보내지 않겠다고 하루일과 계획을 세우고 만날 사람과 안 만날 사람을 구분짓고 어느정도 스케쥴이 확정되면 모든 부처님께 예불부터 시작을 하여 반야심경으로 마무리한다. 그리고자기 마음속으로 잘했다는 암시를 주고 5분이라도 참선을 하는 참선기도가 아주 효과적이다.

2. 부처님께 기도한 것이 잘됐다는 뿌듯한 마음으로 희망차게 하루를 시작하는 것입니다. 이것이 아침기도의 가장 중요한 순서인 것입니다.

취침 기도

1. 부처님! 오늘 하루는 아무 사건, 사고 없이 잘 보냈습니다. 좋았던 일, 힘들었던 일도 하루를 마치면서 이 잠자리에 들 수 있도록 돌봐주신 부처님 덕으로 생각하고 신심이 떨어지지 않게 노력하겠습니다. 오늘은 피곤해서 이만 육신은 눕히지만 마음은 부처님과 꿈속에서도 친견하는 원을 세우며 누워서 하는 참선, 와선을 하겠습니다. 이뭐꼬. 이렇게 하는 것이 진짜 잘하는 취침기도입니다.

2. 오늘 하루를 누구와 싸웠다던지 찜찜하게 하루를 보냈다고 하면 자기 전에 부처님께 삼베 절이라도 하고 간절한 마음으로 참회하는 마음으로 두 번 다시 후회스러운 행동을 하지 않겠다고 다짐하면서 잠자리에 드는 것입니다. 아무리 봐도 그냥 자면 악몽을 꿀 것 같습니다. 부처님을 친견할 수 있도록 하고 악몽을 꾸지 않도록 해주세요. 모든 신장들은 잠이들어도 이 내 몸을 뜨지 않게 옹호해주십시오. 부탁입니다. 이렇게 하는 기도도 취침기도입니다.

이웃을 위한 기도

사람이 살아가는데 가장 중요한 것은 건강이고 그 다음 재산, 명예를 바랍니다. 부귀공명을 누리고 싶은 것은 인간의 본능이고 잘먹고 잘살고 싶지만 전생업장으로 가난하게 사는 사람이 더 많고 힘들게 하루하루를 사는 사람들이 우리 주변에는 너무나 많이 있습니다. 박복중생들이 복덕중생으로 바뀌고 어리석은 사람이 지혜로운 사람으로 바뀌는 것은 한 생각 마음을 돌이키면 됩니다. 그러나 자기 혼자서는 이랬다 저랬다 변덕을 부리고 갈팡질팡하는 것이 나약한 중생들의 모습입니다.

사람 인(人)자는 하나가 쓰러질 것 같으면 밑에서 바쳐주는 것처럼 되어 있습니다. 혼자는 살 수 없는 것입니다. 누군가의 도움을 얻어야 되고 신세를 져서 살아나가는 것입니다. 집 한 채를 돈 주고 샀다고 해도 돈 이전에 이 집을 짓기 위해서 노력한 사람들이 너무나 많습니다. 설계도면을 그린 사람, 집을 짓기 위하여 자재를 운반한 사람, 건축허가를 미리 관청에 신청해서 뛰어다니며 얻은 사람, 목수는 나무를 담당하고 전기, 지붕, 시멘트공, 철근공, 보일러공, 벽지, 도배, 가구, 생활에 필요한 주방용품, 수많은 종류의 침구류, 전자제품, 수많은 옷가지 모두가 사람이 만들었지 동물이 만든건 하나도 없습니다.

이 만든 사람들의 노고를 고마워하고 기뻐하고 대신 염불을 통해서라도 기도해주는 마음이 좋은 것입니다. 혼자 하는 것 보다 가족들이나 뜻 맞는 사람끼리 날짜를 정하고 시간을 정하고 장소를 정해서 한꺼번에 우렁차게 합동으로 염불을 해서 다 영험을 얻고 효과를 볼 수 있는 경전이 금강경입니다. 산 사람한테도 좋고 죽은 사람한테도 좋고 남녀노소 모두에게 맞고 사람도 신들도 다 좋아하는 부처님의 최고의 명쾌한 법문, 확실한 참선사상을 가르쳐주신 경전이 금강경인 것입니다.

이 금강경을 똑같이 구입하여 여러명이서 우렁차게 힘차게 독송하시기를 권하는 것입니다. 왜냐하면 혼자 틈날때마다 한독씩 두독씩 하는 것은 허공계에서 그렇게 관심을 끌지도 못하는 것입니다. 억울한 일이 있어 국가를 상대로 시위를 할 때 일인시위를 해봐야 누가 알아줍니까. 누가 지나가면서 큰 관심을 갖지도 않습니다. 그러나 백명, 천명, 만명, 십만명, 백만명이 움직였다 하면 대통령의 마음을 움직이고 정치하는 사람들의 잘못된 생각을 바꿀 수 있는 것입니다. 이 것처럼 숫자가 많을 수록 빨리 덕을 볼 수 있고 원을 성취할 수 있는 것입니다. 예를 들어, 비유를 해보겠습니다.

장작 불 화력이 좋으려면 장작개피 한 개 가지고 불타봐야 얼마나 타겠습니까. 한 개보다는 두 개, 두 개보다는 세 개, 열 개, 오십 개, 백 개 이렇게 많이 쌓여있을 수록 화력의 에너지가 엄청난 것처럼 사람도 한 명이 모여서 하는 기도는 장작 개피 하나와 똑같고 둘은 두 개, 셋은 세 개, 열명, 백명은 백개의 장작개비같은 화력이 나오는 것입니다.

그래서 뜻맞는 도반끼리 합동으로 금강경을 하고 독송하고 참선하는 습관을 들이는 것이 서로에게 이익을 주는 것입니다. 누이좋고 매부좋고, 도랑치고 가재잡는다고 동참만 해도 공덕이 큰 것이기 때문에 금강경을 함께 읽는 모임을 만들어 하시기를 간절히 권합니다. 그러면 다겁생의 죄업도 빨리 소멸될 것이고 개인 혼자 업장 녹이려고 기도하는 것보다 단체차원으로 업장을 녹이기 때문에 단체기도가 영험이 있다는 것입니다.

금강경은 하루 한편씩 개인적으로 하시되 합동으로 금생에 500독만 목표를 세우고 하시면 운이 바뀔 것입니다. 개인은 일평생 삼천독을 권합니다.

왜냐하면 삼천리 강산에 한독씩 불심의 기운을 보시하는 마음으로 하는 것이고 또한 삼천대천세계에 삼천독으로 알리는 의미가 있고 과거에 천독, 현재 천독, 내생에 바빠서 못할 경우 천독까지 합치면 과거, 현재, 미래 3천독이 되는 것입니다. 지금 바로 월력을 세우고 실천에 들어가시기 바랍니다. 안하면 자기 손해입니다. 사바세계는 자업자득입니다.

석가모니 부처님이시여! 세상은 그 어느 때보다도 이기주의와 개인

주의가 팽배하여 크나큰 위기에 봉착해 있습니다. 저희 인생들은 함께 더불어 살며 기쁨을 나누고 같이 슬퍼하기 보다는 홀로 기뻐하고 혼자만 향유하며 이웃의 아픔을 함께 나누려고 하지 않았습니다. 저희 역시 이러한 세상의 풍조에 따라 함께 살아가며 이웃을 인정해 주기 보다는 독선과 아집 속에 사로잡혀 자신만 옳게 여기고 다른 사람들을 업신여기는 과오를 범해 왔습니다. 특별히 가피를 내려주셔서 이 세상 사는 동안 건강하며 물질에 곤궁함이 없고 풍요로운 생활을 누리게 해주십시오. 나무석가모니불.

합동 기도

마음이 맞는 사람끼리 2인이상에서 하는 것을 합동기도라고 합니다.

1. 절이라던지 집이라던지 한 장소에 모여야 한다.
2. 마음들이 하나가 되어야 한다(합심).
3. 고성으로 염불하고 독송 하며 큰 소리를 내어 하는 편이 좋다.
4. 왜 기도를 해야 되는지, 기도의 목적은 무엇인지를 함께 하는 사람에게 알려주고 하는 것이 더 효과적이다.

아픈사람이 하는 기도

약사여래 부처님이시여! 지금 저는 온몸이 아픕니다. 이대로는 얼마 살 것 같지도 않은 불길한 예감이 들고 있습니다. 남들은 다 건강한데 왜 나만 이런 병고를 겪어야 되는지 돌이켜 생각하면 다겁생 내의 죄업장이라는 것을 잘 알고 있습니다만 현재 겪고 있는 이

196 |

몸의 고통은 너무도 힘이 듭니다. 빨리 좋은 의사를 만나고 좋은 약사를 만나고 좋은 간병인을 만나서 다시 건강한 몸으로 가족들 품으로 돌아가고 사회에서 봉사하고 일할 수 있도록 부처님전에 기도합니다. 부처님! 너무 힘이 듭니다. 너무 아파요. 잠도 제대로 잘 수 없을 정도의 이 고통! 눈에서 눈물만 나오고 있습니다. 이 불쌍한 중생을 위하여 약사여래 부처님과 약왕보살님께서는 특별히 치료될 수 있도록 도와주시기를 발원합니다.

이 몸이 이제는 아픈 것을 지나서 점점 병이 심해지는 것을 저 혼자만 느낍니다. 왜 이렇게 살고 싶은데 죽어야만 되는 것인지 생각을 하니까 가슴이 미어집니다. 지금 저의 마음의 상태는 온전치 못한 상태에 있습니다. 저의 몸은 심한 괴로움 속에서 쇠약해져 가고 있고 이로 인하여 제 마음까지도 약해져 가고 있습니다. 저는 지금 극심한 괴로움을 당하고 있습니다. 이 괴로움은 저의 과거생이나 금생의 알게 지은 죄, 모르게 지은 죄, 드러나지 않고 숨은 죄가 있기 때문으로 알고 있습니다. 부처님은 저의 마음을 다 알고 저의 업장을 다알고 제가 그때 그 순간에 죄를 짓지 말아야 되는데 질 수 밖에 없었던 것은 과거생의 인과의 법칙에 의해 어쩔 수가 없었다고 하지만은 이렇게 빨리 받게 될 줄은 예전에는 미처 몰랐습니다. 지금 닥치고 보니 오직 부처님 빽이 아니면, 부처님의 가피가 아니면 완치가 될 수 없다는 것을 알았기 때문에 참회하고, 반성하고, 발원하고, 기원하오니 불쌍한 이 중생 몸 아픈 이 중생을 가엽게 여겨서 대자대비하신 마음으로 굽어 살펴 주옵소서. 질병을 통해서 저에게 깨달음을 주시는 부처님 저의 죄와 허물을 깨닫고 저를 이 질병의 고통 가운데서 건져주시고 건강한 몸과 올바른 저의 믿음이 저로 하여금 다시는 죄를 짓지 않게 하시며, 결단코 신심으로 극복할 수 있도록 부처님께 발원, 참회하나이다.

초보자가 기도하는 순서

부처님께 간절히 시간을 정해놓고 정성껏 기도는 드리지만 제대로 드리는 기도인지, 내 맘에 소원만 꽉 차있지 신심없이 망상심으로 형식적인 시간과 날짜만 맞추려고 하는 기도는 아닌지를 다시 한 번 살펴보면서 일단 다겁생래의 죄업장 소멸기도 발원부터 하는 것이 중요하다고 생각합니다. 그 업장 소멸 기도중에 기본은 참회게부터 시작할 것을 권합니다.

참회게

아득히 먼 옛날부터 내가 지은 모든 악업 크고 작은 그것모두 탐진치로 생겼고 몸과 입과 뜻을 따라 어리석어 지었으니 나는 지금 진심으로 참회하고 비옵니다. 죄의 자성 본래 없이 마음으로 일어난 것 마음한번 없어지면 죄업 또한 사라지니 백천겁에 쌓인 죄업 한 생각에 없어져서 마른풀을 불태우듯 남김없이 사라지리

십악참회
살생중죄 금일참회 진심으로 참회하고
투도중죄 금일참회 진심으로 참회하며
사음중죄 금일참회 진심으로 참회하고
거짓말한 그죄업도 진심으로 참회하며
꾸며대던 모든죄업 진심으로 참회하고
이간질한 모든죄업 진심으로 참회하며
악담하온 무거운죄 진심으로 참회하고
탐애하온 무거운죄 진심으로 참회하며
한량없이 성낸죄업 진심으로 참회하며

이와같이 참회하니 마른풀이 불타듯이
남김없이 사라지기를 간절히 발원하옵니다.

참회진언
옴 살바못자 모지 사다야 사바하

외부 기도 시의 참조 사항

㉮ 불교 외부 기도 시간은 5분에서 10분 정도 까지만 할 것.
㉯ 불교 기도 목적을 사전에 사람들에게 허락을 얻은 후에 해야되는
것입니다. 싫어하면 포기할 것.

④ 오직 신심으로 기도를 해야됩니다
기도는 오직 신심으로 해야 한다. 예를 들어 어떤 사람이 「과연 내
기도가 이루어질 것인가?」하고 의심을 하지 말라는 것이다. 여기서
「의심하지 말라」는 말은 심리적 내분을 일으키지 말라는 뜻이다. 즉,

한편으로 믿어지는 마음이 있기는 하나, 다른 한편으로 「과연 그럴까?」하는 반대적인 생각이 일어나서는 결코 안 된다는 뜻이다.

그러면 조금도 의심하지 않는 기도, 신심으로 하는 기도는 어떤 것인가?

첫째로, 신뢰심으로 하는 기도이다. 즉, 갓난아기가 엄마의 품을 절대의 품으로 의지하는 것과 같은 마음 상태의 기도이다.

둘째로, 기쁨으로 하는 기도이다. 이것은 기도의 성취를 바라보는 가운데서 갖게 된 기쁨이다.

가정에서나 어디서나 아침저녁으로는 행선축원을 하는 것이 좋습니다. 하루일과가 시작이 되며 예불 중간에 절에서는 제일 높은 큰 스님들이 행선축원을 하는 것입니다. 그러나 불자들은 집에서 예불문이 끝난 다음 간단히 석가모니불 정근을 한 후 행선축원을 하시면 좋습니다. 원력을 세우는 방법이 있고 아주 신심이 깊어지기 때문에 자기 스스로 아뢰아식에다가 잘 입력시켜 놓는 것이기 때문에 한 독씩 할 필요가 있습니다. 행선축원 내용의 중심은 나옹선사 발원문이 들어있습니다.

행선축원

조석으로 향과 등불을 부처님 전에 예불하며 삼보에게 귀의하오니 나라는 평온하고 전쟁은 나지 않고 천하는 태평하며 풍년은 들게 하여 주옵소서 부처님의 불법은 널리 퍼지기를 원하옵니다 원하노니 이 내몸이 세세생생 태어날 때 마다 반야의 큰지혜로부터 물러나지 않게 하며 시아본사 세존처럼 큰 지혜를 얻게 하오며 노사나불의 큰깨달음을 얻게 하옵시며 문수보살의 큰지혜를 얻게 하시고 보현보살의 광대한 행원으로 넓고 넓어 가이없는 지장보살 원력 같이 관세음보살님의 삼십이응신의 몸을 나투어서 시방세계 어디든지 중생들을 제도하며 나의 이름 듣는이는 삼도의 괴로움을 모두 여의고 나의 모습 보는이는 생사번뇌 해탈하게 하소서 이와같이 원을 세워 무량중생 제도하니 필경에는 중생 없는 세상 이루워지이다 원하오니 용과하늘 팔부호법금강신중들은 나의몸을 옹호하여 일시라도 뜨지말고 괴로움을 당하여도 근심걱정 없게하며 이와같은 대서원을 이뤄지게 하옵소서

⑤ 낙심하지 말 것
아무 생각도 말고 기다리면 기다림으로 어둠은 빛이 된다.

2. 기도생활을 하면 좋은 점

(1) 마음이 편안하다.

각박한 세상에 살면서 여러 가지로 괴롭고 답답하고 근심걱정 속에 살아가고 있습니다. 신심 없는 사람들은 근심 걱정 번민에 시달린다. 그러나 기도하는 사람은 부처님의 대한 믿음과 부처님의 자비가 마음 속에 가득히 넘치기 때문에 얼굴이 환해지고 행동에 안정감이 있으며 마음은 편안한 상태로 잘 살 수 있습니다.

(2) 부처님을 가피를 입을 수 있다.

생활 속에 부처님을 믿음으로써 어려움이 변하여 도리어 복으로 바뀔 수 있는 것 입니다. 전생의 업장으로 나쁜 사람을 만나서 고통을 겪어야 될 인과인데도 약하게 받을 수 있고 어느 장소 어디를 가나 서로 도와주려는 사람이 많이 나타나 모든 일이 술술 잘 풀릴 수 있습니다. 부처님 가피를 빨리 입고 싶으신 분은 많은 생에 알고 지은 죄, 모르

고 지은 죄, 크게 지은 죄, 작게 지은 죄, 남을 시켜 지은 죄, 어쩔 수 없이 지은 죄 등을 참회하여야 합니다. 참회라는 것은 자기반성입니다. 자기 힘으로는 녹일 수 없기 때문에 불보살님의 명호를 부르며 간절히 절을 하면서 기도하면 부처님 가피를 반드시 입을 수 있습니다. 안 하던 분은 한 번 해보십시오. 집에서 하던, 절에서 하던, 시간과 장소가 허락되는 곳에서 1단계로는 3일 정도, 2단계로는 1주일 정도, 그리고 조금 쉬었다가 3단계는 21일 정도, 그 다음엔 4단계 49일 정도, 그리고 마지막 5단계는 100일 기도의 순서로 하면서 지루하지도 않고 목적의식을 달성할 수 있습니다. 1단계에서 5단계까지 100일을 성공했으면 쉬었다가 또 하고 싶을 때는 2차로 5단계까지 마치면 그 다음에는 3차까지 5단계, 1년에 1차씩 3년 안에 3차를 성공시키면 1000일기도를 성취하는 것입니다. 금생에 한 번 정도는 원을 세우고 해볼 필요가 있는 것입니다.

② 기도는 부처님 법을 확실히 믿기 때문에 중생이 자기 힘으로 안 될 때 타력적인 불보살의 가피를 받기 위하여 하는 것입니다. 「업장이 무거운 나는 현실에서 처한 이 일을 혼자 힘으로는 해결할 수 없습니다. 어린 아이가 혼자 힘으로 크지 못하고 부모님의 도움이 필요한 것처럼 저는 어린아이와 같습니다. 부처님은 저의 부모님과 같으니 간절히 염원하오니 꼭 불보살의 신통력으로 도와주시기 바랍니다.」 이런 뜻으로 대부분이 하고 있습니다.

③ 꾸준한 기도
우리 주변에는 탁한 기운이 있고 맑은 기운이 있습니다. 탁한 기운은 나쁜 기가 많은 것을 말하고 맑은 기운은 좋은 기운을 말하는 것입니다. 기도라는 것은 나쁜 기운을 좋은 기운으로 바꾸는 데 있습니다. 나쁜 기운이 많으면 나쁜 일이 생기고 좋은 기운이 많으면 좋은 일이

생기기 때문에 꾸준히 나쁜 기운을 좋은 기운으로 바꾸는 것이 기도
인 것입니다. 좋은 기운은 더 좋은 기운으로 유지시키고 나쁜 기운은
완전히 소멸시키도록 노력하는 것이 중요한 것입니다. 물도 흐르는
물은 썩지 않지만 멈춘 물은 썩는 것처럼 우리 주변에 답답한 기운이
많은 것은 나쁜 기운이 있다는 뜻입니다. 편안하고 안정적이고 좋은
기운이 많으면 흘러가는 물처럼 맑은 기가 많기 때문입니다. 기가 고
여있는 데 나쁜 기운이 많은 장소에서 자기 몸도 나쁜 기운이 가득차
있으면 몸이 찌뿌둥하고 병을 만나기가 쉬운 이치인 것입니다.

산사에 가면 맑은 물소리, 맑은 공기에 은은한 풍경소리, 새소리,
염불소리 모두가 마음이 맑아지고 좋은 기운이라는 것을 느끼는데 중
환자실이나 병원 영안실에 가면 어둡고 침침하고 답답하고 있기 싫지
만 있어야만 되는 것을 누구나가 체험해봤을 것입니다. 왜 산사와 병
원은 이렇게 다를까요? 그것이 기의 작용이라는 것입니다. 새 옷을
입으면 기분이 좋고 더러운 옷을 오랫동안 입으면 냄새도 나고 찜찜
합니다. 왜 그럴까요? 기분전환이 되기 때문입니다. 더러운데 기분전
환이 될 수가 없는 것입니다. 이렇게 간단한 이치인데 기가 눈에 보이

지 않는다고 없다고 하는 것은 옳은 것이 아닙니다. 눈에 보이지 않지만 기가 있기   때문에 기를 바꾸는 것이 기도인 것입니다. 기도를 안 하던 사람이 하게 되면 반드시 효과를 보는 것입니다. 자, 한 번 신심을 내서 기도 한 번 해 보시기 바랍니다.

나쁜 기는 배척하고 좋은 기는 당겨야 하는데, 이는 결코 쉬운 일이 아닙니다. 신념이 약하고 마음이 탁하면 구천을 떠도는 탁한 영혼들이 몸속 구석구석을 차지해 잡신의 영향을 받으며 살아갈 수도 있다는 것입니다. 심한 경우는 마음속에 누군가 있는 것 같고, 자신을 조절하는 능력이 떨어지며, 누군가 내 머릿속에서 뭐라고 말하는 것 같은 느낌이 들고, 자신의 의지와 상관없이 이상한 행동을 하는 사람은 나쁜 영혼의 기운을 받아서 자기 의지와 상관없이 행동할 수 있다는 것입니다. 이런 경우에는 본인이 기도하기는 힘듭니다. 대신 가족이 간절하게 기도를 하면 효과를 볼 수 있습니다. 직접 하는 것과 간접으로 하는 것은 비유를 들면 이런 것입니다. 술이 많이 취해서 운전을 할 수가 없는데 운전하게 되면 사고를 내게 됩니다. 그러나 누군가 대신 운전을 해주거나 대리운전을 불러 차를 몰게 되면 안전하게 목적지까지 올 수 있는 것과 똑같은 이치입니다.

영가들 세계에서도 간절한 염력으로 기도를 해주시게 되면 통할 수 있다는 것입니다. 물방울이 한방울, 두방울 떨어질 때는 별 것 아닌거 같지만 밤새도록 떨어지는 물방울을 받으면 엄청나게 양이 많은 것처럼 한 번 기도는 효과가 없어 보이지만 시간이 지나면 반드시 효과를 볼 수 있다는 것입니다. 맑은 사람은 더 맑아지고 탁한 사람은 맑아지고 조석으로 부처님께 예불기도만 하더라도 반드시 가피가 있는 것입니다.

기도의 첫 단계를 어렵게 생각하지 마시시오. 부처님께 예불하는 것부터 시작입니다.

- 예불

계향 · 정향 · 혜향 · 해탈향 · 해탈지견향
온 누리에 광명 가득하신
시방에 무량한 불 · 법 · 승께 공양합니다.

헌향진언
옴 바아라 도비야 훔(3번)

지극한 마음으로
삼계의 스승이시며 사생의 어버이이신
석가모니 부처님께 귀명합니다.

지극한 마음으로
시방삼세에 항상 계신
모든 부처님께 귀명합니다.

지극한 마음으로
시방삼세에 항상 계신
부처님의 가르침에 귀명합니다.

지극한 마음으로
대지 문수사리보살 ·
대행 보현보살 ·
대비 관세음보살 ·
대원본존 지장보살님께
귀명합니다.

지극한 마음으로
불법을 부촉받으신
십대제자·십육성·
오백성·독수성내지
천이백 아라한과 모든 성인들게 귀명합니다.

지극한 마음으로
법등을 밝혀오신
천하 조사·종사와
선지식께 귀명합니다.

지극한 마음으로
시방삼세에 항상 계신
덕 높으신 스님들께 귀명합니다.

오직 원하옵나니
다함 없는 삼보께서는 저희 예배를 받으사
은은히 가피하시되
모든 중생을 성불케 하여지이다.

(3) 기도하는 수칙

① 불보살님께 솔직하게 과거생의 잘못을 참회하고 금생에는 다시
는 나쁜 악업을 짓지 않겠다고 다짐을 하며 원하는 모든 일이 잘
성취하면 부처님께 반듯이 큰 시주를 하겠다고 맹세를 하면 이루
어질 확률이 높습니다.

② 허공계에도 전생에 살았던 기록이 인간세상처럼 정확하게 되어 있기 때문에 금생에 위에 ①번과 같은 또 원을 세우더라도 잘 안 되는 이유는 약속을 지키지 않은 것이 기록되어 있게 되면 너는 전생에도 너만 편한 대로 이익을 보고 불법승 삼보에게는 큰 시주를 한다고 하고 약속을 지키지 않았으니 이제 더 이상 너는 허공계의 신용거래 불량자로 등록되어 있기 때문에 간절히 기도한다 하더라도 이제는 더 이상 속지 않는다고 이렇게 되어 있다면 그 규제가 풀릴 때 까지는 절대로 아무리 기도를 하더라도 타력은 되지 않고 자력으로 노력해야 되는 것입니다. 사람도 사람끼리 신용이 있어야 되는 것처럼 불보살님의 세계에도 신용을 얻어야 되는 것입니다. 그런데 약속을 자꾸 어기게 되면 어찌 믿어. 누굴 믿

어. 더는 못 믿어. 이렇게 블랙리스트에 올라가게 되면 금생에 아무리 열심히 기도로 노력하여 성취하고 싶어도 안 되는 것입니다. 그러니 이럴 때는 자기 잘못을 솔직히 비는 것이 참회이고 그 다음에 한번만 더 기회를 달라고 다시는 전생과 같은 약속 인과는 하지 않겠다고 다짐을 하고 원력을 세워서 기도하면 허공이 감흥해서 블랙리스트에서 빠져 나올 수 있다는 것입니다.

부모님이 돌아가셨을 때의 기도

안타깝게도 부모님이 안 계실 때는 살아서 못 다한 효도를 지금이라도 열심히 불법을 믿고 실천하고 노력해서 허공계에 계시는 부모님들이 꼭 왕생극락하기를 간절히 발원하는 뜻으로 연지 대사 왕생극락 발원문을 한 독씩 해주는 것이 산 사람에게도 좋고 돌아가신 부모님을 위해서도 아주 좋은 발원문입니다.

연지 대사 왕생 극락 발원문

극락 세계에 계시오며 중생을 이끌어 주시는 거룩하신 아미타부처님께 귀의하옵고 돌아가신 저희 부모님이 극락세계에 왕생하기를 발원합니다.

자비하신 원력으로 굽어 살펴 주옵소서.

저희들이 네 가지 은혜로운 삼계 중생들을 위해 부처님의 위없는 도를 이룩하려는 정성으로 아미타불의 거룩하신 명호를 일컬어 극락 세계에 가서 나기를 원하나이다.

업장은 두텁고 복과 지혜 부족하고 마음은 더러움에 물들기 쉽고 공덕 이루기 어려운 것을 부처님 앞에서 지극한 정성으로 예불하고 참회하나이다.

저희들이 끝없는 옛적부터 오늘에 이르도록 몸으로 입으로 또 마음으로 한량없이 지은 죄를 모두 녹여 버리고 오늘부터 서원 세워 나쁜 짓 멀리하여 다시 짓지 아니하고 보살도를 항상 닦아 물러나지 아니하며 깨달음을 이루어서 일체중생을 제도하기를 발원하옵니다.

아미타부처님이시여, 가피주시어 선정에서나 꿈 속에서나 아미타불을 친견하기를 원을 세웁니다. 다겁생 내의 죄업장은 소멸되고 착한 신심은 자라나며 무명번뇌는 없어지이다.

이 목숨 마치는 임종의 순간에 선정에 드는 것처럼 편안하게 미소속에 생을 마치게 하옵소서. 임종 시에 아미타불께서 관세음보살·대세지보살 두 보살과 팔부호법 금강신장을 거느리고 광명 놓아 맞으시며 높고 넓은 누각들과 아름다운 깃발들과 맑은 향기, 고운 음악, 거룩한 극락 세계로 왕생하게 발원하옵니다.

칠보로 된 연못 속에 상품 상생 구품연대 아미타불 위없는 미묘한 법문 듣고 무생 법인 깨치고서 아미타불 친견하고 마정수기를 받아 삼신, 사지, 오안, 육통, 백천 다라니와 온갖 공덕을 원만하게 이루어지이다.

극락에서 나온 후에 사바 세계에 다시 돌아와 한량없는 분신으로 시방 국토 다니면서 여러 가지 신통력과 가지가지 방편으로 무량 중생 제도하여 지이다.

세계가 끝이 없고 중생이 끝이 없고 번뇌 업장 모두 끝이 없기에 저의 서원도 끝이 없나이다. 저희들이 지금 예불하고 발원하오니 유정무정 사생육도 법계 일체중생 모두 극락세계 왕생하기를 발원하옵니다.

기도의 종류

① 일일기도

항상 생활 속에서 끊임없이 부처님을 잊지 않고 산 사람에게 모든 것을 보고하는 것처럼 대자대비한 부처님께 하루의 일과를 시작하기 전에 보고하고 하루 중에 자기 힘으로 판단을 못 내리는 일이 있으면 '부처님이시여, 이럴 땐 어떻게 하는 것이 지혜로운 판단입니까?'라고 잠시라도 부처님을 생각하고 마음속으로 석가모니불 정근을 열 번만이라도 한다든지, 아니면 관세음보살을 열 두 번이라도 한다면 맑은 마음이 되어 현명한 판단을 내릴 수 있습니다.

현실 속의 기도이고, 하루 일과가 끝나게 되면 '부처님 덕에 사건 사고 없이 무사히 하루를 보내고 포근한 잠자리에 들게 해 주셔서 너무나 감사합니다. 밤에 잠 잘 때는 부처님이 지켜주셔서 편안히 잘 자서 밤사이에 내일 일할 에너지를 충전하고 다시 활기찬 하루를 시작하기 위하여 잠은 자지만 나의 마음은 본래 자는 바가 없기 때문에 꿈속에서도 부처님을 잊지 않고 잠이 들게 해 주십시오.' 이런 마음으로 하루를 보내는 일일 기도도 신심 있는 불자들에게는 좋은 방법입니다.

업장이 너무 무거워 될 일도 안 되고 하는 것 마다 손재수가 나고 항상 관재구설수 구박받고 누명쓰고, 핍박받는 사람들은 많은 생에 지은 업장이 무거워서 생기는 일이니 일단 모든 일이 잘 되려면 업장이 녹아야 일이 잘 풀리는 것입니다. 그러기 위해서는 백팔대참회문을 한 번 읽고 한 번 절하고 하는것을 원칙으로 합니다. 그러나 시간이 없어 바쁜 사람들은 절은 못하더라도 술술술 천수경 한 독 외우는 것 처럼 모든 불보살님께 간절한 정성으로 독송만 하더라도 할량없는 공덕을 짓기 때문에 참회가 되는 것입니다. 백팔대참회문을 한 독씩이라도 꼭 읽는 습관을 들이는 것이 일일기도의 방법입니다. 업이 녹아야 고3 수험생도 수능점수가 잘 나오는 것입니다. 그냥 고득점 발원을 한다고 되는 것이 아니고 전생업장을 녹여야 머리가 맑고 지혜가 있어 시험 문제가 잘 풀어지는 것입니다. 업장에 가려져 있으면 자기가 열심히 노력하고 배웠던 문제는 나오지 않고 공부하지 않은 엉뚱한 문제가 나옵니다. 설령 공부를 했다 하더라도 시험지를 받아두면 눈이 캄캄하고 문제가 어렵게 느껴지고 풀지 못하는 것도 업장 때문입니다. 수험생도 뜻을 알던 모르던 한 독씩 하면 좋습니다. 그리고 사업을 하려고 하는 사람도 업장부터 녹아야 사업이 술술 풀리지 그냥 자기 마음만 가지고 하면 안 됩니다.

　이 세상에는 나쁜 사람도 반이고 좋은 사람도 반입니다. 나쁜 사람을 만나지 않는 기도가 바로 백팔참회기도인 것입니다. 악인원리 귀인상봉, 악한 사람 만나지 말고 자기를 도와줄 귀한 귀인을 만나야 성공하는 것입니다. 그것도 백팔대참회문입니다. 실업자가 취업을 해야 하는데 취업이 안 되는 것도 다겁생의 업장 때문인 것입니다. 업장을 소멸하고 나면 여기저기서 취직자리가 나와서 취직이 잘 되는 것입니다. 업은 녹이지 않고 생각으로만 자기의 실력으로만 취직하려고 하면 잘 되지 않는 것입니다.

　사람 때문에 고통을 겪고 괴로움을 겪는 사람들도 다 업장때문인 것입니다. 백팔대참회문을 꼭 읽은 것을 습관을 들이고 천독만 하게 되면 서서히 앞길이 열릴 것입니다. 천독해서 안 되면 만독을 목적으로 한 번 해보십시오. 하루 세 독씩, 한 달이면 90번이고, 1년이면 천독이 넘습니다. 십년만 하면 만독인 것입니다. 만독을 하고도 달라진 것이 없다면 부처님이 중생을 속인 것이나 마찬가지입니다. 그러나 불교는 노력하는 것만큼 반드시 가피가 있고 영험이 있는 것이기 때문에 한 번 믿고 해보십시오. 좋은 성과가 있을 것입니다.

  이산선사 발원문은 원력을 세우는 발원문입니다. 알기 쉬우면서도 뜻이 깊고 은은하면서도 강한 느낌이 들며 나날이 신심이 생기는 아주 좋은 발원문입니다. 바쁘게 사는 사람들이 뜻을 알던 모르던 한 독정도 하시면 무병장수하고 다겁생에 업장소멸이 빠른 것입니다. 그리고 숨만 떨어지면 다음 생입니다. 많이 하면 내세에 불법 만나고 때문지 않고 어린 나이나 일찍 불법 만나 수행할 수 있는 좋은 발원문이기 때문에 권하고 싶습니다.

이산선사 발원문

시방삼세 부처님과 팔만사천 큰법보와 보살성문 스님네게 지성귀의 하옵나니
자비하신 원력으로 굽어살펴 주옵소서.
저희들이
참된성품 등지옵고 무명속에 뛰어들어
나고죽는 물결따라 빛과소리 물이들고

심술궂고 욕심내어 온갖번뇌 쌓았으며 보고듣고 맛봄으로 한량없는 죄를지어
잘못된길 갈팡질팡 생사고해 헤매면서 나와남을 집착하고 그길만을 찾아다녀
여러생에 지은업장 크고작은 많은허물 삼보전에 원력빌어 일심참회 하옵나니
바라옵건대

부처님이 이끄시고 보살님네 살피시어 고통바다 헤어나서 열반언덕 가사이다.
이세상에 명과복은 길이길이 창성하고 오는세상 불법지혜 무럭무럭 자라나서
날적마다 좋은국토 밝은스승 만나오며 바른신심 굳게서고 아이로서 출가하여
귀와눈이 총명하고 말과뜻이 진실하며 세상일에 물안들고 맑은행실 닦고닦아

서리같은 엄한계율 털끝인들 어기리까. 점잖은 거동으로 모든생명 사랑하며
이내목숨 버리어도 지성으로 보호하리. 삼재팔난 만나잖고 불법인연 갖추오며
반야지혜 드러나고 보살망므 견고하여 제불정법 잘배워서 대승진리 깨달은뒤
육바라밀 행을닦아 아승지겁 뛰어넘고 곳곳마다 설법으로 천겁만겁 의심끊고

마군중을 항복받고 삼보를 잇사올제 시방제불 섬기는일 잠깐인들 쉬오리까.
온갖법문 다배워서 모두통달 하옵거든 복과지혜 함게늘어 무량중생 제도하며
여섯가지 신통얻고 무생법인 이룬뒤에 관음보살 큰자비로 시방삼세 다니면서
보현보살 행원으로 많은중생 건지올제 여러가지 몸을나퉈 미묘법문 연설하고

지옥아귀 나쁜곳엔 광명놓고 신통보여 내모양을 보는이나 내이름을 듣는이는
보살마음 모두내어 윤회고를 벗어나되 화탕지옥 끓는물은 감로수로 변해지고
검수도산 날선칼날 연꽃으로 화하여서 고통받던 저중생들 극락세계 왕생하며
나는새와 기는짐승 원수맺고 빚진이들 갖은고통 벗어나서 좋은복락 누리이다.

모진질병 돌적에는 약풀되어 치료하고 흉년드는 세상에는 쌀이되어 구제하되
여러중생 이로운일 한가진들 빼오리까 천겁만겁 내려오던 원수거나 친한이나
이세상의 친속들도 누구누구 할것없이 얽히었던 애정끊고 삼계고해 벗어나서
시방삼세 중생들이 모두성불 하여지이다. 허공끝이 있아온들 이내소원 다하리까

유정들도 무정들도 일체종지 이뤄지이다. 나무 서가모니불.
나무 서가모니불. 나무 시아본사 서가모니불.

① 새벽 기도

불교 새벽기도는 우주의 기운이 가장 맑은 새벽3시에서 5시 까지 2
시간 하는 것이 아주 영험있고 효과적이라고 천년전부터 내려오는 비
법입니다. 가급적이면 이 시간에는 염불로 독경으로 할 수 밖에 없는
사람은 말리지 않겠지만 참선할 줄 아는 사람은 새벽에는 참선 속에
다 기도가 들어있는 것이기 때문에 말하지 말고 앉아서 참선으로 화
두를 잡는 것이 큰 기도입니다. 그러나 이런 법을 모르는 불자들은 천
수경을 읽던지 금강경을 읽던지 자기가 알아서 자기 식으로 하더라도
상관없습니다. 사경을 해도 마찬가지고 다만 참선법이 좋은법이니까
참선하는 것으로 조금이라도 시간을 늘리는 것이 좋은 새벽기도일 것
입니다.

③ 불교에서의 철야 기도

철야 기도는 잠을 자지 않고 밤을 새워 하는 기도인데 사람은 낮에

에너지가 다 방전되어 있기 때문에 밤에는
충전을 해야 되는 시간입니다. 그런데 낮에
도 밤에도 방전만 하면 몸이 견딜 수가 없는
것입니다. 그래서 밤에 철야기도를 하려고
마음을 먹을 때는 낮에 낮잠을 자던지 아니
면 휴식을 충분히 취하고 나서 건강한 상태
에서 밤에 철야 기도를 하는 것이 올바른 것
입니다. 그래야 만이 몸이 견디는 것인데 사
람들은 자기 몸 돌보지 않고 낮이나 밤이나
불심이 깊으면 기도로서 끝장을 내려고 하는 분들이 더러 있습니다.
신심이 있게 되면 정신력으로 육체를 지배하는 것은 사실입니다.

　불교에서 철야기도는 공식적으로 하라고 시키지는 않습니다만 주로
성도재일 전후로 일주일간 철야기도를 음력 12월 1일부터 8일까지 하
는 경우가 있습니다. 일주일을 못하게 되면 12월 7일에서 8일로 넘어
가는 밤 하룻밤 만이라도 철야 기도로 정근을 하던지 다라니를 하던
지 독송을 하던지 절을 하던지 하는데 사실 이날은 부처님이 참선으
로 도를 통한 날이기 때문에 밤새도록 참선을 해야 원칙인 것입니다.

　참선과 기도의 다른 점은 참선은 구하는 바가 없고 바라는 바가 없
으며 오직 나는 왜 태어나서 왜 살아야 되고 왜 죽어야 되는가... 나
의 몸은 부모님들이 만들어 주었지만 나의 마음은 왜 생겼으며, 이 마
음이 과연 무엇인가... 이렇게 화두를 하는 것이 참선법입니다. 그러
나 타력적인 기도는 자기 마음 이외에 절대적인 불보살의 가피가 있
다고 믿기 때문에 타력적으로 불가사의한 힘을 받기 위하여 기도를
하는 것입니다. 낮보다 기운이 밤에 잘 통하기 때문에 철야기도를 하
던 사람들은 낮에는 자고 밤에 움직이는 경우가 있습니다.

　스님들은 하루 일과 시간표 대로 움직이기 때문에 밤 9시에 취침,
새벽 3시 기상을 목적으로 하기 때문에 일반 불자들은 자기 마음대로

생체리듬과 상관없이 시간표, 일과표와 상관없이 기도를 한다고 할 수 있는 것입니다. 밤에는 낮과 달리 귀신도 움직이고 신들이 움직이는 시간이 틀림없습니다. 그래서 철야기도를 잘못하면 무언가가 붙는 사람들도 가끔 있습니다. 효과도 있지만 철야참선정진을 화두를 생명으로 하는 것은 권할 수 있지만 일반 기도를 밤에 하는 것은 개인의 건강과 능력에 따라 알아서 하시기를 바랍니다.

㉮ 철야 기도할 때 주의할 점

밤에 산에서나 법당에서 기도할 때는 추위에 준비해야 됩니다. 너무 추우면 몸에 냉기가 들어가서 뼈속까지 찬기운을 느끼면 감기가 걸리고 노화가 빨리 오기 때문에 가급적이면 몸을 너무 차게 하지 말고 쉬어 가면서 보온병에 더운물이나 차를 한두잔씩 마시면서 적당히 하는 것이 좋습니다. 헛것이 보이거나 소리가 들리는 것은 낮에 체력이 떨어져 있는데 몸이 지친 상태에서 자기 정신이 혼미할 때 일어날 수 있는 현상이기 때문에 그런 경계에 현혹되지 말고 정상적인 상태에서 기도를 해야 됩니다. 신비스러운 현상을 바라지도 말고 기적과 같은 일이 밤 사이에 일어나도록 요행 수를 바래도 안됩니다. 바른 생각으로 바른 기도를 해야 바른 신장이 보호하는 것이지 사된 생각으로 요행수의 기도를 하는 것은 올바른 것이 아닙니다.

예를 들어서 밤새도록 로또 복권 몇장 사서 당첨되기를 바란다던지 자기 주식 오르기를 염력을 넣으면서 한다던지 능력없는 수험생 무조건 일류대학 합격하기를 바란다던지 경쟁이 심해서 구조적으로 운영이 안되는 사업을 일시에 경쟁업자 다 망하고 자기혼자 독점해서 돈 벌겠다고 망상으로 남 망하고 자기 잘되는 식의 기도를 한다던지 하는 것은 옳은 것이 아닙니다. 자기가 처녀이면 총각을 사랑하고 좋아하니 백년가약 혼사가 성취되길 바라는 기도를 하는 것은 정상이지만 처녀가 유부남을 좋아하면서 남의 가정이 폭삭 망하게 하고 자기한테

와서 이혼한 후 결혼하게 해달라는 기도는 올바른 것이 아닙니다.

피해자가 나오면서 무슨 사랑입니까? 나쁜 업을 짓고 감옥에 갔는데 벌을 조금 받고 빨리 석방되기를 바라는 기도도 옳은 것은 아닙니다. 죄를 지었으면 받아야지 어떻게 나쁜일을 할 때마다 기도해서 빨리 석방되기를 바라면 나라의 법이 무슨 필요가 있습니까? 원리원칙대로 국법을 잘 지키는 사람이 바른 생각으로 기도를 해야 올바른 것이지 국가법을 어기고 허공계에서 자기 개인 부탁기도를 밤새도록 철야로 한다고 성취되기를 바라는 것은 바른 정법 기도가 아닌 것입니다. 또한 신통력을 얻기 위하여 밤새도록 능엄주를 하거나 신묘장구대다라니를 열심히 기도하여 신비스런 힘을 얻어 병을 고칠 수 있는 능력을 얻어 사람들을 치료하여 돈벌려고 하는 기도도 틀린 것입니다. 또는 아는 소리 하기 위하여 미래를 말하고 꿈을 해석하고 이렇게 해서 남들이 자기 주변에 몰려오도록 하는 것도 삿된 기도인 것입니다.

대부분 낮보다 밤에 철야기도하는 사람들의 수준이 주간하고는 달리 야간에는 스님들의 통제를 받지 않기 때문에 자기 멋대로 묻지마식 철야기도하는 보살님들이 많이 있습니다. 또한 신들린 사람들도 있고 산에 산신 기운을 받겠다고 산신기도하는 경우도 있습니다만 기도 중에 진짜 정법기도는 화두 속에 기도가 들어있다는 것을 믿고 참선으로 밤을 세우는 철야정진 기도만이 올바른 기도인 것입니다.

영가를 위한 기도

영가여, 이 세상에 태어날 때 어느 곳에서 왔으며, 이 세상을 하직하고서는 이제 어느 곳을 향해 가십니까?

태어나는 것은 허공에 한조각 구름이 일어남이요, 죽는 것은 한조각 구름이 사라지는 것과 같습니다. 구름 자체는 실체가 없는 것, 생사거래도 또한 이와 같습니다. 그러나 생사거래에 상관없는 아뢰야식이 있어, 온갖 이름이나 모양에서 벗어났으므로 밝고 고요하고 청정함이 뚜렷이 드러나 생사를 따르지 않습니다.

영가여, 이 도리를 분명히 아십시오. 이러한 도리를 알고자 한다면, 허공처럼 마음을 텅비워 청정하게 하십시오. 번뇌와 망상을 떨쳐버리면 마음내키는 일마다 거리낌이 없을 것입니다.

영가여, 지금 내가 하는 이 말을 보고 들으십니까? 분명히 보고 듣는다면, 보고 들을 줄 아는 그것이 무엇인지 살펴보십시오. 참된 진짜 마음은 본래 불성을 갖추어져 둥근 보름달 같고 일천 해가 눈부시게 빛을 발하는 것 같습니다.

이제 허망하고 덧없는 육신을 벗어버리고 금강석처럼 견고해서 무너지지 않을 참 법신의 몸을 얻었습니다. 청정한 법신에는 안팎이 없으니 육신의 생사 또한 지난밤 꿈과 같은 것입니다.

영가여, 이러한 이치를 알아듣겠습니까?

서산으로 지는 해는 동녘에 다시 솟아오르고, 동녘에서 솟은 달은 반드시 서산으로 기웁니다.

영가여,

이 다음 생에는 부디 금강석처럼 튼튼한 몸을 받아 금생에 못다이룬 뜻을 원만히 이루소서, 서방정토 아미타불께서 오늘 당신을 맞이하시니 열반의 기쁨을 누리소서.

대자대비하신 아미타불께 발원하옵니다.

아미타 부처님이시여, 오늘의 이 인연공덕으로 영가가 생전에 못다한 공덕이 원만해지고, 생전에 지은 허물이 소멸되어 정토에서 왕생하도록 이끌어 주옵소서.

오늘 일로 인하여 저희들 모두가 인생의 무상함을 느끼고, 하루하루의 생활을 착실히 쌓아 나가도록 이끌어 주시며, 오늘 영가로 하여금 금생에 못 다한 일에 대하여 미련을 가지지 않도록 보살펴 주옵소서.

　자비하신 아미타불이시여, 그리고 오늘의 유족들이 영가께서 남기신 삶의 의지를 본받아 부처님 품안에서 착실한 믿음에 근거하여 자신들 생업을 스스로 가꾸어 나갈 줄 알게 해 주시고, 그 유족들의 슬픔을 거두시어 이 다음 부처님 곁에서 다시 만나뵙는 길이 어디에 있는가를 알도록 해 주옵소서. 이 생에서는 행복을, 내생에서는 번뇌 없는 해탈을 누리는 불자가 되도록 이끌어 주옵소서. 나무아미타불! 관세음보살!!

　산 사람은 몸이 있고 마음이 있지만 죽은 사람은 몸이 없고 마음만 있습니다. 그래서 영가입니다. 영혼을 위해서 삼천독만 해주면 깨달음을 얻을 수 있고 해탈할 수 있다는 것입니다. 하다보면 나중에 자기가 미래의 영가가 된다는 것을 알 수 있을 것입니다. 그래서 이 영가 발원문을 하게 되면 대부분 속이 시원하다고 합니다. 시원하다는 것은 업장이 소멸되었다는 것입니다. 누구나가 한번 삼천독을 해보십시오. 반드시 부처님 가피가 있을 것입니다.

─ 영가 발원문(靈駕 發願文)

영가시여　저희들이　일심으로　참선하니
무명업장　소멸하고　반야지혜　드러내어
생사고해　벗어나서　해탈열반　성취하사
극락왕생　하옵시고　모두성불　하옵소서

사대육신　허망하여　결국에는　사라지니
이육신에　집착말고　참된도리　깨달으면

모든고통　벗어나고　부처님을　친견하리

살아생전　애착하던　사대육신　무엇인고
한순간에　숨거두니　주인없는　목석일세
인연따라　모인것은　인연따라　흩어지니
태어남도　인연이요　돌아감도　인연인걸
그무엇을　애착하고　그무엇을　슬퍼하랴

몸뚱이를　가진자는　그림자가　따르듯이
일생동안　살다보면　죄없다고　말못하리
죄의실체　본래없어　마음따라　생기나니
마음씀이　없어질때　죄업역시　사라지네
죄란생각　없어지고　마음또한　텅비워서
무념처에　도달하면　참회했다　말하리라

한마음이　청정하면　온세계가　청정하니
모든업장　참회하여　청정으로　돌아가면
영가님이　가시는길　광명으로　가득하리
가시는길　천리만리　극락정토　어디인가
번뇌망상　없어진곳　그자리가　극락이니
삼독심을　버리고서　부처님께　귀의하면
무명업장　벗어나서　극락세계　왕생하리
제행은　　무상이요　생자는　　필멸이라
태어났다　죽는것은　모든생명　이치이니
임금으로　태어나서　온천하를　호령해도
결국에는　죽는것을　영가님은　모르는가

영가시여 어디에서 이세상에 오셨다가
가신다니 가시는곳 어디인줄 아시는가

태어났다 죽는것은 중생계의 흐름이라
이곳에서 가시면은 저세상에 태어나니
오는듯이 가시옵고 가는듯이 오신다면
이육신의 마지막을 걱정할것 없잖는가
일가친척 많이있고 부귀영화 높았어도
죽는길엔 누구하나 힘이되지 못한다네

맺고쌓은 모든감정 가시는길 짐되오니
염불하는 인연으로 남김없이 놓으소서
미웠던일 용서하고 탐욕심을 버려야만
청정하신 마음으로 불국정토 가시리라
삿된마음 멀리하고 미혹함을 벗어나야
반야지혜 이루시고 왕생극락 하오리다

본마음은 고요하여 옛과지금 없다하니
태어남은 무엇이고 돌아감은 무엇인가
부처님이 관밖으로 양쪽발을 보이셨고
달마대사 총령으로 짚신한짝 갖고갔네
이와같은 높은도리 영가님이 깨달으면
생과사를 넘었거늘 그무엇을 슬퍼하랴
뜬구름이 모였다가 흩어짐이 인연인듯
중생들의 생과사도 인연따라 나타나니
좋은인연 간직하고 나쁜인연 버리시면
이다음에 태어날때 좋은인연 만나리라

사대육신 흩어지고 업식만을 가져가니
탐욕심을 버리시고 미움또한 거두시며
사견마저 버리시어 청정해진 마음으로
부처님의 품에안겨 왕생극락 하옵소서

돌고도는 생사윤회 자기업을 따르오니
오고감을 슬퍼말고 환희로써 발심하여
무명업장 밝히시면 무거운짐 모두벗고
삼악도를 뛰어넘어 극락세계 가오리다
이세상에 처음올때 영가님은 누구셨고
사바일생 마치시고 가시는이 누구신가
물이얼어 얼음되고 얼음녹아 물이되듯
이세상의 삶과죽음 물과얼음 같으오니
육친으로 맺은정을 가벼웁게 거두시고
청정해진 업식으로 극락왕생 하옵소서

영가시여 사바일생 다마치는 임종시에
지은죄업 남김없이 부처님께 참회하고
한순간도 잊지않고 부처님을 생각하면
가고오는 곳곳마다 그대로가 극락이니
첩첩쌓인 푸른산은 부처님의 도량이요
맑은하늘 흰구름은 부처님의 발자취며
뭇생명의 노래소리 부처님의 설법이고
대자연의 고요함은 부처님의 마음이니
불심으로 바라보면 온세상이 불국토요
범부들의 마음에는 불국토가 사바로다

애착하던 사바일생 하룻밤의 꿈과같고
나다너다 모든분별 본래부터 공이거니
빈손으로 오셨다가 빈손으로 가시거늘
그무엇에 얽매여서 극락왕생 못하시나

저희들이 일심으로 독송하는 진언따라
지옥세계 무너지고 맺은원결 풀어지며
아미타불 극락세계 상품상생 하옵소서
아미타불 본심미묘진언
「다냐다 옴 아리다라 사바하」(3번)

고왕경 독송기도

  사람은 살다가 너무나 급하게 해결해야 될 일이 터지게 되어 있습니다. 그럴 때는 어디서 어떤 기도를 해야 되느냐고 묻는 경우가 많이 있습니다. 조선시대 때부터 왕실에서도 위급할 때는 관세음 보살님의 가피력을 빌려야 해결 되기 때문에 고왕경을 많이 권했습니다. 급할 때는 신심있는 왕들도 했다는 것이 고왕경입니다. 나라의 수재, 풍재, 화재, 병란, 전쟁 등 우환이 국가 차원으로 들게 되면 유교를 국가 정책으로 믿으면서도 불심있는 임금님들이나 왕비들은 고승들의 권하는 고왕경을 통해서 영험을 많이 보았다고 합니다. 그리고 일반인들도 고왕경을 십만독 정도를 해서 가피를 입었다는 이야기들이 우리 주변에서 많이 들립니다. 고왕경은 급할 때 쓰는 진통제와 같은데 특히 관재구설수로 형사

사건이든 민사사건이든 송사가 붙게 되면 법정으로 왔다갔다 해야되고 판사의 판결이 중요하기 때문에 꿈가운데서라도 판사의 마음을 움직일 수 있는 눈에 보이지 않는 힘이 고왕경에는 있다고 합니다.

어떤 보살님 아들이 잘못 보증을 서서 강남의 집한 채가 차압에 붙고 집이 날아가게 되었습니다. 친구가 유령회사를 차려서 이사로 들어갔는데 고의적으로 회사가 부도를 냈기 때문에 피해자가 이사의 재산을 압류시킨 것입니다. 이름만 빌려줬을 뿐인데 돈도 많이 띄였는데 집까지 압류가 된다는 것이 너무 억울해서 아들은 매일 술로 세월을 보낼 때 어머니는 옛날 스님들이 고왕경을 하면 좋다고 해서 1년 동안 목표를 세우고 십만독을 마쳤더니 진짜 기적같이 송사에서 이겨서 집이 압류에서 풀어지고 현재까지 잘 살고 있다고 이야기 합니다. 너무나 많은 영험있는 이 고왕경은 십만독은 너무 힘들더라도 불자라면 아무리 참선을 하더라도 나중을 대비해서 3천독 정도 독송하면 마음이 든든하고 몸 주변에 신장들이 바뀌는 것을 누구나가 체험할 수 있다고 합니다. 그러기 때문에 권합니다. 여기 옛날 당나라 이전에 춘추전국시대 당시에 정주모사 송경산이라는 벼슬을 하고 있는 관료가 역적으로 몰려 죽게 된 순간 그 당시의 누군가 고왕경을 보내서 살아난 장면이 있는 이야기가 있습니다. 꼭 읽어보십시오.

〈고왕경〉

나무 관세음보살
나무불
나무법
나무승
불국유연 불법상인

상락아정 유연불법
나무 마하반야바라밀

시대신주나무 마하반야밀
시대명주 나무마하반야바라밀
시무상주 나무 마하반야바라밀
시무등등주 나무 정광비밀불 법장불사자후
신족유왕불 불고수미등왕불
법호불 금강장사자 유희불 보승불
신통불 약사유리광불 보광공덕산왕불
선주공덕보왕불   과거칠불
미래현겁천불   천오백불 만오천불

오백화승불 백억금강장불 정광불

육방육불명호
동방보광월전묘음존왕불

남방수근화왕불
서방조왕신통염화왕불
북방월전청정불
상방무수정진보수불
하방선적월음왕불

무량제불 다보불 석가모니불
미륵불 아촉불 아미타불

중앙일체중생 재불토계중자
범왕제석 행주어지상 급재허공중

자우어일체중생 각령안온휴식
주야수지신심 상구송차경
능멸생사 소복어독해
나무 대명관세음 관명관세음

고명관세음 개명관세음
약왕보살 약상보살 문수보살
보현보살 허공장보살 지장보살
청량산일만보살 보광여래화승보살

염념송차경 칠불세존 즉설주왈

이바 이바제 구아구아제 다라니
제니하라제 비니아제 마하가제
진령갈제 사바하
시방관세음 일체제보살
서원구중생 칭명실해탈
약유 박복자 은근위해설
단시유인연 독송구불철
송경만천편 염념심부절

화염불능상도병입최절
에로생환희 사자변성활
막언차시허 제불불망설

고왕경 영험담

당고승전이란 책은 당나라 시대에 만들었는데 당나라 이전에서 당나라 때까지 고승들의 일대기를 글로서 남긴 것입니다. 그 중에 「고왕경 영험담」이 있습니다.

유명한 삼국지의 조조가 있던 나라가 위나라입니다. 『위나라 천평 때에 정주 땅에 정주모사 손경덕이란 관료가 살았습니다. 그는 관음신앙이 두터웠던 관계로 관음상을 조성해 모시고 날마다 부지런히 예경하였습니다.

그런데 어느 날 역적들이 반란을 일으켜 정주 땅을 정복하였습니다. 이곳을 지키고 있던 정주모사 손경덕은 역적의 괴수 구초에게 포로로 붙잡혀서 고문을 받게 됐습니다. 백성의 원성을 사는 일을 했다는 것입니다. 절대로 그런 일을 하지 않고 덕으로서 모든 일을 다스리고 청렴결백한 불심 있는 손경덕을 역적들은 죄를 뒤집어 씌워 죽이려고 하기 때문에 자백을 받기 위해서 고초를 겪게 하는 것입니다. 그리고 역적들이 감옥에 가두어 두고 곧 죽이겠다고 협박을 하여 있는데 이 역적들은 도둑이나 마찬가지이기 때문에 무식하고 진짜 사람을 죽이려고 마음먹으면 죽일 수 있는 사람들입니다. 그 중에 괴수 구초는 일반 사람하고 달리 글씨를 잘 알고 유식한 손경덕은 죽이기가 아깝다는 생각이 들어 자기편으로 만들기 위하여 회유를 시작했습니다. 글씨를 모르기 때문에 어디서 협상을 하자는 문서가 와도 읽지를 못하는 것입니다. 글을 읽을 줄 알고 쓸 줄아는 손경덕이가 필요했기 때문에 가진 고통을 주며 자기네 일을 도와 달라고 고문하는 것입니다. 결국에는 이 위기를 벗어나는 일은 협조해 주는 일 밖에는 없다고 생각하여 글씨를 해석해 주고 써달라는 대로 문장을 만들어 써주었을 뿐입니다. 그렇게 몇일을 보냈는데 이 역적들의 소굴로 나라에서 토벌을 하러 수천 명의 군사들이 들어와서 일부 반항하는 역적들은 죽이고 일부는 포로로 잡았습니다. 그 때 손경덕이가 역적 소굴에서 글을 써주었다는 것과 글을 읽어주었다는 것이 역적들에게 도움을 주었기 때문에 당연히 어쩔 수 없는 일이라 하더라도 나라에서는 붙잡혀서 역적 일당처럼 같이 벌을 받을 수 밖에 없는 것이었습니다.

결국 변명의 여지도 없이 손경덕은 역적의 일당으로 감옥에 들어가 재판을 받는데 주변에 있는 역적들이 아무 죄가 없는 분이고 우리가 고문을 해서 협조하게 됐다고 유리한 증언을 받아 냈어도 재판관은 듣지 않고 국법에 따라 사형을 처하라는 언도를 받았습니다. 이래도 죽고 저래도 죽는 기구한 운명의 손경덕은 담담한 표정으로 모든 것을 체념하고 감옥에서 하루하루를 보냈습니다. 이제 이름만 부르면 망나니 들에게 끌려가 목이 잘리게 되어있는 운명인 것입니다. 곧 몇일 있으면 사형이 집행 될 날짜만이 남아있는 것입니다. 그런데, 어느날 손경덕 꿈에 한 고승이 나타나서 말하기를,『고왕경을 천번만 외우면 살 수 있을 것이라고 하는 것입니다. 참 희한한 꿈을 꾸고 아침이 되었는데 손경덕은 마지막으로 죽기 앞두고 가족 면회가 왔을 때 꿈 이야기를 하며 고왕경이라는 경을 구해달라고 해서 가족들이 구해서 감옥에 넣어 주었습니다. 꿈처럼 일심으로 즉시 독송하기 시작했습니다. 매일 무사히 하루하루 사형집행이 연기 되더니 천독을 다 마치는 날 이름을 불러서 사형집행장으로 끌려 나갔습니다. 망나니는 춤을 추며 큰 칼을 들고 겁을 주며 입에다가 물을 담아 칼에다가 훅 뿌리고 겁을 주기 시작하였습니다.

드디어 사형 집행관이 명령을 내린 것입니다. "죄수 손경덕은 듣거라! 나라를 지켜야 될 관료가 역적의 편이 되어 나라를 뒤엎으려고 한 죄는 마땅히 사형을 받아야 되는 것이니 목을 내밀어라!" 이렇게 명령이 떨어지면서 망나니에게 "사형을 집행하도록 하라!" 이렇게 명령이 떨어져서 사형집행을 망나니가 하는 순간 손경덕에게 기적같은 일이 일어난 것입니다. 칼이 '땡그랑' 두동강이 난 것입니다. 손경덕의 목은 살갗하나 상한데 없었고, 사형수의 칼만 두동강이 나는 것을 지켜보고 있던 많은 고위 관료들은 깜짝 놀라며 이런 괴변이 어디에 있는가 왜 이런일이 생기느냐고 주변사람에게 물어보니 평소에 불심이 깊어 경전을 열심히 독송하더니 부처님의 가피력 인 것 같다고 하면서 이렇게 죄없는 사람을 죽이기 때문에 죽이지 말고 사형을 연기해야 될 것 같다고 밑에 있는 부하가 상관에게 건의하니까 무슨 이상한 소리를 하느냐고 하면서 부처님의 가피가 어디에 있고, 이 칼은 낡았기 때문에 그럴 수도 있으니 다시 집행하라고 칼을 바꿔 또 내리치도록 했는데 똑같이 '쨍그랑!' 하고 부러지는 것입니다. 그래서 하도 이상해서 관료도 다시 명령을 내리지 않고 망설이고 있는데 국가법이라는 것은 판결이 떨어지면 집행하게 되있기 때문에 다시 세 번째로 집행명령을 망나니에게 내려서 손경덕은 진짜로 이제는 본인도 죽는 줄로 알았는데 또 칼이 '쨍그랑!' 부러지는 것입니다.

　칼을 세번이나 바꾸어 목을 쳤지만 결과는 똑같았습니다. 그래서 판결을 내렸던 높은 관료는 황제에게 보고하여 하늘에서 죄가 없기 때문에 벌을 주지 말라는 것 같다고 의견을 올리니 나라에서도 재조사에 들어갔습니다. 그 조사결과 손경덕이 처음부터 계획적으로 역적과 모의한 사실이 없고 어쩔 수 없이 포로로 붙잡혀 글씨를 모르는 무식한 역적 괴수 구초에게 고문까지 당해가면서 거절을 하였는데 결국에는 죽음을 앞두고 마음이 약해 인간의 본능이 살고 싶기 때문에 글씨를 써주고 읽어주었을 뿐이니 손경덕은 나라의 죄를 짓지 않았으니 살려주어야 된다는 것이 마땅하다고 없던 일로 황제가 사면을 하여 모든 죄를 벗고 감옥에서 살아서 나왔습니다. 그 뒤 자기 고향으로 낙향하여 집으로 왔는데 도착하여 보니 정주모사로 가기 전에 모시고 열심히 기도했던 관세음보살 불상의 목에 칼자욱이 세 군데나 그어져 있었습니다. 관세음보살님이 대신 망나니의 칼을 받고 불심이 깊은 손경덕은 살아났다는 것입니다.

이런 사실을 그 고을에 관장인 유사라는 사람은 나라에 이 사실을 글로서 상소문을 만들어 황제에게 불심 깊은 손경덕의 불가사의한 일을 보고했습니다. 그 때 승상 겸 발해왕 고환이 황제에게 상소한 것이 기록에 남아있기 때문에 그 때부터 불심있는 황제는 이 경을 많이 써서 세상에 널리 반포하였기 때문에 이 경의 이름을「고왕관세음경」이라 하는 것인데 줄여서 고왕경이라고 하는 것입니다.」

또 위서에 다음과 같은 말이 있다.

노경유라는 사람이 불서를 좋아해서, 경을 많이 읽고 연구하여 그 뜻을 많이 통달하였다. 원상 원년에 하간 사람 형마납이 경유의 종형인 중례와 더불어 역적을 꾀하다가 발각이 되었다. 경유도 연좌되어 진양옥에 갇히게 되었는데, 경유는 지성으로 이 경을 외웠다. 일념으로 외우다 보니 뜻밖에도 목에 걸렸던 칼과 손에 묶였던 수갑이 저절로 풀어졌고, 마침내 자유인으로 석방되었다.

또 어떤 사람은 죄를 짓고 죽게 되었는데 꿈에 스님이 와서 경문을 가르쳐주며 외우라하므로 그대로 천 독을 외웠더니 역시 사형집행하는 칼이 부러졌다. 집행관리는 상부에 사실을 주달하였고 나라에서는 죄를 방면하라고 했다고 한다. 그래서 이 경은 더욱 세상에 널리 퍼지게 되었다.

☞ 다라니란 무엇인가요?

절에서 기도하는데 다라니 기도하는 보살님들이 많습니다. 주로 신묘장구대다라니, 능엄신주, 옴마니반메훔 주력을 할 경우에 반복함으로써 정신집중이 되고 잡념이 붙지않으며 염력이 잘 전달되는 효과를 볼 수 있는 것이 다라니기도의 특징입니다. 그러나 불교 논리적으로 이론을 정립한 유식학에서 기본이 되는 《유가사지론》(瑜伽師地論)에는 다라니를 법다라니(法陀羅尼), 의다라니(義陀羅尼), 인다라니(忍陀羅尼), 주다라니(呪陀羅尼)의 네 가지로 구분하고 있습니다.

① 법다라니는 경전의 내용을 오랫동안 잊지 않도록 기억하게 하는 다라니를 말합니다. 불경을 외웠는데도 금방 잊어버린다고 하면 무슨 소용이 있겠습니까? 그러니 법다라니는 법문을 듣고 경전을 독송하고 잊지 않는 것을 말하는 것입니다. 예를 들어 천수경을 보지 않고 줄줄 잘 외우는 것도 다라니를 잘 외우는 것도 다 법다라니라는 것입니다.

② 의다라니는 경전의 의미를 이해케 하는 다라니를 말합니다. 금강경의 핵심은 '범소유상 개시허망 약견제상 비상은 즉견여래'라는 이 뜻은 무릇 형상이 있는 모든 물질의 세계로 구성되어 있는 사람이나 동물이나 빌딩이나 금은보석이나 일체의 모든 물질은 언젠가는 없어지기 때문에 다 허망한 것이고 마음만이 없어지지 않는 진실된 근본 진리의 자리이니 이 마음 외에는 바른 영원한 것이 없다는 것을 핵심으로 가르치는 사상입니다. 경전의 깊은 뜻을 잘 알면 이것이 뜻을 안다고 해서 '의다라니'인 것입니다.

③ 인다라니는 경전에서 가르치는 이치를 체득하는 경지로 체험을 통하여 불법의 가르침이 틀림없다는 사실을 알 때까지 참선을 하며 깨달음을 얻을 때까지 죽기 아니면 살기로 용맹정진하는 경지를 말합니다.

④ 주다라니는 국가적인 큰 수재, 풍재, 화재 등의 재앙을 물리치게 하는 다라니를 말합니다. 수 백명의 고승들이 전국 명산대찰에서 동시에 수륙재를 지내며 영혼을 달래고 불공을 드리며 독송하는 기도의 식중에 다라니를 주다라니라고 하는 것입니다. 주다라니에 대해《유가사지론》에서는 다음과 같이 말합니다.

"무엇을 일컬어 불보살의 주다라니라 하는가, 주다라니란 모든 보살로 하여금 여러 가지 삼매의 자재함을 얻게 하고, 능히 유정들의 재난과 환란을 물리치게 하는 것이다. 또한 다라니의 신령스러운 구절에 자태토록하여 그 가피를 얻게 하고, 여러 가지 재난과 환란을 물리치게 한다."

자, 기도에 대해서 글을 읽느라고 힘드셨죠? 좋은 보살은 기도하는 보살입니다. 참선은 기도가 아닙니다. 왜냐? 기도는 불보살의 가피를 간절히 발원하는 타력적인 것이고, 참선은 자기 힘으로 해결하려는 자력신앙인 것입니다. 타력은 쉽게 말하면 은행에 대출을 받는 것이고, 자력은 작던 크던 대출을 받지 않고 자기 돈으로 사업을 하는 것을 말합니다. 어려울 때는 누구나가 기도를 합니다. 간절히 기도를 하면 반드시 이루어진다는 것을 믿어야 합니다. 허공계는 인간들의 심성을 다 알고있습니다. 욕계는 육천인데 제석천왕이 도리천에서 인간세상을 다스리고 있습니다. 사람의 한 생각을 허공계이 레이더에서는 다 잡아내고 있다는 것입니다. 식이 천배가 더 맑다고 합니다. 사람은 속여도 천상사람들은 속일 수가 없습니다. 그래서 하늘은 속일 수 없다고 하는 것입니다. 착한 생각이 기도이고 착한 마음이 기도인 것입니다. 법 없이도 살 사람이라는 착한 사람은 따로 기도를 하지 않아도 허공계에서 살게끔 안내를 해줍니다. 허공계에 네비게이션은 자동차 네비게이션보다 성능히 월등하다는 것을 믿어야 합니다. 좋은 보살, 나쁜 보살 책을 글로 쓰는 이유는 신심없는 보살을 제도하기 위함입니다. 참 문제는 어디가나 설치고, 젊은 보살이 기꺽고, 시켜먹고, 반말하고 무시하고 권력을 종횡무진 휘두르는 시어머니같은 보살들이 어느 절이나 있다는 것입니다. 절의 주지스님은 바뀌어도 조폭같은 보살, 사자같은 보살들은 터주대감처럼 눌러있기 때문에 사찰에 발전이 없고 스님들이 힘들다는 것입니다. 많은 경험에 의해서 간절히 발원합니다. 스님도 사람이고 인간입니다. 주5일근무하게 해주고 월급도 뽀나스도 퇴직금도 줄 수있도록 해줘야 합니다. 대학교 교수들은 5년동안 학교에 있으면 6개월을 휴가를 줍니다. 10년이 되면 1년을 월급을 주면서 휴가를 줍니다. 스님들은 새벽마다 휴일도없고 휴식도 없이 예불을 보는 것이 건강할 때 젊었을 때는 상관이 없어도 나이가 들면 힘든것입니다. 예불을 빠지더라도 보살님들이 이해를 해줘야합니다. 그럴수도 있겠구나. 절에서는 예불을 빠지면 밑에사람들은 약점을 잡아 체벌의 수단으로 씁니다. 이래서는 안됩니다. 너무합니다. 아무리 젊고 건강해도 낮에 운력을 많이하거나 갑자기 기후변화가 오거나 생활리듬이 깨져 잠에 폭 빠져서 새벽 예불을 빠질 때가 있습니다. 스님들을 신으로 보지마십시오. 육체가 있는 이상은 한계가 있는 것입니다. 완벽하지 못합니다. 전생에 지은 복력의 차이로 스님들도 자본주의에서 살아남으려면 물질이 필요합니다. 돈이 필요한 것입니다. 무소유라는 것은 번뇌가 없는 것이 무소유이지. 땡전한푼 없는 것을 무소유라고 하지 않습니다. 걸망하나로 다 된다고 생각하지 마십시오. 겨울 누비는 내복은 책은 스님들도 필요한 물건을 놓아둘 공간이 필요합니다. 이 절 저 절 스님들끼리는 통한다고 생각하지 마십시오. 군인이 자기 부대가 있고 소속이 있고 잠자리가 정해진 것처럼 스님들도 마찬가지입니다. 승복을 입
었다고해서 아무 절이나 들어가 잠자리가
해결되고 공양문제가 해결된다고하면 얼마
나 좋겠습니까? 그러나 그것은 비유를 들
면 군인이 불쑥 아무 부대나 같은 군인이라
고 들어가서 잠자고 밥먹고 나오겠다고 하
는 것과 똑같습니다. 정문을 지키는 위병소
위병이 못들어가게 합니다. 이런 것을 모르
고 출가만하면 좋은 공기를 마시고 풍경소리나 듣고 손하나 까딱하지
않고 녹차나 마시면서 편안히 참선이나하고 책이나 읽고 독경이나 하
는 것으로 알면 절대 아닙니다. 그것은 착각입니다. 절 생활은 법도대
로 해야된다는 것과 매일 상황이 벌어지면 처리하려고 긴장되는 마음
으로 대기하는 것이 산중스님들입니다. 별이별사람이 불쑥 낮이나 밤
이나 다 찾아옵니다. 산불도 불안의 요소이고 장마철에 산사태도 불
안의 요소입니다. 좋은 보살은 스님들에게 꼭 필요한 보살이지만 나
쁜보살은 스님들을 공경에 처하게하고 괴롭히는 보살이라는 것을 강
조하기위하여 이 책을 만든 것입니다. 더 재미있게 잘 쓸 수있지만 제
실력의 30프로만 썼습니다. 70프로 에너지를 더 쓰면 베스트셀러가
될 수 있지만 몸에 진이빠져 흐느적거려서 병이 올수있기 때문에 절
대로 기가빠질정도로 책을 쓰지않는 것이 현담스님의 가풍입니다. 나
는 군대생활을 하고 절에갔는데 깜짝놀란것중에하나가.... 무엇일까
요? 이것은 나중에 알려드리겠습니다. 끝!

선객이 알아야 할 조사어록

1. 생사심을 해결할 발심을 하라

참선할 때에는 가장 먼저 生死心을 해결하겠다는 굳은 마음을 내야 한다. 그리고는 바깥 세계와 나의 신심이 모두 인연으로 이룩된 거짓 존재일 뿐 그것을 主宰하는 실체는 없다는 사실을 똑똑히 보아야 한다. 만약 누구에게나 본래 갖추어져 있는 큰 이치를 깨치지 못하면 생사에 집착하는 마음을 깨뜨릴 수가 없다. 그렇게 되면 죽음을 재촉하는 귀신이 순간순간 멈추지 않고 따라다니게 되니, 문득 이것을 어떻게 쫓아버릴 수 있겠는가?

오직 이 한 생각만을 가지고 수단 방편으로 삼아 마치 활활 타오르는 불길 속에서 살아날 길을 찾듯 해야 한다. 비틀거리며 걸어나가려 해도 한 발자국도 나갈 수가 없고, 가만히 있자니 그럴 수도 없으며, 다른 생각을 하려 해도 한 생각도 일으킬 수가 없고, 다른 사람에게 도움을 청할 수도 없으니, 이러한 상황에서는 어떻게 해야겠는가. 모름지기 타오르는 불도 돌아보지 말고 목숨도 돌아보지 말아야 한다. 또한 남이 도와주기를 바라거나 다른 생각을 하지도 말고 잠시 머물러 있을 생각을 버려야 한다. 그리고는 곧장 앞으로 달아나 우선 불길 밖으로 뛰어나오는 길만이 묘수이다.

2. 의정을 일으켜라

참선하는 데에는 疑情을 일으키는 일이 중요하다. 무엇을 의정이라 하는가? 예컨대 우리가 어디로부터 태어나는지 모르니 그 온 곳을 의심하지 않을 수 없고, 또한 죽어서 어디로 가는지 모르니 가는 곳을 의심하지 않을 수 없는 경우와 같은 것이다. 생사문제라는 관문을 뚫지 못했을 때 문득 의정이 생기게 된다. 그것이 맺혀서 눈꺼풀 위에 머물고 있어, 내치려 해도 떨어져 나가지 않고 두고 달아나려 해도 갈 수가 없다. 그러다가 홀연히 하루아침에 의정의 뭉치를 때려 깨고 나면, "이 '생사'라는 두 글자가 어느 집 구석에 한가하게 놓인 가구란 말이냐!"

라고 외치게 된다. 아! 옛날 어느 큰스님께서는 이렇게 말씀하셨다. "크게 의심하면 크게 깨닫고, 작게 의심하면 작게 깨달으며, 의심하지 않으면 아예 깨닫지 못한다."

3. 일념으로 정진하라.

참선할 때 '죽음'이라는 하나의 문제를 가지고 늘 염두에 두면서 자기의 몸과 마음을 죽은 상태와 똑같이 하는 방법이 있다. 그렇게 되면 오직 이 문제를 밝혀야겠다는 그 한 생각만이 눈앞에 남아있게 된다. 이때의 한 생각이란 하늘을 찌를 정도의 긴 칼과 같아서 무엇이든 갖다대는 족족 베어지므로, 도저히 어찌해 볼 수 없는 것이다. 그러므로 막힌 것을 걸러내고 둔한 것을 갈다보면 칼은 사라진 지 오랜 뒤가 될 것이다.

4. 고요한 경계를 조심하라

참선할 때 가장 경계해야 할 사항은 고요한 경계에 빠져들어 사람을 말라죽은 듯한 적막 속에 갇히게 하는 태도이다. 자기도 모르는 사이에 사람들은 번거로운 곳을 싫어하고 고요한 곳에서는 대부분 염증을 느끼지 않는다. 도를 닦는 수행인의 경우도 그러하다. 시끄러운 바닥에서만 내내 살던 이가 일단 조용한 경계를 맛보고 나면 그것이 꿀이나 되는 양 달갑게 받아들이게 된다. 이런 사람은 권태가 오래 되면 잠자기를 좋아할 것이니, 자기가 이런 병통에 빠져 있다는 사실을 어떻게 알아차릴 수 있겠는가.

어떤 外道는 자기의 몸과 마음을 완전히 없애어 딱딱한 돌(頑石)처럼 되게 하였다 하니 이것도 고요한 경계를 통해서 그렇게 한 것이었다. 그리하여 날이 갈수록 마를 대로 마르고 적막할 대로 적막해져서 아예 인식작용이 없는 상태(無知)까지 가버렸으니 목석과 무엇이 다르겠는가.

우리들이 혹 고요한 경계에 처할 때는 오직 *法服* 속에서 벌어지는 한 가지 큰일, 즉 육신의 생사를 깨치는 데 힘써야 한다. 자기가 고요한 곳에 있는 줄을 몰라야만 비로소 옳다 하겠다. 생사대사에서 고요한 모습을 구하려 해도 정말로 아무것도 얻을 것이 없으면 이야말로 된 것이다.

5. 자기공부에만 매진하라

참선할 때에는 마음을 똑바르고 곧게 하여 남의 사정을 봐주지 말아야 한다. 남의 인정사정 다 봐주다가는 자기 공부가 향상되지 못한다. 공부가 향상되지 않을 뿐만 아니라 나아가서 세월이 오래 가면 반드시 속세에 물들어 스승에게 아부까지 하게 될 것이다.

6. 의단을 깨라

참선하는 납자는 고개를 쳐들어도 하늘을 못 보고 고개를 숙여도 땅을 보지 못하며, 산을 보아도 산으로 보이지 않고 물을 보아도 물로 보이지 않아야 한다. 또한 길을 걸어가도 걷는 줄을 의식하지 못하며, 앉아 있어도 앉아 있는 줄을 몰라야 한다. 많은 인파 속에서도 한 사람도 눈에 보이지 않아야 한다. 그리하여 몸과 마음이 온통 의심 덩어리 하나뿐이니 세계를 하나로 뒤섞어놓았다 할 만하다. 이 의심 덩어리를 깨뜨리지 않고는 맹세코 마음 놓을 수 없으니, 이것이 공부에 있어서 긴요한 것이다.

세계를 하나로 뒤섞는다고 하는 말은 무슨 뜻인가? 헤아릴 수 없는 오랜 겁 전부터 본래 갖추어져 있는 큰 이치는 소리도 없이 고요(寂寂)하여 한 번도 움직인 일이 없다.

요는 참선하는 자가 알음알이를 다 떨어버렸을 때, 천지가 뒤바뀌면서 자연히 거꾸로 용솟음쳐 오는 한 줄기 파도가 생기게 되는데, 이것을 몸으로 받은 듯한 상태를 말한다.

7. 의정과 하나가 되라

참선하는 납자는 죽어서 살아나지 못할까 두려워하지 말고 오직 살아만 있고 죽지 않을까 두려워해야 한다. 그리고는 결단코 疑情과 완

전히 하나가 되어야 한다. 그렇게 되면 들떠 움직이는 경계를 굳이 떨어버리려 하지 않아도 저절로 떨어지고, 허망한 마음도 억지로 맑히려고 하지 않아도 자연히 맑아진다. 그리하여 六根이 자연히 텅 비어 자유로워진다. 이런 경지에서는 움찔했다 하면 벌써 마음먹은 곳에가 있고 입만 벙긋했다 하면 벌써 반응이 있게 되니, 살자니 못할까 근심할 일이 있겠는가?

8. 세 가지 폐단을 조심하라

공부가 향상되기를 바란다면, 천근 되는 짐을 어깨에 걸머진듯하여 팽개치려해도 내려놓지 못하는 형편이 되어야 한다. 또한 잃어버린 중요한 물건을 찾듯하여 확실하게 찾아내지 못하면 맹세코 마음을 놓지 말아야 한다. 이 과정에서 주의해야 할 것은 我執과 執着 알음알이(計較)가 생기는 일이다. 아집은 病이 되고 집착은 魔가 되며 알음알이는 外道로 빠지게 한다. 결단코 마음을 한 곳에 집중하여 잃어버린 물건 찾듯 열심히 공부하면 앞서 말한 세 가지 폐단이 얼음 녹듯 말짱해질 것이다. 이른바 "마음을 일으켜 생각을 들뜨게 하면 그 자리에서 법체와 어긋난다(生心動念 卽乘法體)"라고 한 것도 이런 맥락에서 하는 말이다.

9. 또렷하게 깨어 있는 채로 참구하라

화두를 들고 공부하는 납자는 쥐를 잡으려는 고양이처럼 분명하고 또렷하게 깨어 있어야 한다. 옛사람도 '적군의 목을 베지 않고는 맹세코 수지 않겠다.'라고 말씀하셨다. 그렇지 않으면 망상의 도깨비굴 속에 들어앉게 되어 어둡고 깜깜한 채로 일생을 다 보내고 말 것이니 참선을 한들 무슨 소용이 있겠는가.

고양이가 쥐를 잡을 때는 두 눈을 반짝 뜨고 목표물을 노려보며 네 다리에는 힘을 주고 곧추서서 오는 쥐를 잡아 입에 물어야만 비로소 목적을 달성한 것이다. 그런데 그때 비록 닭이나 개가 옆에 있다 하더라도 돌아볼 정신이 없다. 참선하는 사람도 마찬가지여서 오직 열심히 이 도리를 밝히기만 하면 될 뿐이다. 그렇게 되면 8경(八境 : 마음을 흔들어 놓는 利 衰 毁 譽 稱 譏 苦 樂의 경계)이 눈앞에 어른거린다 해도 신경 쓸 틈이 없을 것이다. 여기서 조금만 다른 생각을 해도 쥐는커녕 고양이마저도 달아나고 마는 것이다.

10. 하루에 공부를 다 마치듯 하라.

참선할 때는 날마다 하루 할 공부를 다 마쳐야 한다. 미루고 질질 끌면 百劫千生토록 끝내 공부를 다 마칠 날이 없을 것이다. 언젠가 나는 향 한 개비를 꽂아놓고 그것이 다 타는 것을 보고나니, 문득 이런 생각이 들었다. "공부가 늘 그저 그러하여 나아진 것도 퇴보한 것도 없다. 이런 식으로 가면 하루에 몇 개비의 향이 타겠으며 1년이면 얼마만큼의 향이 타겠는가?" 그리고는 다시 생각해 보았다. "시간은 눈 깜짝할 새 지나가 버리고 세월은 사람을 기다려 주지 않는데 생사문제를 아직 밝히지 못했으니 어느 날에나 공부를 마치고 깨닫게 될 것인가?" 이런 생각으로 더욱 자신을 채찍질하였다.

눈물많은 보살

'눈물 많은 여자예요. 꿈도 많은 여자입니다. 당신의 품을 떠나 그리워서 눈물 흘리는 여자입니다.' 그런데 우는 것이 습이 되어 절에 와서 법문 듣다가도 훌쩍 훌쩍, 신심이 넘쳐서 감동되어 흘리는 감동의 눈물부터 시작해서 참회의 눈물, 과거를 생각하며 진작 불법을 일찍 만나지 못한 것에 대해서 눈물을 흘리며 눈물 속에 불심을 키우는 보살을 눈물 보살이라고 합니다. 안과에 가 보라고 혹시 병이 아니냐고 해도 아니라고 하면서 보살님이 그 말을 하니 나를 아껴주는 것 같아 감격스럽다고 하며 또 눈물을 뚝뚝 흘리는데 스님들은 이런 보살을 만나서 이야기할 때 아주 걱정이 많습니다. 제 3자들이 보면 무슨 일이 있어서 저렇게 보살의 마음을 아프게 해서 두 사람만의 무슨 비밀이 있는 줄 알고 오해할 정도로 눈물을 흘리기 때문에 스님들을 난처하게 할 수 있는 보살이 눈물 보살입니다. 법당에서는 부처님 보면 또 눈물이 나오고 도량을 보면 환희심이 난다고 눈물을 흘리고 일 잘하는 보살을 보면 불보살의 화신 같다고 눈물 흘리고, 이런 보살이 어느 절이든지 반드시 1~2명씩은 꼭 있습니다.

사례 1) 눈물 보살

지금은 절에서 착실하게 수행생활을 하고 있는 노보살이지만 이 보살도 말 못할 과거의 사연이 있었답니다. 이야기의 시작은 30여 년 전으로 거슬러 올라갑니다. 야간업소에서 춤추는 무희생활을 하던 이 보살은 젊은 시절에 지금의 남편 거사와 서로 눈이 맞아 동거생활부터 시작하여 정식으로 결혼식을 하고 법률상 부부가 된 두 사람의 결혼생활은 다른 사람과 달리 초혼이 아니고 각자 두 번의 이혼과 재혼

경력이 있었습니다. 남편은 마치 도저히 고칠 수 없는 선천적 질병처럼 재혼을 했는데도 결혼생활 내내 무희보살 눈을 속이고 다른 여자와 바람을 피우는 것입니다. 그렇기 때문에 결국에는 조그만 재산마저다 날려버리고 가장으로서의 역할을 전혀 하지 않았습니다. 재혼을한 무희보살도 초혼은 실패했어도 일가친척 눈이 있기 때문에 이번에는 어떠한 경우가 있어도 잘 살아 보리라 마음을 먹고 살아가는데 자식을 넷이나 낳았습니다. 그런데 바람기 많은 재혼 경력이 있는 남편은 가정을 돌보지 않았기 때문에 자녀의 양육을 고스란히 떠안게 된무희 보살은 자식을 기르기 위해서 행상에서부터 파출부 등 갖은 고생을 다하여 자식들을 키웠습니다.

무희보살은 자식들을 키우려고 노력은 했지만 돈 벌기는 힘들고 나가는 돈은 많기 때문에 너무나 힘이 들었습니다. 살자니 고생이요, 죽자니 청춘이 아깝고 자식이 불쌍해서 이러지도 저러지도 못하면서 살아나갈 수밖에 없는 처지가 되었습니다. 결론은 하루라도 빨리 힘든결혼생활에서 벗어나고 싶었지만, 차마 자식들을 '아비 없는 아이들'로 만들 수 없다는 생각에서, 참고 견디면서 살아왔습니다. 그런데이 남편이라는 사람은 전생에 무슨 업인지 돈도 안벌면서도 키는 크고 얼굴은 미남이기 때문에 동네에서도 따르는 여자들이 많았습니다.이 바람기는 쉴 줄을 모르고 거짓말만 하지만 그래도 불심이 있기 때문에 이 무희보살은 다 전생의 내 업장으로 생각하고 참고 부처님만의지하고 살았습니다. 그리고 부처님께 기도하기를, '지금은 이렇게남편이 바람을 피더라도 이제 나이가 먹고 늙어서 힘이 다하면 바람기도 잡히고, 늙은 말년에 가려운 등이라도 긁어주겠지.'하는 마음에참고 살기를 30여 년이란 기나긴 세월을 견뎌왔습니다. 그런데 남편은 무희보살의 생각을 비웃기라도 하듯, 다 늙어서까지도 젊었을 때부터 알고 지내던 할머니와 동거를 시작했습니다. '아니, 사람이 이럴수 있나! 지방에 취직자리가 생겨 돈 벌러 간다고 하면서 돈을 부쳐줘서 믿었는데 알고 보니 그 돈 많은 할머니와 살면서 할머니가 월급처럼 준돈을 모아서 취직한 것처럼 속이고서 돈을 보내줬던 것입니다. 분이 터진 이 보살님은 자기가 다니는 절에 가서 아는 신도들이나 스님들에게 자기의 어두웠던 과거와 지금 겪고 있는 사연을 남한테 말도 못하고 괴로움에 빠져서 법당에만 가면 부처님 앞에서 눈물만 하염없이 뚝뚝뚝 흘립니다. 눈물을 흘리고 나면 속은 후련해서 표정은 밝아지는데 또 공양을 들고 혼자 한쪽 구석에서 쉬고 있으면 다른 보살들은 다 팔자 편하고 행복해 보이는데 속 썩이는 할아버지가 아직도 할머니와 헤어지지 않고 동거 생활하는 것을 생각하면 자기 팔자가 기구해서 눈물만 흘립니다. 남들은 이런 사정을 모르기 때문에 울보보살이라고 눈물보살이라고 부르고 있습니다. 남들은 왜 표정이 어둡냐고 우울증에 걸렸냐고 하지만 말할 수 없는 이런 심정을 안고 사는 보살을 눈물 보살이라고 합니다. 그러니 법당에 와서 눈물흘리는 보살을 만나면 말못할 사연이 엄청나게 많다는 것을 이해하고 사랑으로 자비심으로 특별히 따뜻하게 잘 대해줘야 되는 것입니다. 눈물많은 보살이예요. 꿈도 많은 보살이랍니다.

합창단 보살

합창단 보살들은 숫자가 많아서 겉으로 보기에는 장엄하고 행사 때 찬불가 등 불교 음악을 신심 있게 불러주기 때문에 아주 보기가 좋습니다. 그러나 보살들이 많다보니 통솔하기가 쉽지 않고 서로가 이권 경쟁 관계에 있는 경우도 많이 있다고 합니다. 합창단 보살들 사이에서는 텃세가 세서 나이와 상관없이 군대식으로 고참과 졸병 관계가 확실하고 젊은 보살과 나이가 든 중년 보살들 사이의 알력도 존재한다고 합니다. 불사 동참을 잘하고 시주를 잘하는 재력이 있는 보살이 있는가하면 사는 게 어려워 불사 동참은 잘 못하지만 마음은 착하고 목소리는 꾀꼬리처럼 고와 합창단에서 꼭 필요한 보살들도 있는 것이 현실입니다. 그렇지만 자기 이익을 위해서 조직 속에 들어와 이익을 노리고 활동하는 보살이 가장 많은 곳이 합창단입니다.

　어느 절에서 주지 스님이 바뀌었는데 전 주지 스님이 만든 합창단이 마음에 안 든다고 해체를 명령했더니 집단으로 합창단이 없는 다른 사찰로 떠나갔습니다. 그런데 그 절에서는 보살들이 합창단이 무

슨 필요가 있느냐고 사사건건 시비를 걸었지만 그래도 합창단 보살들이 노래할 수 있는 공간과 피아노를 준비해 주었다고 합니다. 얼마간의 시간이 지난 후에 다시 전에 다니던 절에서 합창단을 부르자 반은 남고 반은 전의 절로 가서 갈라지는 경우도 있다고 합니다. 또, 합창단장이 주지 스님과 힘 있는 보살들이 모셔오려는 새 단장과 의견 충돌이 생겨 반쪽으로 갈라선 경우도 있다고 합니다. 가장 운영이 쉬운 것처럼 보이지만 또 가장 어려운 것이 합창단 보살이라고 합니다.

왜 이런 문제가 생기느냐 하면 자기가 다니는 원찰이 따로 있고, 합창을 하는 절이 따로 있고 업력이 다르고 생각이 다른데 단복을 입고 합창을 하는 것이 너무나 보기 좋아 외로운 보살님들이 들어와 있기도 하고 설치기 좋아하는 보살이 들어와 있기 때문에 항상 가지 많은 나무 바람잘 날 없다고 합창단 보살들 다루기가 그렇다고 합니다. 어느 절은 버스 한 대 사달라고 요구하여 절에서 반 대고 합창단에서 반 대고 해서 샀는데, 수리비와 기름값을 포함한 운영비가 많이 들어 3~4년 운영하다가 싸움이 벌어져 버스를 팔아 치웠다고 합니다.

이런 일도 있습니다. 서울 모 사찰에 역사가 오래된 합창단이 있었는데 30~40대 때 구성되었던 합창단이 60~70대로 고령화가 되니 젊은 주지 스님이 와서 개혁을 한다고 합창단을 50세 미만으로 나이 제한을 두고 나이 많은 노련한 합창단원을 해체 시켰습니다. 그리고 젊고 활기차게 절을 운영한다고 새로 단원을 모집하는데 까지는 성공을 했습니다. 그런데 30여 년을 합창하고 기도했던 노보살 합창단원들은 화가 나서 절에 발길을 끊어버리고 말았던 것입니다. 합창단장이 다른 사찰로 통째로 전체를 이끌고 옮겨간 것입니다.

옮겨간 절에서 합창연습을 하고 법회 때 찬불가도 하고 보현행원도 하고 분위기 좋게 잘 했다고 합니다. 그런데 이 절에는 창건주 보살이 있었는데, 창건주 보살이 자기하고 상의없이 합창단을 운영한다고 불만이 많이 생겼나 봅니다. 그리고 몇몇 신도들이 절에서는 목탁소리나 염불소리가 들려야지 교회도 아니고 너무 절답지 않다고 창건주 보살에게 건의하는 바람에 운영권에 대해 간섭하는 창건주와 주지 스님 사이에 말다툼이 생겼습니다. 그러자 눈치 빠른 합창단장이 또 단원들을 데리고 오라고 하는 다른 사찰로 갔는데, 그 절에서도 텃세가 있어서 결국에는 견디지 못하고 집시처럼 되었다고 합니다.

이렇게 스님들이 가장 운영하기 힘든 것이 합창단이라고 합니다. 들은 얘기로는 교회에서 운영하는 성가대도 똑같다고 합니다. 참! 요즘에는 합창단 단원의 정년을 정한 사찰들도 있습니다. 전국사찰 합창단 연합회에서 세종문화회관이나 큰 장소를 빌려 불교음악공연을 하면 입장권이 없어서 못 들어갈 정도로 성황리에 음악회가 실시됩니다. 왜냐하면 친척, 친지 등 인맥들이 자동적으로 따라오기 때문입니다. 그러니 대 성공을 할 수 밖에 없는 것입니다. 그러나 주최측은 머리가 터질 정도입니다. 잘 했는데 왜 1등상을 안주냐. 설령 1등이 되었다 하더라도 실력이 아니고 청탁이나 압력으로 된 것은 아니냐 하는 갖은 구설수가 따라서 한번하면 두 번하기가 힘든 것이 연합합창단 행사라고 합니다.

약 보살

어느 절이든 약 보살이 있습니다. 건강관리에 관심이 많아서 어떤 보살이 아프다고 하면 찾아가서 이말 저말 늘어놓기도 하고, 누군가 물어보면 대답해주기도 합니다. 병은 하나인데 약은 만 가지라고 이 병원에 가라, 저 병원에 가라고 하고 이 한의원은 별 볼일 없다고 자기가 잘 아는 한의사가 진짜니 그쪽으로 가자고 선동하기도 하는데 이 선동에 솔깃 하는 보살들이 어딜가나 많이 있습니다. 이 틈새를 잘 이용하는 나쁜 보살들도 있습니다. 자격증을 딴 전문적인 의사나 약사도 아닌데 자기 나름대로 어디서 들은 풍월로 병을 고치겠다고 하며 검증되지 않은 치료를 하려는 보살도 있는가 하면 내가 꿈에서 약사여래부처님의 가피를 입은 보살이라고 소문을 내며 내 손이 약손이라고 몇 번만 배를 만져주면 다 낫는다고 하며 아무나 보면 누우라고 해서 배를 손으로 살살 만지다가 두 손으로 뱃가죽을 쥐고 흔들었다 낳다가 합니다. 이 때 아픈것은 업장이 떨어져서 아픈 것이라고하고 참고 '약사여래불'이라고 부르라고 시키는 보살도 있습니다. 그리고 어떤 보살은 이 약 저 약 건강에 좋은 약이라고 하며 약을 팔며 돈을 버는 보살도 있습니다.

왜 이런 약 보살이라는 사람들이 어느 절이고 항상 있느냐 하면 절에는 스님이든 신도들이든 사람이 많이 모이다 보니 당연히 아픈 사람이 나옵니다. 그렇기 때문에 그 영역을 파고들어가 자기 이익을 창출하기 위해 영업적으로 행동하는 보살이 있는 것입니다. 손으로 하는 보살이 있는가 하면 한의사도 아닌데 한약을 잘 짓는 것 소문을 내고 약재를 사서 한의사처럼 공진단을 만든다, 청명단을 만든다며 한 알에 만원씩 비싼 것은 2만, 3만원씩 파는 보살들이 진짜로 있습니다. 그리고 바람잡이 보살들은 옆에서 정말 잘 듣는다고 치켜세우고 자기가 약 보살표 한약을 먹고 나았다고 분위기를 삭 잡아줍니다. 이런 경우는 현행 의료법을 위반하는 것입니다. 그리고 어떤 보살은 이 약초, 저 약초 섞어서 배 즙에다가 마늘, 감초, 생강 같은 것을 넣고 푹 달여 팩으로 만들어 택배판매도 합니다. 직접 법회날 만나서 전달해 주는 경우도 있고 오토바이로 보내기도 하는 보살이 진짜 있습니다. 이런 보살을 절에서는 뭐라고 할 수가 없습니다. 왜냐하면 스님들에게 다 로비해서 문제가 생기지 않도록 해놓거나 스님 모르게 무슨 비밀모임처럼 만나기 때문에 관심 없는 보살들은 잘 모르기 때문입니다.

위에서 말한 나쁜 약 보살과는 다르게 남편이 약국을 하거나 보살이 자격증을 가지고 있는 약사면 말하기 쉬운 호칭으로 약 보살이라고 부르기도 합니다. 이러한 진짜 약 보살과 명칭만 약 보살이라고 적당히 갖다 붙이는 보살과는 구분이 안 되는 것이 절에서의 호칭입니다. 또 침을 놓는 보살도 침 보살이라 안하고 약 보살이라 하는 경우가 있는데 이 침이라는 것은 한의사가 놓아야 하는 것이지 어깨 너머로 배워서 푹푹 쑤셔 돈 받고 치료하는 보살들, 썩은 피는 뽑아야 한다며 부항으로 등짝이나 허벅지를 피멍들게 만드는 속칭 야매라고 불리는 보살들도 약 보살이라고 불립니다.

어떻게 보면 부처님의 가피력인지 몰라도 의사, 한의사 면허가 있는 사람보다 효과가 있는 약 보살도 있습니다. 그러나 면허 없는 의료 행위는 현행법상 불법이고 잘못하면 더 큰 병으로 커질 수도 있다는 것입니다. 왜 국가가 인정하는 면허가 있겠습니까? 의대를 들어가기가 얼마나 힘들고, 힘들게 들어가서 인체에 대해서 배우고 약리학 및 병리학을 배운 후에 의사 고시에 붙어서 오랜 기간동안 인턴, 레지던트를 거쳐서 의사나 한의사가 되는 지 아십니까? 적당히 절에서 감으로 병을 고친다는 말에 현혹되면 안 되는데 약 보살들의 말재간에는 어쩔 수가 없는 모양입니다.

또 약보살과 비슷하게 온천, 찜질방 보살들도 있습니다. "사람은 땀을 내야 되는 것이여!" 이렇게 말하면서 모든 몸의 독이나 노폐물은 찜질방 가서 쭉쭉 빼줘야 건강하다며 하루가 멀다하고 다니며 주변사람들에게도 권유하는 보살들이 있습니다. 건강에도 좋고, 불교가 멀리 있는 것이 아니고 찜질방 속에 다 있는 것이라고 하며 자기가 좋아하기 때문에 법회 때 만난 보살들을 꼭 동네 찜질방으로 끌고 가서 자기가 수단이 좋다는 것을 찜질방 주인이나 종업원에게 과시하고 싶은 사람들이 있습니다. 찜질방 보살들의 특징은 절에서는 기가 죽어 있다가 찜질방만 오면 기가 살아 찜질방이 없으면 살 수가 없다고 말하고 다닌다고 합니다.

약 보살 이야기를 읽으면서 꼭 알려드리고 싶은 것이 있습니다. 지금은 현대 의학이 발달되어 무조건 병원에 입원하거나 약으로 치료하려하지만 천년을 내려온 병을 고치는 비법 중의 하나는 1뜸, 2침, 3약이라고 뜸을 최고로 쳤습니다. 뜸의 단점은 뜨겁다는 것과, 냄새가 난다는 것입니다. 그리고 흉터가 생긴다는 것입니다. 그러나 뜸의 효과는 엄청납니다. 못 고치는 병이 없습니다. 자, 관심을 가지고 뜸에 대해서 읽어보시기 바랍니다.

☞ 쑥뜸이란 무엇인가?

쑥은 국화과에 속하는 다년생 식물입니다. 뜸을 만드는 쑥 가운데에서도 바닷가에서 모진 비바람을 맞으며 온갖 어려움을 이겨낸 쑥을 가장 좋은 것이라고 하는데 우리나라에서는 서해안 강화도 인진쑥이 최고의 약효가 있다고 합니다. 인진약쑥을 사려면 의료기구상에서 한 갑(책 3분지1의 크기)에 3천원정도에 판매되고 있습니다. 이 한갑만 가져도 일년은 좁쌀뜸으로 뜰 수 있는 것입니다. 성냥개비 머리알 ⅓의 크기로 엄지와 검지로 돌돌 말아 침놓는 부위에 놓는데 뜸에 불을 붙일때는 국산 싸구려향일수록 독성이 강하지 않기 때문에 사용하기가 좋습니다. 일제향이나 향냄새가 너무 강한 것은 약효를 무력하게

만들 수가 있기 때문에 한 갑에 천원짜리 향이면 오랫동안 잘 쓸 수 있습니다.

뜸은 절대로 부작용이 없고 너무 무리하게 많이 떠서도 안되고 크게 떠도 되지 않습니다. 아프거나 가려운 부분은 백혈구하고 세균하고 전투를 하고 있기 때문에 그 부위의 혈관을 찾아 뜨면 효과가 있는데 땅속에도 수돗물을 공급하는 수도관이 있는 것처럼 혈관에 뜸을 놓아야 효과가 있는 것이지 맨 살위에 놓으면 흉터가 생기며 효과가 없는 것입니다. 우리의 경락이라고 하는 곳은 인체에 기혈이 드나드는 곳이기 때문에 경락자리가 침자리이고 침자리가 뜸자리로 이해하시면 누구나가 효과를 볼 수 있습니다. 뜸의 가장 큰 단점은 흉터가 영원히 남는다는 것입니다. 그러나 병을 간단하게 고치기 위해서는 그 정도 대가는 치러야 되는 것입니다.

요즘 승용차 타이어가 노튜브라 튜브가 없고 빵꾸가 잘 나지 않지만 화물차 등 일부차는 아직도 바퀴속에 튜브를 넣고 그 탄력으로 차가 굴러 갑니다. 사람의 몸을 자동차로 비유를 하면 잘달리는 차는 아무 문제가 없는데 고장난 자동차는 어딘가 문제가 있기 때문입니다. 엔진에 문제가 있으면 차가 가지를 않고, 긁히거나 찌그러진거는 외형상 보기가 싫어서 그렇지 자동차는 굴러가는 것처럼 약간 상처나고 긁힌 것으로 사람 몸이 못 움직이는 것은 아닌 것입니다.

자동차 라이트가 안들어오거나 전기부분에 이상이 있는 것은 선이 끊어졌거나 전구가 끊어졌거나 배터리가 다 방전되었거나 원인이 있는 것처럼 우리 몸의 신경부분도 이런 원리입니다. 기름이 엔진으로 잘 들어가고 기름찌거기가 끼지 않아야 정상적으로 작동되는 것처럼 혈관의 혈액이 심장으로 깨끗하게 잘 들어가야 혈액순환에 이상이 없어 이곳저곳에 피를 잘 공급해주는데 만약 찌꺼기가 엔진에 쌓이면 이상이 있는 것처럼 심장에 찌꺼기 피가 쌓인 것이 심장병인 것입니다.

뜸의 원리

뜸은 아주 간단한 원리입니다. 자동차가 빵구가 났을 때는 자동차 서비스 업체에서 바퀴를 빼고 튜브를 물에다 넣고 거품 올라오는 부분을 찾아서 그 부위만 접착제로 때우면 아무 이상없이 구멍을 때우는 것처럼 병이 났어도 그 부위에 바로 좁쌀뜸을 뜨면 아픈 부위에서 아군과 적군이 서로 싸웁니다. 나쁜 세균을 적군이라하면 백혈구는 아군입니다. 백혈구의 특징은 몸안에 나쁜 바이러스 침입자균을 잡아서 먹는데 뜸을 뜨게 되면 온도가 올라가 평소와 달리 피난을 가려고 왔다갔다 하니까 운동량이 많아져 배가 고프니까 어디에 간식거리 세균이 없나 더 열심히 찾아다녀 세균을 잡아먹는 것입니다. 세균은 자기네를 잡아먹는 백혈구가 공공의 적이기 때문에 특공대를 만들어 백혈구에게 죽을 각오로 덤벼들기 때문에 치열한 전투에서 백혈구도 사망자가 나오고 적혈구도 사망자가 나올수 있기 때문에 서로가 싸워서 죽은 시체들을 그대로 핏속에 둥둥 떠다니게 할 수 없으니까 혈관 속에 있는 적혈구가 깨끗이 청소하게 하여 혈관 밖으로 내보내면 피부 조직들도 통로를 하나 뚫어서 몸 바깥으로 또 내보내는 것입니다.

그러면 그 시체들은 육안으로 볼때 고름이 되고 고름이 시간이 지나 굳으면 딱지가 되는 것입니다. 딱지가 있는 그 자리에 계속 하루 한번 뜸을 뜨는데 제자리에 두 번 이상은 뜨지 말아야 합니다. 그 이상을 뜨게 되면 효과도 없고 상처만 나기 때문에 좁쌀뜸 두 번씩만 떠서 딱지가 나오는 부위는 치료가 되는 중요한 부분이라는 것을 여러분들은 꼭 아시길 바랍니다. 이렇게 알기쉽게 설명을 해드렸는데 실천을 하더라도 다른 곳은 무리가 없지만 심장은 잘못 건드리면 죽는 수도 있습니다. 그 부분만 빼고 어디를 놔도 부작용은 없습니다. 뜸떠서 사람이 죽은 예는 없습니다. 다만 심장은 위험하니 절대로 뜸을 뜨시면 아니 됩니다.

이것이 뜸의 효과이고 치료의 원리입니다. 약을 먹게 되면 위를 통해서 소장으로 들어가 간으로 축출시켜 간에서 혈관을 타고 아픈 부위로 파견을 보내 그쪽에서 백혈구 지원 부대로 편성이 되어 전투를 하게 되는 것입니다. 뜸은 바로 현장 투입입니다. 그리고 외부지원 없이 그 자리에서 해결하도록 하는 것입니다. 약은 부작용이 있습니다. 간이 나빠집니다. 독한 약이 간을 손상시킬 수 있기 때문에 약을 많이 먹게 되면 합병증이 올 수 있는 것인데 사람들은 약 무서운지 모르고 발톱, 무좀약도 먹으면 낫는다고 독한 약을 먹곤 합니다. 발톱, 무좀약 틀림없이 처방대로 먹으면 낫습니다. 그러나 후유증은 간 세포들이 엄청나게 싫어하기 때문에 나중에 나이가 먹어서 간의 면역력이 떨어지며 병이 생길 수 있는 원인을 제공합니다. 그러니 가급적이면 약을 먹지 마시고 큰병이 아니면 수술도 하지 말고 뜸으로 해결하시기 바랍니다.

뜸을 뜬 자리가 가려운 이유

뜸을 뜬 자리가 가렵거나 쑤시거나 표시를 합니다. 고쳐달라고 뇌로 신호를 보내는 것입니다. 뜸은 세포면역과 체액 면역기능을 높이며, 백혈구의 수와 혈색소의 양을 늘리고, 혈당량, 핏속의 칼슘과 칼륨, 피가 응고되는데 걸리는 시간 등에 긍정적인 영향을 주는 것으로 밝혀져 있습니다.

☞ 병에 대한 부처님의 말씀

모든 중생이 병들었으므로 나 역시 병들었으며, 모든 중생의 병이 없

어진다면 내 병도 사라질 것이다. 왜냐하면 보살은 중생을 위하여 생사에 들기 때문이다. - 유마경

환자는 음식을 가릴 것, 제 때에 먹을 것, 의약을 사용할 것, 화를 내지 말 것, 간병인에게 순종할 것을 명심해야 한다. 또 간병인은 약의 양을 분별할 것, 환자에 대해 게으르지 말 것, 수면을 줄일 것, 법으로써 공양하고, 음식을 탐하지 말 것, 병자에게 법을 설할 것이니, 병자와 간호인이 여기에 반하면 병을 고치지 못한다. - 중일아함경

네 가지 법을 필요와 분별에 따라 성취하면 큰 의왕이라 하나니 네 가지 법이란 첫째 병을 잘 아는 것이며, 둘째 병의 근원을 잘 아는 것이며, 셋째 병을 잘 다스리는 것이며, 넷째 다시 발병하지 않게 하는 것이다. - 잡아함경

너무 과하게 먹으면 숨이 차고 몸이 거북하고 맥박이 고르지 못하여 마음이 막히게 되니 어떤 자세를 취하더라도 편하지 않느니라. - 중일아함경

"선남자들아, 스스로 자기의 마음을 닦으라. 방일해서는 안 된다. 나는 지금 등이 아파서 온 몸에 통증을 느끼니 어린애나 병자처럼 누워야겠다." 여래는 이렇게 말씀하시고 몸에 병이 있음을 시인하시고 오른쪽 옆구리를 땅에 대고 마치 병자처럼 누우셨다. - 열반경

모든 사람들은 탐욕과 진에와 우치와 교만이라는 네 가지 독화살이 있어 병의 원인이 된다. 병의 원인이 있을 때 질병은 일어나며, 오한과 열병과 폐병과 상기와 구토와 피부병과 마음의 병과 설사와 눈병과 귓병과 복통과 신경질과 도깨비와 귀신에 홀린 병 등 몸과 마음의

여러 병이 일어나느니라.   ― 열반경

아들이 병들면 그 부모도 병들고, 만약 아들의 병이 나으면 부모의 병도 낫는 것과 같다.   ― 유마경

☞ 시력을 찾은 바라문

나면서부터 장님인 한 바라문이 있었습니다. 어느 날 그가 부처님을 찾아와 물었습니다.
"부처님, 사람들은 세상에 빛이 있다, 색깔이 있다고 하는데 저는 믿을 수가 없습니다. 청컨대 부처님께서는 빛이 있는지 없는지, 있다

면 제가 알 수 있도록 설명해 주십시오."

그러자 부처님은 그의 질문에는 대답하지 않으시고 주치의인 지바에게 바라문을 보냈습니다. 지바는 바라문을 진찰하고 다행히 수술로 시력을 회복시킬 수 있었습니다.

시력을 찾은 바라문은 기뻐하며 부처님께 달려왔습니다.

"부처님 저는 이제부터 빛이 있다는 것과 색이 있다는 것을 절대로 의심하지 않겠습니다."

몸을 유지하는 것

미린다 왕이 나가세나 스님에게 몸에 대해 물었습니다. 스님이 출가한 사람은 몸을 사랑하지 않는다고 말하자 그럼 왜 집착하느냐고 물었습니다. 스님은 왕에게 물었습니다.

"전쟁터에서 다쳤을 때 상처에다 약을 바르고 붕대를 감았습니까?"

"그렇습니다."

"상처가 소중해서입니까?"

"아닙니다. 상처가 덧나지 않도록 보호하는 것입니다."

"그와 마찬가지입니다. 몸이 소중한 것은 아닙니다. 청정한 수행을 더욱 잘하기 위해서 몸을 유지하는 것입니다."

▶ 사기꾼 약 보살사례

절의 불사중에는 돈이 있다는 것을 아는 이 나쁜 사기꾼 약 보살은 스님의 건강을 위해서 진짜 산삼을 캔 심마니를 알고 있는데 한 번 만나보시라고 하는 것입니다. 호기심 많은 스님은 요즘 따라 건강도 안 좋은것 같고 산삼 좋은 것은 누구나가 다 아는 것이라 한 뿌리 공양을 받고 싶은 마음도 생겼습니다. 그래서 오라고 했더니 심마니가 3

뿌리를 들고와서 한 뿌리에 천만원은 줘야 되는 것인데 아무리 스님이지만 그냥 드릴 수는 없고 3뿌리에 500만원, 보시하는 셈 치고 드리겠다고 하는 것입니다. 이 산삼을 볼 것 같으면 사람하고 똑같이 팔다리가 있는 듯하고 얼굴 모습과 수염이 있는 것처럼 보이니 상품중에서도 최상품이라고 하면서 설명하는 것입니다. 그러던 중 심마니에게 한통의 전화가 걸려오는 것입니다. 전화를 받으러 잠깐 나갔다 오더니 3뿌리를 3000만원에 사겠다는 대기업체 사장이 나타났다며 스님 죄송하게 됐다고 말하며 자리를 뜨려는 것입니다. 이 때 심마니를 소개해준 사기꾼 약 보살이 팔을 붙잡으면서 스님은 부처님하고 똑같은데 3천만원에 팔아서 대기업체 사장 몸보신 시키는 게 나으냐 우리 중생제도 잘하고 좋은 일 많이하는 스님 건강을 위해서 보시하는게 나으냐 이렇게 흥정을 붙여주는 것처럼 말을 하는 것입니다. 그러면서 "스님, 아까는 아직 산다는 임자가 없어서 3뿌리를 500만원에 살까 했지만, 산다는 사람이 나타났으니 적당히 중재해서 3뿌리 다 합쳐서 천만원에 사시는게 어떻습니까? 임자가 안 나왔을 때는 3뿌리 500만원에라도 팔고 싶었지만 임자가 나왔을때는 절대 그 가격에 주기 쉽지 않습니다. 천만원도 싼 것입니다." 이렇게 말하는 것입니다. 스님은 3뿌리 5백만원에 살 수 있었는데 갑자기 천만원이라니 비싸게 느껴지고 깎아서 사고 싶은 마음이 들었습니다. 그래서 처음 얘기한대로 500만원에 달라고, 신도회장 보살이 보시한다고 딱 그만큼만 내줬기 때문에 그 이상은 안 된다고 했습니다. 그러자 심마니가 안 팔고 가겠다고 밖으로 나가려고 하니 소개한 사기꾼 약 보살이 큰 소리로 어떻게 돈만 밝히느냐고 지금이라도 내가 돈 있으면 500만원 보태서 천만원에 팔아주는데 돈이 없는게 한이 된다며 싸우는 것입니다. 주지스님은 산삼도 필요없고 사람도 필요없고 시끄러우니까 다 가라고 하면서도 속으로는 사고 싶은데, 3뿌리에 3천만원이라는데 3뿌리 다해서 천만원 정도면 괜찮은 가격같아서 그 가격에 사겠다고, 그러면 싸우지도 않을 것 아니냐고 하니 심마니가 온라인도 안 되고 수표도 안 되고 현찰로 돈 준비되면 그때 오겠다고 하니까 스님이 돈은 지금 있으니 놓고 가라고 돈을 주었습니다. 스님은 사기꾼 보살과 산삼 보살을 보낸 다음 냄새를 맡아봐도 진짜같고 감정서도 있어서 안심하였는데 그 절에 신도로 있는 한의원 원장의 부인 보살이 며칠 뒤에 절에 온 것을 보고 이참에 남편 시간날 때 한 번 와서 감정을 해달라고 해서 원장이 퇴근 후에 들려서 자세히 보더니 중국산 장뢰삼 으로 보인다고 이렇게 잘 생긴 뿌리는 대부분 만들어진 가짜라며 머리부분을 만져보니 뚝 떨어지는데 투명강력본드로 접착을 한 것입니다. 사기를 당한 것입니다. 이런 사기꾼, 가짜 산삼을 스님들한테 파는 사기꾼 약 보살들은 이 시간에도 전국을 누비고 다닙니다. 절대로 국가에서 인정한 의사나 약사, 한의사가 아닌 다음에는 약을 거래하지 않는 것이 속지 않는 법입니다. 큰 스님 아프다고 하면 전국의 사기꾼들은 제일 먼저 달려옵니다. 녹용, 인삼, 산삼, 홍삼 등 병은 하나고 약은 천가지라고 스님 돈 뜯어먹으려는 각양각색의 사기꾼들이 전국에 바글바글 합니다.

멋쟁이 보살

닦고, 조이고, 기름치자! 이것은 군대에서 자동차 정비하는 수송부에 붙어있는 구호입니다. 그러나 절에서도 멋을 부리기 위하여 항상 자기 몸을 깨끗이 닦고, 미장원 가고, 화장을 짙게 하고, 귀걸이 목걸이 하고, 반지도 하고, 높은 산사 암자에 올라가는 데도 꼭 뾰족구두를 신고 명품 가방을 들고 절에 오는 보살이 있습니다. 몸매를 이쁘게 하기 위해서 수십만원짜리 기능성 속옷을 딱 조이게 입고 그 다음에

는 향수로 기름을 칩니다. 머리는 염색 냄새와 향수 냄새가 뒤범벅이
되어 메케하고 눈화장도 열심히 하고 법회 때에도 법문은 듣지 않고
연신 손거울을 들여다보고 입술이 조금이라도 덜 발라진 곳이 있으면
법당에서도 법회 때 화장하는 보살이 있습니다. 너무 지나치게 멋을
부려 남들이 멋쟁이 보살이라고 하면 너무 좋아하는데, 얼굴은 아무
리 돈을 투자해도 예쁘지않고, 이쁘단 소리 듣는게 원이라고, 젊다는
소리 듣는 것이 원이라고 60대의 나이에도 절대로 법복은 단 한 번도
입지 않고 겨울에도 스커트를 입고 멋 부리려고 하는 보살이 있습니
다. 진짜 멋쟁이 보살은 수수한데 억지로 멋 내려는 이런 보살을 그냥
듣기 좋게 스님들은 멋쟁이 보살이라고 불러줍니다.

허영심이 심한 보살

　한 마디로 잘난 척하기 좋아하는 과시형 성격입니다. 잘 살지도 못하면서 잘 사는 것처럼 부풀려 말하고 돈도 없으면서 백화점 옷 입으려고 하고 가방도 무리하게 명품 가방을 들으려고 하고 알아 달라는 것처럼 사람들이 제일 많이 모이는 법회 날에, 가장 눈에 많이 띠는 시간에 분에 넘치는 좋은 차를 몰고 나타나기도 합니다.

　사람은 누구나 어느 정도의 허영은 있기 마련입니다. 허영심이 있으므로 공부도 열심히 하게 되고 멋도 내는 것입니다. 그러나 허영심이 강한 보살들은 신도회 모임에서도 재력이나 능력도 부족하면서 중책을 맡으려 미리 주지 스님이나 주변 보살들에게 로비를 해놓고 뽑히길 기다립니다. 이런 보살이 신도회 간부를 맡게 되면 처음에는 의욕적으로 일하는 것 같지만 남들처럼 돈을 쓰지 못하고 도리어 신도들에게 얻어먹으려고만 하고 덕을 보려고 하고 사업적으로 영업을 하거나 조직을 이용하려고 하기 때문에 이런 보살이 사찰에 나타나면 결국엔 신도회가 잘 안 굴러갑니다.

　또 이런 보살은 마음은 착해서 상처받기 쉽지만 남들이 자기 이야기를 하면 억울하다고 따지려고 하고 분을 못 참아 절 한쪽 구석에서 흐느껴 우는 경우가 있습니다. 그리고 당분간은 절에 안 나오는 것으로 불만을 표시하지만 다른 사찰에 가도 마땅히 있을 곳이 없기 때문에 기가 꺾여 다시 나오는 보살이 허영심 보살입니다.

　아기 때에 엄마의 정이 부족했고 집안이 넉넉지 못해 항상 중고품 옷을 입으면서 성장해 온 경우와 남을 집으로 초청하지 못할 정도로 초라한 집에서 컸거나 성장 후에도 중고차를 구입하여 가족이 타고 다니는 등의 경우에 잠재의식 가운데 자기를 새 것으로 포장하고 싶은 욕구가 있고 많은 사람들이 알아주기를 바라는 과시 욕구가 싹틀 수 있다는 것입니다. 이런 보살은 말을 하면 알면서도 속아주는 척하고 대화를 하게 되면 끊지 말고 속 시원히 털어놓을 수 있게 하고 앞장서서 일할 수 있는 직책을 주면 잘 감당해 냅니다. 행사 때에 안내를 한다거나 아니면 꽃 공양이나 차 공양 또는 접수를 받는 업무를 시킨다든지 하여 법당 보살로 임무를 맡기면 잘 할 수 있는 보살입니다.

미국 보살, 캐나다 보살

　그냥 미국 보살 하면 돈 많고 지적이고 훌륭한 분으로 생각할 수도 있지만 아들이나 딸이 미국에 있거나 또는 캐나다 호주 등지에 있어서 살다온 보살을 통틀어 미국보살이라고 부릅니다. 한국에 와서 처음에는 대접을 받지만 나중에는 이름만 남아 미국보살이라고 편하게 불립니다. 아주 신심 있는 보살도 미국 보살, 신심이 없어도 미국에 살기 때문에 미국 보살이라고 부릅니다. 미국에 살면서 사찰을 다녀도 친목회를 조직하여 1년에 한번 가끔 한국에 와서 5대 보궁이나 3보 종찰을 성지순례하며 일주일에서 10일정도 머무르다가 가는 경우도 미국보살이라고 부릅니다.

　미국에서 살다가 한국으로 온 보살 대부분은 한국 물정을 잘 몰라 순진한 보살들도 많지만 미국 보살들 중에서도 일단 좋은 보살, 나쁜 보살, 이상한 보살이 다 있습니다. 젊고 밝고 화끈한 보살도 있고 우울증에 걸린 보살도 있고 혼자 수행한다고 참선한다며 참선 안 하는 스님은 자기 잣대로 무시하는 등 각양각색의 한국 보살들처럼 미국에도 똑같이 다양한 보살들이 있습니다.

　미국에서는 한국과 다르게 넓은 땅에 인구가 밀집되지 않아 신도들이 한 곳에 많이 모이기가 쉽지 않아 근처에 대도시가 없으면 절을 짓기가 힘듭니다. 그래서 한국 절과 달리 교포들이 집 한 채를 사서 법당을 만든 후 절이라고 점안식을 하고 절 운영을 신도끼리 하는 곳도 있습니다. 이런 곳에 스님 한분을 모셔서 주지스님으로 모든 권한을 위임하고 불교, 포교를 하고 함께 불교발전을 위하자고 하면 미국물정을 모르는 한국에만 있던 스님이 연락받고 가는 경우가 있습니다. 문제점이 여러 가지 있습니다만 한 가지 명심해야 할 것은 한국같이 생각하고 가면 절대로 안 된다는 것입니다.

미국은 기부문화가 발달되어 있습니다. 왜냐하면 유산을 죽은 후에 물려주기에는 상속세가 엄청나게 비싸고 생전에 주려면 증여세도 엄청나게 비싸기 때문입니다. 그래서 기부문화가 발달이 되었고 재단법인이나 사단법인, 학교법인, 규모가 작은 사찰이나 교회도 다 종교법인으로 독립되어 있습니다. 그래서 사찰의 재산은 한국의 종단에서도 감사 할 수도 없고 터치 할 수도 없는 것입니다. 때문에 진짜 대보살이 가장 많이 있는 곳도 미국인 것입니다. 미국 보살 중에 재산 많은 노보살들은 아무 조건 없이 자신이 모은 재산을 미국에 한국 절 짓는데 써달라고 기부하는 보살도 미국 보살입니다.

미국의 절은 모두 다 종교법인체이기 때문에 관청에 수입과 지출을 보고해야 되고 작년보다 늘어나게 되면 이유를 대야 되고 줄어도 이유를 대야 되고 그쪽에서 알고 싶을 때는 알려줘야 되는 것이 미국입니다. 이것이 보통 신경 쓰이는 일이 아닙니다. 왜냐하면 1년에 약 30만 달러정도 들어왔다고 하면 4.8일 등 값 수입, 100일 기도비 또는 1,000일 기도비, 회비, 공양비, 인등 값, 49재, 불사금, 특별 보시금, 불전함 등의 수입과 사찰 유지비, 보수비, 인건비, 식대, 애경사 비, 지역 기부금 등을 매년 자세히 영수증을 첨부해서 서면보고를 성실히 해야 됩니다. 절도 대출받아 짓고 땅도 대출받아 산 것이기 때문에 매달 나오는 월부금도 갚아야 합니다.

한국에서는 종단으로 보고를 하지만 나라의 법이 아닌 종단의 법이기 때문에 자율적인 주지의 권한이 있을 수 있는 반면에 미국에서는 그렇지 않다는 것입니다. 그리고 5인 이상의 신도로 구성되어 있는 이사회를 만들어 회칙과 함께 회의록을 국가에서 원할 시에 제출해야 하고 이사들의 감사서명이 있어야 하기 때문에 아주 친하고 믿는 보살이나 거사가 아니면 주지스님은 경제권을 행사 할 수 없다는 것입니다. 보살은 스님을 못 믿고 스님들은 보살들을 못 믿는 곳이 미국에 있는 보살과 스님들의 관계입니다. 다 그런 것은 아닙니다만 확률적으로 높다는 것입니다.

미국 생활은 엄청나게 힘들고 고생은 고생대로 하고, 일을 해도 능률이 오르지 않고 언어도 통하지 않고 절은 지켜야 되고 보살들 대부분은 학력이 높아 순진하게 말을 듣지 않고 이것저것 따지고 이성적으로 판단하고 움직이기 때문에 스님들이 참으로 힘들다고 합니다. 그래서 결국에는 한국으로 돌아오는 경우가 많습니다. 이런 정보를 모르기 때문에 이 순간에도 떠나가는 스님과 돌아오는 스님이 생기는 것입니다.

또 미국에서 포교를 하려면 종교비자를 신청하여 영주권을 취득해야 되는데 3년간은 출입국이 특별한일 외에는 힘들다는 사실입니다. 그 뒤 영주권을 취득한 후에는 시민권도 취득해야 하는데 그러려면 한국 국적을 포기해야되고 속가에서 부모에게 물려받은 재산이 있으면 통장의 잔고까지도 미국 국세청에 해외재산으로 신고를 해야만 합니다. 또 한 가지 알려드리고 싶은 사실은 한국과 달리 스님들이 운전을 꼭 할 수 있어야 한다는 것이고 절을 지을 때는 주택가에서는 허가가 나지 않고 상업구역에서만 허가가 난다는 것입니다. 주거지역에서 사찰을 운영하거나 목탁을 쳐서 소리를 내게 되면 민원이 들어오게 되고 결국은 사찰폐쇄명령을 받게 됩니다. 일부 스님들은 한국과 달리 골프를 우리나라 배드민턴 치듯이 가볍게 보살들과 필드로 치러 나가는데 잘 쳐도 흉이 되고 못 쳐도 흉이 됩니다. 신도단련하려면 같이 어울려야 하기 때문에 함께 골프치면 소문이 한국에서 듣게 되면 한국상식으로 판단 내리기 때문에 스님의 입장이 난처한 경우가 생기기도 합니다.

진짜 있었던 일화 하나를 이야기해 드리겠습니다. 요즘은 어떤지 모르지만 미국 보살들이 절을 운영할 주지스님을 초청 할 때 한국에서 온 스님이 계율을 얼마나 잘 지키는가를 시험하기도 했다고 합니다. 공항으로 마중 나가서 차로 모시고 공양을 대접하겠다며 한식집으로 모시고 갑니다. 식당에 도착해서 비행기 타고 오시느라 얼마나 힘들었겠느냐고 말하며 여기는 한국이 아니고 미국이고 우리는 신심 있는 보살들이라며 은근히 안심시키고 밀폐되어있는 식당 방안에서 불고기나 LA갈비 같은 육류를 주문하면서 계율정신이 얼마만큼 몸에 배어있나 마음을 떠보는 것입니다. 대부분 스님들이 비행기 타고 오며 피곤하고 정신적으로 지쳐서 다 유혹에 넘어간답니다. 그걸 본 보살들은 '그러면 그렇지.' 마음속으로 판단을 내리고 살짝 자리를 떠서 스님 모르게 도반하고 통화를 합니다. 도반이 스님이 고기를 드셨냐고 물으면 "끝났어. 똑같아. 아주 맛있게 잘 드시더라."라고 말하면서 스님의 가치를 평가한다고 합니다. 이 이야기는 진짜로 실화입니다. 그리고 이 함정에 빠지지 않은 스님은 진짜 스님이 오셨다고, 대단하신 선지식 스님이 오셨다고 친견하러 가자고 말한다고 합니다. 이런 함정을 파놓고 스님을 평가하는 보살들도 미국 보살 중의 한 부류라는 것입니다. 하지만 이해심 많은 보살은 스님이 설령 육식을 했다 하더라도 '소문내고 평가하는 보살이 나쁘지 스님도 사람인데 그런 것 가지고 약점잡으려고 덤벼드는 보살이 마구니 보살이지.' 이렇게 이해하고 두둔하는 보살도 있습니다. 좌우지간 분명한 것은 미국 땅에 살

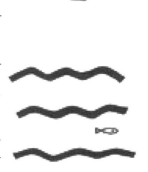

면 미국 보살이라는 사실입니다.

그리고 캐나다에 살면 캐나다보살이라고 하는데 미국 보살보다 캐나다보살들이 훨씬 순박하다고 합니다. 때가 덜 묻었는데 초창기에 이민와서 20~30년 전에 사찰을 한국 스님들이 운영할 때 신도들이 없어서 절 운영이 안되어 고생을 많이 했다고 합니다. 그래서 어떤 스님들은 택시운전을 하기도 하여 절 월세를 내기도 하고 아르바이트로 신문도 돌리고, 갖은 고생을 다 하면서 불법을 포교하는 스님들이 많이 있었다고 합니다. 캐나다 보살들은 가난해도 뒷바라지를 잘 해 드렸다고 하는데 소문을 듣고 한국에서 스님들이 많이들 와서 절은 좁고 또 문중이 맞지 않거나 주지스님과 사이가 안 좋으면 보살집에 가서 잠시 있는 경우가 있었다고 합니다. 그러면 한 두 끼는 공양대접 하지만 일주일이 넘어가면 어떤 보살은 노골적으로 스님대접을 하지 않고 "여기는 한국이 아니에요, 캐나다에요. 저희 집에서 나가시든지 아니면 아르바이트 삼아 돈을 벌러 나가셔야 됩니다. 저희 남편도 한국에 있을 때는 대기업체 부장을 했구요. 저희 친구 남편은 대학교 교수를 했구요, 또 한 친구 남편은 육군 대령으로 제대했는데 나이도 많고 취직도 안 되고 집에서 놀자니 너무 심심하고, 그래도 이 곳에 오게 되면 한국에 있던 직업이나 신분은 깡그리 잊어버리고 다시 시작하는 거에요. 스님도 이곳에 신도가 없고 돈도 떨어져가면 어쩔 수 없이 아르바이트를 하러 나가시는게 좋을 것 같습니다." 이렇게 당차게 스님을 대하는 것이 일반 속인들을 대하는 것 처럼 구박을 하는데 그 때 스님이 대답하기를 "그럼 나도 어디가서 아르바이트를 했으면 좋겠는데, 어떻게 해야 한국가는 비행기삯이라도 모을 수 있습니까?" 이렇게 이야기 하니까 기다렸다는 듯이 "스님, 이제는 알아들으시네요. 한국과 다르다는 것을 며칠만에 파악하셨네요. 기계로 잔디깎는 기술자 옆에서 보조하는 아르바이트가 있고 페인트 칠할 때 기술자 옆에서 보조하는 아르바이트가 있습니다. 그런데 대부분 낮에 하기 때문에 사회적으로 한국에서 신분이 좀 높았던 사람들은 밤에 일을 하지요.” “예? 그럼 밤일이라니, 무슨 도둑질이라도 한다는 말입니까?” 이렇게 순진하게 스님이 물었더니, 당찬 보살이 하는 말이 “밤은 밤인데, 그런 나쁜 일을 스님께 하라고 할 수 있겠습니까? 이 곳 캐나다는 가장 많이 하는 아르바이트가 낮에는 푹 자고 밤만 되면 호숫가 근처 늪지에 깜깜한 밤에 짝짓기 하려고 올라오는 지렁이를 핀셋으로 잡아서 깡통에 담아 수집상에게 가져가면 kg당 얼마씩 계산해서 받는 것입니다. 이 지렁이는 바로 국경 너머 미국으로 낚시꾼들 미끼용으로 팔려나가는 데, 미국에도 지렁이가 있지만 미국에는 인건비가 비싸 타산이 맞지 않는다고 합니다. 그래서 국경너머 지렁이 수집상이 인건비가 저렴하고 노동력이 풍부한 캐나다에서 많은 사람을 동원해서 지렁이를 잡도록 해서 수집하여 미국 전지역 낚시가게로 싱싱한 지렁이를 판매한다고 합니다. 그렇기 때문에 한국에서 건너온 사람들이 가장 쉽게 남녀노소 할 수 있는 아르바이트가 깡통 하나씩 들고 지렁이를 잡는 일이라고 합니다. 노력한 것 만큼 정확하게 돈을 받아오는 것입니다. 보통 수입은 한국 돈으로 계산하면 적게는 10만원, 많게는 20만원 정도 매일 밤 벌이가 된다고 하니 이 유혹을 쉽게 떨치지 못하는 것입니다. 낮에는 낮잠자고, 깜깜한 밤이 되면 누가 누구인지 분간도 안 되는 습지에서 자기 일만 열심히 하면 되기 때문입니다” 결국에는 그 스님도 알바를 나가기로 결심하고 가겠다고 하니까 당찬 보살의 남편과 몇몇 사람틈에 끼어서 밤이면 열심히 지렁이를 잡으러 다녔다고 합니다. 그리고 이왕 말이 나왔으니까 일러드리겠습니다만은 한국과 캐나다가 가장 크게 무엇이 다르냐 하면 인건비가 비싸기 때문에 침대를 사도 가구를 사도, 컴퓨터 책상을 사도 한국은 완제품을 사서 구입하는 데 캐나다에서는 조립입니다. 덜렁 택배가 포장되어 있는 물품을 집어 던지고 가면 도면을 보고 볼트를 찾아서 하나하나 조립해야 되는 것이 한국생활이 몸에 베인 한국사람들한테는 가장 큰 힘든일이면서도 스트레스가 보통이 아니라고 합니다. 처음에는 재미삼아 호기심으로 하지만 매사가 이런식이니 돈많으면 이쪽에도 완제품이 있습니다만 요금이 만만치 않기 때문에 이민와서 한푼이라도 아끼려면 직접해야 된다고 합니다. 그리고 애들을 때렸다가는 자기자식이라도 이웃집에서 신고하면 가정폭력범으로 경찰이 출동해서 수갑차고 감옥에 가는 것이 미국이나 캐나다법입니다. 얼렁뚱땅 한국에 살던 사람들은 외국생활이 힘든 것입니다. 이렇게 외국에서 생활하는 보살들을 다시 말해서 미국에 살면 미국보살, 캐나다에 살면 캐나다보살, 독일에 살면 독일보살, 영국에 살면 영국보살이라고 합니다. 이 중에는 잘 사는 보살도 있고 가난한 보살도 있고, 성격이 좋은 보살도 있고 당찬 보살도 있고, 사람 나름이지만 외국생활은 적진속에서 생활하는 것과 같기 때문에 살아가면서 한국처럼 인정을 다 베풀지 못하는 것을 이해하라고 내가 아는 미국보살, 캐나다보살들이 이야기 하는 것을 들었습니다. 그래도 가끔은 통크게 신심을 내서 100만 달러 씩 불사하는 보살들도 있는 곳이 미국 보살과 캐나다 보살입니다.

현담스님이 간절히 부탁하는 글

※ 좋은 보살님! 읽어보세요. 경전을 읽으면 비유법이 나옵니다. 부처님이 말씀하신 무부무기에 대한 알기 쉬운 설명입니다. 어렵지만 잘 읽으면 피가 되고 살이 되는 찌개 백반처럼 불교의 핵심입니다. 자~ 그러면 무부무기란 무엇이냐 하면 제가 설명부터 할테니 원문을 읽어보십시오. 불법은 인과법이라고 합니다. 콩 심은데 콩 나고 팥 심은데 팥 난다고 합니다. 원인 없는 결과가 없다고 합니다. 그런데 만약에 이대로 인과법을 적용시키는 것은 기계로 벽돌을 찍어내는 것과 같이 융통성이 없이 적용시키기 때문에 불법의 사상이 사실은 아닙니다. 왜냐하면 악인은 악과고 선인은 선과라고 하면 전생에 악한 업을 지은 사람은 금생에도 악당이 되고 악질이 되어 한량없이 윤회의 고통을 받아야 되고 착한 사람은 선인은 선과이기 때문에 전생에 착했던 사람이 금생에도 착하기만 하다면 불법을 만나서 달라질 수가 없는 것입니다. 불교를 만나는 순간 선인은 더 복을 많이 짓고 착한 사람이 될 수 있는 것은 당연하겠지만 나쁜사람이 나쁜 결과만 나온다면 불법을 만나서도 악인으로 행동을 한다면 불교를 만나나 안 만나나 전생에 저지른 업은 피해갈수 없다고 하지만 그대로 운명론 쪽으로 결과를 받아만 준다고 하면 불교를 만난들 무슨 소용이 있겠습니

까? 지금부터가 중요한 것입니다. 전생에 악한 일을 많이 한 과보는 못생기고 멸시받고 가난하고 총명하지 못한 어리석은 과보로 산다는 것입니다. 그러나 착한 일을 많이하면 아름다운 모습에 부귀공명을 누리고 지혜롭고

존경받고 대접받으며 잘 산다고 합니다. 바로 이점입니다. 이 부분은 인정합니다. 좋은 보살, 나쁜 보살, 이상한 보살이 만들어지는 과정은 전생에 어떤 업장으로 금생 잠재의식 아뢰야식의 종자로 깔려 있다가 세상에 나와서 불교만나고 행동하며 업력이 드러나는 것입니다. 힘으로 되지는 않습니다. 전생에 좋았던 보살도 선업의 복이 다되고 좋지 못한 도반 보살을 만나고 서서히 악의 기운의 악습을 가진 업력을 익히기 시작한다면 나쁜 보살로 서서히 변해 간다는 것입니다. 그리고 나쁜 보살이 안 되면 이상한 보살로 변해간다는 것입니다. 나쁜 보살과 이상한 보살의 차이점은 나쁜 보살은 피해자가 나온다는 것입니다. 범죄입니다. 남이 싫다고 하는데 거짓말을 해서 돈을 빌려서 갚지 않으면 사기꾼 보살이 되는 것입니다. 없던 말도 지어서 스님들을 곤경에 처하게 하고 구업을 짓고 스님들의 명예를 떨어뜨리는 나쁜 보살들은 사회법으로 명예 훼손을 저지르는 것입니다. 상대방의 약점을 비밀무기처럼 쥐고 있다가 터뜨리겠다고 공갈을 치고 금품을 요구 했다면 공갈죄에 해당이 되는 것입니다. 정신적으로 꼼짝 못하게 거짓말로 공포심을 느끼게끔 하여 금품을 요구한다고 하면 협박죄에 해당이 되는 것입니다. 이런 것이 나쁜 보살들의 특징인데 강제로 약점을 잡아 자기 이익을 위해서 스님들에게 물건을 비싸게 팔면서 사지 않으면 안되게끔 만들거나 스님이 잘못한게 있다고 하더라도 절을 떠나라고 반복해서 강요하면서 해서는 안될 말로 강요하는 것은 강요죄에 해당되는 것입니다. 없던 사실을 부풀려서 허위로 나쁜 소문을 내서 스님들을 곤경에 처하게 하는 경우는 허위사실 유포죄가 되는 것입니다. 어떤 스님은 산 좋고 물 좋은 명산대찰 암자에서 혼자 수행을 잘 했는데 1년 정도 지나서 그 암자를 뺏고 싶은 나쁜 스님이 보살을 시켜서 수행자라는 스님을 본사에서 내쫓게하기 위해서 주말에 서울에서 친 속가 여동생이 오빠스님을 출가한 후 처음으로 만나러 찾아가서 대중공양도 하고 시주도 하고 밤이 깊었기 때문에 하룻저녁 암자에서 머물다가 내려왔는데 암자를 뺏으려는 나쁜 스님이 '이쁜 젊은 여자가 자고서 내려왔다' 라고 이렇게 자기신도 나쁜 보살에게 소문을 내도록 하여 본사공양주 귀에 들어가게 하고 여기저기 스님들 보살들에게 소문을 내게 해서 암자에 있는 스님이 얼굴을 못들고 다닐 정도로 유언비어를 만들어 곤경에 처하게 만들었습니다. 그래서 결국은 누명을 쓰고 수행 잘하시던 스님은 쫓겨나고 나중에는 속퇴해서 비승비속으로 사는 것이 수행에 도움이 되겠다고 사는 스님 이야기도 들어봤습니다. 나쁜 스님이나 나쁜 보살 구업 한마디, 모사 한마디가 수행자의 육도 윤회를 면하겠다고 발심출가자의 앞길을 막아 버리는 경우가 있습니다. 지독하게 나쁜 보살들은 지금도 도처에 있습니다. '도고마성'이라고 도가 높아지면 마가 강해진다고 합니다. 좋은 보살 틈에는 반드시 나쁜 보살이 있습니다. 여동생 때문에 억울하다고 하산한 스님을 나중에 내가 만났습니다. 호적을 복사해서 본사로 보내주라고 가족사진도 증거로 보충해서 보내주면서 공양주든 소문을 믿는 사람에게 반론을 제시하지 않으면 안된다고 법으로 하면 허위사실 유포고 명예훼손이고 하지만 그렇게 할 수는 없고 누명은 벗겨져야되니 서류를 보내고 전화통화를 해서라도 억울함을 호소하라고 가르쳐 주었습니다. 그냥 덮고 있으면 평생 스트레스가 됩니다. 이런일이 너무나 많습니다. 그래서 이 책을 현담스님이 쓰는 것입니다. 불법이 전에 국법을 지켜야되고 나쁜 보

살의 구업이 도에 지나치면 법에 걸립니다. 명예훼손 같은 경우 민사소송에 걸려들면 손해배상 청구해야 되는데 돈이 없다고 버티면 진짜 없으면 몰라도 조금이라도 재산이 있으면 경매처분해서라도 받게 하는 것이 민법입니다. 법을 우습게 아는 보살들에게 경종을 울리기 위해서 알려드리는 것입니다. 자~ 그럼 불교 교리 쪽으로 알려드리겠습니다. 나쁜 보살이 전생에 아뢰야식 가운데 습이 그렇게 되어 있다면, 불교를 만나지 않았으면 그 종자를 가지고 환생했기 때문에 또 나쁜 일을 계속 하지만 불법을 만나는 순간 달라지려고 생각을 바꾸고 노력하고 노력하면 생각의 힘으로 착한 사람이 서서히 될 수 있다는 것입니다. 바로 이것이 불교의 가르침입니다. 콩 심은데 콩 나고 팥 심은데 팥 나오는 것은 전생 업을 금생에도 수행하지 않고 바꾸려고 하지 않고 그대로 행동했을 때가 문제입니다. 참선을 통해서 수행을 통해서 바꾸려고 하면 달라진다는 것입니다. 그래서 콩 심은데 팥으로 변해서 팥이 될 수 있다는 것입니다. 또 팥이 콩으로 변할 수 있다는 것입니다. 전생의 업을 금생에 생각의 힘으로 바꿀 수 있다는 것이 불교의 가르침입니다. 이것을 강조하기 위하여 전문적인 불교의 학문이 유식학인 것입니다. 이숙(異熟)습기라는 것입니다. 불법은 원인과 연결되는 연을 중요하게 여깁니다. 그래서 인연법이라고 하는 것입니다. 나쁜 보살님들 달라져야 됩니다. 이상한 보살님들 이제는 발심하셔서 생각을 확 바꾸고 정법으로 참선하고 유식 불교 하면서 변해

야 됩니다. 우리는 반드시 4가지를 피해 갈 수 없다고 합니다. 첫째. 태어난 것이요. 둘째 살고 있는 것이요. 셋째 몸을 반드시 버리는 순간이 온다는 것입니다. 넷째 아뢰야식만, 자기 마음만 남기고 떠돌아다닌다는 것입니다. 이

것을 전문적인 용어로 1.생유 2.본유 3.사유 4.중유 라고 하는 것입니다. 1. 2.번은 경험했고 확인이 되었습니다. 기다리고 있는 것은 나쁜 보살님 이상한 보살님 분명하게 똑똑하게 생각해야 됩니다. 3번과 4번이 기  다리고 있다는 것입니다. 4번이 지나면, 다시 환생하게 되면, 입태하게 되면 1번이 된다는 것입니다. 그리고 2번 생을 살아야 된다는 것입니다. 이렇게 해서 나쁜 보살, 이상한 보살 모두를 좋은 보살로 변하게 만드는 것이 이책을 쓰는 목적이라는 것을 아시기 바랍니다. 세상의 즐거움은 후세에는 고통이 된다고 했습니다. 시시각각 대발심 중 생성불 찰나간!! 금생에 이 몸을 제도하지 못하면 다시 어느 생을 기다려 제도할 것인가! 생사는 호흡지간에 있습니다. 오늘은 살았지만 내일 산다는 보장이 없습니다. 죽을 장소를 모릅니다. 날짜를 모릅니다. 왜~ 태어났는지 부모님이 나의 몸은 만들어 줬지만 나의 마음은 만들어 준 사람이 없습니다. '이 마음이 무엇인고' 알 수가 없는 것입니다. 우주가 생기기 이전에도 마음은 있었고 우주가 없어진다고 해도 이 마음은 남아 있는 것입니다. 도대체 이 마음은 무엇인가. 왜 생겼는가. 언제 없어지는 건가 알수가 없는 것입니다. 화두는 푸는 것이 아닙니다. 쉽게 묻고 답 할 수 있다면 화두하고는 십만팔천리 멀어진 것입니다. 앉으나 서나 꿈속에서나 오직 알 수 없는 화두의 근본자리 단제만이, 단제만을 참구하는 것이 참선하는 좋은보살의 나가야 될 길이고 생명이고 진리인 것입니다.   끝

주식하는 보살

아치라는 유식단어는 잘 아시지요? 후회하는 일, 어리석은 것을 아치라고 하며 7식에서 나온다고 말했습니다. 중생들은 대부분 혹 떼려다가 혹 붙인다고 돈 조금 벌려고 하다가 빨려 들어가 결국은 패가망신하고 망하는 사람들이 우리 주변에는 많이 있습니다. 주로 주식투자입니다. 대한민국 남자의 5명의 한명 꼴이라고 합니다. 10명에 2명 20%가 한다고 하니 얼마나 많은 숫자입니까? 자본주의 꽃 주식을 해서 돈 벌었다는 사람은 별로 없습니다. 망하고나서 진짜 불교를 만난 사람도 있고 참선법을 만나 과거를 잊어버리고 유식공부도 하는 보살님들이 제 주변에 심심치않게 있습니다. 그래서 이 글을 쓰는 것입니다. 결론은 하지말라는 것입니다.

어떤 사람이 해야하냐면 도를 통한 도인만이 미래를 내다봐서 할 수 있는 것입니다. 그런데 도인은 물질의 세계를 초월해서 생사윤회를 영원히 끊으려고 정진을 하기 때문에 속세에서 살고 있는 중생과는 달리 관심이 없는 것입니다.

물질에 중요성을 아는 중생들은 돈이 있어야 사는 것입니다. 돈이란 무엇이냐? 돈없어? 굶어봤어? 돈 없어 맞아봤어? 돈 돈 울고 웃는 인생사 돈 있어야 결혼도 하고 돈 있어야 대접도 받는데 돈 벌기 위한 방법은 주식을 하는 것입니다. 대박주를 쫓다가 쪽박주가 되어 가정이 풍비박산나고 퇴직금을 날리고 이혼당하는 사람들도 있습니다. 하지말라고 해도 하고 지금 망하지 않았어도 언젠가는 주식에 중독이 되면 망하게 되어있습니다. 그런데 딱 첫잔의 술을 마시는 것이 서서히 마시다가 알코올 중독이 되고 술주정꾼이 되는 것처럼 처음 호기심으로 한번 주식거래를 한 것이 주식중독이 된다는 것입니다.

담배를 피는 것도 만찬가지입니다. 딱 한 모금이 두 모금이 되고 세 모금 그러다가 담배가 없으면 뇌가 더 피곤한 것처럼 느껴져서 또 한 모금 빨고 그러다가 끊지 못하는 담배 중독자가 되는 것처럼 모든 것은 처음 시작이 중요한 것입니다. 하지 말아야 되는 것입니다. 유식에서는 어리석다고 분명히 말했습니다. 아치라고 7식은 악의종자라고 악이란 무엇이냐? 남에게 피해를 주고 근심을 주는 것을 말합니다. 주식을 해서 망하게 되면 가족에게 근심을 주고 피해를 주기 때문에 하지 말라는 것입니다. 그래도 합니다. 이왕 할 것 같으면 잘 됐으면 좋겠지만 잘 되지 못하는 논리적인 이유를 지금부터 알려드리겠습니다.

지금 쓰는 글은 제 경험이 아니고 주식의 고수가 망하고 나서 남긴 글을 요점정리해서 일러드리는 것입니다. 심심풀이 땅콩처럼 가볍게 읽어보십시오. 저하고는 상관이 없습니다.

전 국민의 남자 20프로인 5명에 1명꼴로 주식에 투자를 한다고 하니 얼마나 많은 사람들이 관심이 있겠습니까? 제가 알기로는 주식하는 보살님들이 계시는데 대부분이 쫄딱 망했습니다. 왜 그런가하면 위험한 코스닥, 작전주에 투자했고 남편 모르게 카드 현금 서비스를 받아 돌려막기 하다가 파산했던 것입니다.

자증분으로 생각해야 됩니다. 오르면 떨어질 것이요, 떨어지면 오를 것이요, 가지고 있는 여유자금으로 그 돈이 있어도 그만, 없어도 그만이라는 마음으로 투자해야 합니다. 그리고 100대기업에 투자해야하며 코스닥이나 작전주에는 절대 투자하지 말아야 합니다. 그런데 그게 쉽나요~ 순식간의 유혹에 넘어가는데 그것이 탐욕의 세계, 어리석은 중생의 세계이기때문에 경찰관도, 검판사도 주식에서 돈을 잃고 날고 긴다는 증권사 직원들도 결국에는 다 망한다고 합니다. 왜 그럴까요?

그 이유는 심리게임이기 때문입니다. 오르면 더 오를 것 같고 떨어지면 더 떨어질 것 같아 팔 때는 안 팔고 살 때는 더 싸게 살려고 하다가 기회를 놓치면 아쉬워 후회하고 있다가 상투에서 투자해서 손해를 보는 것입니다.

제가 지금 공개하는 이 자료는 보살님들께서 주식으로 피해를 보신 분들이 많아서 안타까운 마음에 교보문고에서 주식에 대한 책을 한권 사서 읽어도 보았고 증권사 지점장 출신으로 망한 뒤 선방에 와서 참선하는 거사님에게 보살님들이 궁금해 하셨던 것을 문답시간을 갖게해서 이야기 하는 것을 기억력 좋은 제가 일부 요점 정리해서 알려드리는 것입니다. 그 지점장 말로는 주식은 산을 그리는 것과 같다고 합니다. 산꼭대기에 올라가면 내려 갈 것이고 내려가면 올라가야 한다는 것과 같은 이치라고 합니다.

결론적으로 지점장 말씀이 "하지말라"는 것입니다. 제가 생각할 때 복이 있는 사람은 모든 것이 잘되지만 업장이 무거운 사람은 쪽박을 찬다는 사실입니다.

주식에 대한 요점정리 - 주식하시는 분들은 한번 읽어보세요!

1. 주식투자는 홀로 하는 운전과 같습니다. 운전자가 이성을 잃었다면 남는 것은 대형 사고뿐입니다.

2. 주식투자는 기대하거나 마음 먹은대로 되지 않습니다. 요행을 바래서도 안 되는 것이 주식투자입니다.

3. 우리는 자신을 누구보다도 잘 안다고 생각합니다. 그래서 타인의 충고를 귀 기울여 듣는 척하지만 정작 실제 행동은 그렇지 못한 경우가 많습니다. 우리 마음에 '부인'과 '부정'이 자리 잡고 있기 때문입니다. '알면서도 못 한다.'라고만 합니다. 그리고 앞으로는 그러지 않겠다고 약속은 잘합니다. 그러나 '남을 속이는 것보다 더 나쁜 것은 자기 자신을 속이는 것'입니다.

4. 주식투자는 경험이 많을수록 성과가 좋지 않습니다. 그것은 자신의 경험이 쌓아 놓은 아집 때문입니다.

5. 아침 9시에 개장을 하면 바로 매도나 매입을 하지 말고 상황을 지켜본 후 약 30분이 지나서 살 것인가 팔 것인가 판단을 내리는 것이 중요합니다. 왜냐? 아침 에 저점을 형성 한 후 다시 싯가를 돌파하며 상승하려고 할 때 매수하는 것도 수익을 낼 수 있는 방법입니다. 매도도 마찬가지입니다. 개장하자마자는 서로 상황을 모르는 상태에서 흥분을 하기 때문에 판단이 흐려질 수 있습니다.

6. 주가가 조금 오르면 더 오를 줄 알고 팔 때를 더 기다리다가 결

국에는 하락세를 만나 본전을 찾으려고 기다리다 큰 손실을 보는 경우가 많습니다. 왜 이런 일이 벌어지느냐하면 마치 사람이 일단 올라간 나무에서 내려오기를 주저하는 법과 같습니다. 왜냐하면 자신이 저지른 잘못을 인정하는 것이 수치스럽고 처음부터 다시 시작하는 것이 귀찮기 때문입니다. 그래서 이대로 계속 있으면 자신에게 불리하다는 사실을 알면서도 좀처럼 제자리로 돌아오지 못하는 것입니다.

7. 주식투자는 개인 사업이나 마찬가지입니다. 주식투자도 사업을 할 때처럼 치밀한 계획과 준비가 필요합니다. 그리 만만치 않은 사업인 것입니다. 주식투자를 하려면 거시적인 경기 흐름과 맞물린 시장의 대세 시황을 파악할 줄 알아야 하고, 어떤 산업이 좋을지 전망할 줄 알아야 하며 또 어떤 기업(주식)에 외국인들이나 기관들의 사자(매수)가 몰리는지도 볼 줄 알아야 합니다.

8. 가슴에도 머리에도 돈만 가득 담은 채 투자를 하면 객관적이고 원칙적인 투자가 아닌 욕심으로 가득 찬 도박 같은 투자를 하게 됩니다. 돈을 맹목적으로 쳐다보지 말아야 합니다. 돈을 쳐다보지 않아야 자신의 마음을 다스릴 수 있습니다. 사람들이 목숨 다음으로 중요하다고 말하는 돈의 욕망을 쫓으면 매수해야 할 때와 매도해야 할 때, 그리고 서둘러야 할 때와 기다려야 할 때 등 결정적인 상황에서 객관적인 판단이 흐려지고 돈에 대한 욕심과 두려움이 앞서게 됩니다.

9. 주식투자는 머니 게임입니다. 게임을 할 때처럼 지지 않는 것을 목표로 하자는 것입니다. 매일매일 주식을 사고파는 단기 거래자이든, 며칠 또는 몇 달 단위로 주식을 사고파는 중장기 거래자이

든, 거래를 게임으로 보고 단 한 번도 게임에서 지지 않는 것을 투자 목표로 삼는 것입니다.

10. 주식시장은 군중이 모여 있는 곳입니다. 주식투자는 군중 속 익명의 다수와 머니 게임을 하는 것입니다. 자신 또한 군중의 하나입니다. 사람들은 대개 군중에 속하고 싶어 하고 다른 사람들과 비슷한 행동을 하기를 원합니다. 그러나 주식투자의 성공은 군중과 다른 사고, 다른 행동을 하려고 노력하는 것에서 비롯됩니다. 물론 군중을 거역하면 위험한 상황에 빠질 수도 있습니다. 군중이 상승하고 있는데 혼자서 하락하는 방향으로 투자를 한다든지, 시장은 하락하는데 혼자서 상승하는 방향으로 투자를 하는 것은 군중과 다른 사고, 다른 행동을 하는 것이 아닙니다. 단지 고집을 부리는 것일 뿐입니다. 시장의 추세를 따르되 군중들이 열광할 때 냉정하고 군중들이 두려워할 때 용기로 밀어 붙여야 한다는 것입니다. 그러한 심리를 무기로 해야 머니 게임에서 이길 수 있습니다.

11. 한쪽이 이기면 한쪽은 지게 마련입니다. 주식 게임에서 패했을 때 결과는 참담합니다. 주식투자는 완전한 제로섬 게임은 아니지만, 익명의 어떤 투자자와 머니 게임을 하여 이긴다는 것은 그의 돈을 빼앗아 오는 것과 똑같습니다. 물론 자신도 다른 투자자한테 돈을 빼앗기기 싫을 것입니다. 똑같이 상대도 빼앗기기 싫어합니다. 서로 얼굴을 모르는 채 머니 게임을 하고 있는 곳이 주식시장입니다.

12. 투자 기법에 대해 잘 모르는데도 쉽게 큰돈을 버는 사람도 보았고, 기본적·기술적 분석 통달한 사람이 늘 돈을 잃는 경우도 보

았습니다. 이것은 결국 투자 기법보다 중요한 무언가가 있다는 것입니다. 그것이 복력의 차이점 입니다. 복이 있는 사람은 돈을 벌 수 있습니다.

13. 자금 관리 능력이고 다른 하나는 자신의 마음을 다스릴 수 있는 마인드 컨트롤 능력입니다. 자금 관리 능력까지는 어쩌면 열심히 공부하여 만들어갈 수도 있을 것입니다. 그러나 자신의 마음을 변화시키고 통제할 수 있는 능력은 쉽게 얻어지지 않습니다. 그래서 어떤 사람은 간단한 원칙만을 작용하고도 큰돈을 버는가 하면 어떤 사람은 많은 노력을 하는데도 돈을 벌지 못하는 결과를 낳습니다.

14. '돈을 벌수밖에 없는 성향'이 있는 것 같습니다. 모두들 위험하다고 말할 때 투자하는 과감성, 욕심을 낼 때 수익을 챙기고 빠지는 자기 통제력 등은 타고나든가, 아니면 성장 과정에서 얻어진 직관적 판단 능력이라고 생각됩니다.

15. '주식은 항상 상승할 때 매도하고 하락할 때 매수해야 한다.'

16. 주식시장에서 돈을 벌려면 주식시장에 적합한 인간형으로 자신을 바꾸어야 합니다. 자신이 주식투자에 맞는 인간형이 아닌데 주식투자를 계속한다면 얼마나 힘들까요? 정신적으로 힘들 뿐만 아니라 큰돈까지 잃게 됩니다. 주식투자의 결과는 돈의 증감으로 명확하게 나타나므로 자신의 노력 또한 명확하게 계좌의 돈의 증감으로 나타납니다.

17. 주식투자를 운에 맡겨서 하면 도박이고 공부를 해서 실력으로

하면 도박이 아닌 것입니다. 주식투자에서 성공하려면 무엇보다 거래 원칙이 중요하다고 강조했습니다.

18. 주식시장은, 주가는 우리가 바라는 대로, 기도하는 대로 움직여주지 않습니다. 매수 원칙이란 것은 '이변이 없는 한' 주가가 상승할 수 있을 거라는 확신이 있기 때문에 매수하는 것입니다. 반대로 주가가 하락할 거라고 판단되는 매도 원칙에 따라 매도하는 것 입니다.

19. 내 판단이 늘 틀렸다면 원칙이 잘못된 것입니다. 원칙은 더 공부하고 더 훈련하여 만들어가는 것입니다.

20. 사람들은 외지인들을 만나 흥정을 할 때면 처음에는 야만인처럼 강한 모습으로 상대방의 기를 죽이고, 안되면 원숭이처럼 달래보고, 그래도 안 되면 생쥐처럼 바닥을 기어서라도 흥정을 성공시킨다고 합니다. 이 같은 특징은 중국인 특유의 변칙과 임기응변 그리고 융통성에서 드러납니다.

21. 주식시장을 하나의 유기체라고 말합니다. 그도 그럴 것이 주식시장은 무생물이지만 마치 살아있는 것처럼 행동하고 움직입니다. 주식시장은 '군중'이기 때문입니다. 그래서 주식시장에는 마음이 있습니다.

22. 주식시장에 투영된 시장 참여자들의 마음(한 사람의 심리도 아

니고 그렇다고 다수의 심리가 항상 작용하는 것도 아닌) 이 작용하여 변칙적인 움직임을 가지면서 시장 참여자들의 심리가 반영됩니다.

23. 신 고가를 형성하며 마냥 상승할 것만 같은 상황에서도 이해가 안 되는 폭락이 발생하기도 하고 연속되는 폭락 속에서도 강한 상승을 하기도 합니다. 대다수가 상승할 것이라고 판단하여 시장 상승에 투자를 하지만 시장은 마치 비웃기라고 하듯이 급락을 하여 허탈하게 만들기도 합니다.

24. 종합지수가 급등하고 있을 때 주식투자를 했다가 손해를 보고 마음고생만 하다가 끝내 시장 하락 조정이 충분히 진행되고 있을 때 견디지 못하고 매도해버리고 나면 그제야 다시 강한 상승 기류를 타곤 합니다. 이런 경험을 반복적으로 하는 개인투자자들은 시장이 상승할 때는 시장이 언제 얼굴을 바꿀지 몰라 두려움에 머뭇거리고 시장이 하락할 때는 어떻게 될지 몰라 마냥 기다리게 됩니다.

25. 미국 주식시장에서는 네 가지 동물 이야기가 유명합니다. 주식시장에 네 가지 동물이 함께 살아간다고 합니다. 시장 상승에 배팅을 하는 '황소'가 있고 시장 하락에 배팅을 하는 '곰'이 있습니다. 그리고 황소나 곰을 추종하여 따라다니는 '양'이 있습니다. 또 욕심만 가득한 '돼지'도 있습니다.
   황소나 곰은 격렬하게 싸우지만 결국 그들은 싸움의 대가로 돈을 법니다. 시장이 상승할 때 황소들이 돈을 벌고 시장이 하락할 때 곰들이 돈을 법니다. 양은 두려움이 많아 수동적이지만 어떤 때는 황소를 쫓아서, 어떤 때는 곰을 쫓아서 수익을 내기도 합니다. 결국 양은 손실을 보는 경우가 대부분입니다. 돼지는 욕심쟁이일 뿐입니다. 잘난 척하며 황소를 좇아가면서 자기가 마치 황소인 것처럼 행동하고, 또는 곰을 좇아가며 마치 자기가 곰인 것처럼 행동하지만 결국 돼지는 욕심으로 인해 도살되고 맙니다. 우리는 이런류의 투자자들을 많이 봅니다. 시장이 대세 하락 국면으로 접어들었다는 것을 인정하면서도 끝까지 홀딩을 한다든지, 자신이 생각한 대로 움직이지 않아 손절매할 것이라고 생각한 가격 권까지 하향 돌파하는 상황에서도 언젠가는 상승하겠지 하고 무작정 기다리는 식의 투자자가 상당히 많습니다.

26. 심사숙고하여 주식을 매수했지만 자신의 판단대로 움직이지 않을 때는 빨리 포기하고 최소한의 비용 정도만 수익을 낸다든지 최소한의 손실만 내고 매도해야 합니다. 여러 번 그런 상황이 반복된다 해도 자신의 판단대로 움직여주는 한 번의 상황을 만나 수익을 낼 수만 있다면 투자자는 주식투자에 성공할 수 있습니다.

27. 주식투자에서도 특정 주식에 투자를 했는데 호재가 나와서, 또 수급이 좋아서 상당히 강한 상승을 하고 있다면 충분한 수익을 내야 합니다. 상승 도중 눌림목 조정이 있다면 추가 배팅을 하면서 끝까지 기다릴 수 있는 인내심과 배짱이 있어야 합니다. 그런 배짱은 좋지 않은 카드일 때 포기할 수 있는 훈련이 미리 되어 있어야 가능하며, 이번 상황은 충분한 수익을 낼 것이라는 확률적 판단을 할 수 있는 심리적 요인입니다.

28. 주식투자는 계속해서 우리들로 하여금 판단을 하라고 요구합니다. 현금을 가지고 있으면 매수 종목을 선정하고 그 종목의 매수

타이밍을 판단해야 합니다. 일단 매수한 후 종목을 보유하고 있으면 매도 타이밍을 판단해야 합니다. 거래 주기가 짧은 투자자일수록 판단해야 하는 상황은 빈번해집니다.

29. 인내심을 갖고 시장을 관찰한 후 최적의 타이밍을 기다려야 수익을 낼 수 있습니다.

30. 특별 종목에 투자할 때 상승할 거라는 확신이 들어 매수해도 수익을 낼 수 있는 확률은 그리 높지 않습니다. 우리들 모두 '이 종목은 이 상황에서 매수하면 거의 확실히 수익을 낼 수 있어'하는 판단의 순간을 알 수 있습니다. 매수 타이밍이 어떤 것인지는 압니다. 사실 확실하다고는 하지만 상승 확률이 높다는 의미입니다. 그런 상황을 잡아야 수익을 낼 수 있습니다.

31. 주식투자는 이론과 실전이 너무나 다릅니다. 그래서인지 이론에 정통한 전문가도 실전 투자에서는 실패하는 경우가 많습니다.

32. 주식투자 전문가들이나 성공한 투자자들은 시끄럽지 않습니다. 주식으로 돈을 번 사람들은 돈 벌었다고 공공연하게 떠들고 다니지 않습니다.

33. 주가는 항상 상승하면 할수록 더욱 강해지는 경향을 가지고 있기에 자칫 정점이라고 판단하여 매도해 버리고 나면 이후 더욱 강한 상승을 하기도 합니다. 그래서 쉽사리

정점이라고 판단하기 어렵고, 그렇다고 눌림목 후 재상승할 것
이라 판단하기도 어렵습니다. 눌림목 후의 강한 상승을 기다리
다가 수익을 낸 투자를 예상치 못한 주가 하락으로 본전이나 손
해를 보고 매도하는 경우도 비일비재합니다.

34. 정점이라고 판단된 순간에 매도하지 못하고 기다린 투자자는
이후 하락 시에는 더욱더 매도하지 못하는 심리적 상황에 빠져
들게 됩니다. 전문가 역시도 판단의 상황에서는 늘 어려움을 느
낍니다. 다만 많은 경험을 통해 얻은 판단 근거와 기술적 분석
등을 통해 설명할 수 있을 뿐입니다.

35. 결정의 순간에는 자신의 '감각적 선택'에 기댈 수밖에 없는 것입
니다. 주식투자를 하는 사람들은 좀 솔직하지 않습니다. 돈을 많
이 벌어놓고도 늘 손해 본 이야기만 하면서 엄살 부리는 사람이
있는가 하면, 조금 벌고도 많이 번 것처럼 영웅담을 늘어놓는 사
람도 있습니다.

36. 주식투자는 심리 전쟁입니다. 종목을 고를 때 객관적으로 판단
해 골랐지만 실전에서 매수를 할 때는 두려움이나 욕심 같은 심
리가 작용하기 때문에 객관적인 판단을 할 수 없는 상황이 발생
하는 것입니다. 잘못하면 큰돈을 잃을 수 있기에 강한 종목에는
두려움이라는 보수적인 생각이 작용하여 매수하지 못하고 횡보
또는 하락하고 있는 힘이 없는 종목에만 욕심이 작용하여 섣부
른 매수를 하게 되는 것입니다.

37. 매수한 가격보다 상당히 올라서 수익을 많이 냈는데도 좀 더 좀
더 하다가 결국 본전치기이거나 손해를 보고 팔게 되는 경우가

비일비재합니다. 수직 상승한 주식은 그때가 상투였고 수직 하락한 주식은 그때가 바닥이었습니다. 늘 내릴 때 매수하고 올라갈 때 매도해야 한다고 생각은 하지만 결국 투자 행동을 보면 올라가는 주식을 매수하고 내려가는 주식을 매도하는 자신을 발견할 수 있습니다.

38. 처음 주식을 매수할 때는 두려움이 앞서지만 상승할 거라는 기대와 낙관을 갖습니다. 자기 생각대로 주가가 상승하면 흥분되고 기분도 좋습니다. 점차 상승하여 수익이 커질수록 욕심이 더해갑니다. 그러다가 주가가 더 이상 상승하지 않고 하락하기 시작하면 걱정과 불안감이 고조됩니다. 그러나 좀 더 기다려 보자고 자신을 달래며 기다립니다. 투자가 마침내 자신이 매수한 가격권까지 하락하면 이제 손실이 날 수도 있는 상황에 이르게 됩니다. 그 순간에는 '잘 올라가던 주식이었으니까' '좋은 주식이니까 다시 올라갈 거야' 라며 스스로를 합리화하며 기다립니다.
 그러다 더 떨어져 손실이 점차 커지면 절망하고 낙담하며, 손실이 감당하기 어려운 상황이 되면 공포로 인해 매도하게 됩니다. 그러나 주식은 그때가 바닥이며 그때부터 다시 상승합니다. 만일 거의 포기 상황이 되어 매도하지 않았다 하더라도 다시 반등을 하여 매수한 가격권으로 올라오면 거의 대부분 매도하게 마련입니다. 결국 마음고생만 하고 수익도 못 낸 꼴이 됩니다. 이것이 주식투자를 하면서 겪는 투자자들의 마음입니다. 과욕과 공포를 제어한다는 것은 어려운 일입니다.

39. 다른 방법이 하나 더 있습니다. 분할 매수, 분할 매도입니다. 주가가 어느 정도 올라 수익이 난 상태에서 욕심이 들면 일단 50% 정도 매도하여 수익을 챙겨놓고 나머지 50% 정도는 자신의 욕심

을 실현하기 위해 기다립니다. 더 올라가면 50%만을 챙기고 만족을 하는 것이고 반대로 내려가면 이미 챙겨놓은 수익이 있으므로 나머지는 손실이 나지 않는 범위에서 매도하면 됩니다. 먼저 20% 정도 매수하고 상황을 지켜보고 있다가 자신이 판단한 대로 시장상황과 주가가 움직이면 자신의 판단이 옳다는 것이 증명된 것입니다. '백화점식 투자'라고 말합니다. 이곳저곳에서 좋다고 들은 주식들을 조금씩 사 모으고 그런 뒤에는 올라도 안 팔고 내리면 더욱 못 팔아 많은 종목을 보유하게 된 것입니다.

40. 주식투자는 머니 게임입니다. 금융자산으로 하는 모든 재테크가 그렇듯 돈이 모이는 곳에서 수익이 납니다.

41. 주식시장에서 한번 소외된 주식은 아주 오랫동안 소외된 상태로 있게 마련입니다. 외국인들이나 기관들이 매수하는 종목은 시장에서 각광을 받고 있는 종목이거나 또는 그들이 사기 때문에 시장에서 주목을 받습니다. 시장에서 주목을 받고 메이저들도 매수하기 때문에 그 종목들은 기술적 분석상으로도 상승 추세에 있거나 신고가를 내면서 상승합니다. 매일매일 상승과 하락을 하는 주가 역시 그와 마찬가지입니다.

42. 아주 강하게 상승하는 주가를 쳐다보면 하늘 높은 줄 모르고 끝없이 상승할 것만 같고 하락을 지속하는 주가를 바라보고 있으면 끝없이 하락할 것만 같습니다. 그러나 상승하던 주가는 끝내 상투를 치고 하락하며, 하락하던 주가는 끝내 바닥을 치고 다시 상승으로 반전합니다. 따라서 주식투자는 좋은 종목을 고르는 것도 중요하지만 타이밍을 잘 맞춰야 하는 것입니다.

43. 주식은 상승 초기에는 거래량이 증가합니다. 주가가 어느 정도 상승한 후 거래량이 급격히 증가하는 날이 옵니다. 그날이 바로 상투가 됩니다. 하락할 때 매수해야 한다고 마음속으로 주문을 외워야 합니다. 반대로 매도는 상승하고 있을 때 해야 합니다. 특히 강한 상승을 하면서 거래량이 폭증한다든지 전고점 또는 신고가 가격을 돌파하는 강세를 보이면 이후 멀리 못 가 다시 조정을 보일 것입니다. 따라서 강한 상승으로 주가가 고공 행진을 하기 시작하면 사실 분할 매도를 시작해야 합니다.

44. 시장을 절대 이기지 못합니다. 시장은 항상 옳습니다. 우리는 그 시장에 편승하여 거래할 뿐입니다.

45. 보유 주식의 교체는 시장의 상승 시기에 하는 것이 아니고 하락 시기에 하는 것입니다. 강한 주식은 시장 약세 시에도 하락 폭이 작으며 시장의 작은 반등에도 강하게 상승합니다. 특히 장기 투자의 실패를 경험한 많은 개인투자자들은 하루에서 며칠 또는 몇 주간 주식을 보유하는 소위 단기 거래를 하고 있습니다.

46. 단기 거래를 하는 개인투자자들이 실패하는 원인 중 하나는 잦은 거래에 의한 비용손실로 원금이 조금 조금씩 줄어든다는 것입니다. 단기 거래는 사실 전문가의 영역이라 할 수 있습니다. 대개 젊은 사람일수록 목표로 하는 수익률이 높고 나이 든 사람일수록 낮습니다.

47. 주식시장에서는 하루에 5% 이상의 등락이 일반적이며 10% 이상의 상승과 하락도 비일비재합니다. 2,000여 개의 수많은 종목들을 보면 어떤 주식은 두 배, 서너 배까지 상승합니다. 그런 종

목에 한 번만 투자해서 성공하면 목돈을 만들 수 있다는 꿈을 가지기 쉽습니다. 그러나 현실은 그렇게 호락호락하지 않습니다. 그렇다고 이루어지지 않는 것도 아닙니다. 문제는 현실과 꿈 사이에서 꿈을 현실화하려는 노력이 없다는 것입니다.

48. 계좌에 있는 돈이 단지 '수치'로 보이기 때문입니다. 내 돈이긴 하지만 내 손안에 있지 않고 단지 수치로 늘었다 줄었다 하는 것을 보며 그 크기를 자각하지 못하는 것입니다. 계좌에서 출금과 입금을 반복하는 경우도 많습니다.

49. 주식투자로 돈을 많이 벌어도 출금하기 전까지는 내 돈이 아니라는 말이 있습니다. 계좌에 있는 돈은 언제든지 또 다른 투자로 잃을 수 있기 때문입니다. 주식투자로 번 돈은 반드시 출금하라는 말도 있습니다. 그래야 현실적으로 돈을 느껴볼 수 있습니다.

자, 잘 읽어보셨죠? 내가 들은 이야기인데 주식을 해서 돈을 번 사람이 한 사람 있었다고 합니다. 그 사람은 일반 보통사람이 아니고 죄를 짓고 감옥에 가서 10년을 살고 나오니 주식이 확 올랐다는 것입니다. 살 수도 없고 팔 수도 없고 어쩔 수 없이 감옥에 있다가 나와보니 올랐다는 사람 말이 일리가 있습니다. 자주 사고 팔다가 수수료로 다 날리는 경우가 비일비재하기 때문에 그럴 수도 있다는 생각이 듭니다. 그러나 잘못하면 회사가 없어지는 경우도 있습니다. 그러니 하지 말라는 것이 결론입니다.

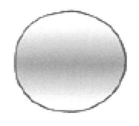

✱ 죽어가는 마지막 할 일 (임종 시 주의사항)

  우리 주변에는 갑자기 임종을 당하는 보살님들이 많이 있습니다. 부처님께서는 임종 시의 법문을 이렇게 하셨습니다.

  부처님께 아난존자가 여쭈었습니다.
「세상사람들은 운명시의 행사가 망자에게 큰 관계가 있음을 알지 못하므로 운명하려 할 때에는 빨리 운명하기를 기다리고 운명한 뒤에는 속히 장사치르기만 생각하고 긴요한 행사를 하지 아니하니 참으로 통탄할 일입니다. 운명을 전후하여 행할 일과 주의할 것을 일러 주십시오.」
  부처님께서 말씀하셨습니다.
「운명할 사람의 방에는 극락세계 세성현의 모습을 조각이나 그려 모시되, 동향으로 아미타불을 모시고 아미타불의 왼쪽에는 관세음보살을, 오른쪽에는 대세지보살을 모실 것이며, 3성의 상을 구하기 어려우면 아미타불상만 동향하여 모시고, 불상 앞에는 향로와 경전 등 왕생에 관한 경책이외에는 다른 물건을 많이 놓지 말라. 불상이 없으면 '나무아미타불' 여섯글자나 '아미타불' 네글자를 글씨로 써서 모셔도 좋고, 그것도 할 수 없으면 다만 서쪽을 향하여 염불하면 좋다.
  운명할 사람은 자기 일신상의 일이나 집안 일이나 세상사를 모두 놓아 버리고 오직 극락왕생만을 발원하고 일심으로 염불할 것이며 설사 병고가 중하더라도 죽음을 두려워하지 말고 염불만 할 것이다.
  이렇게 염불하는 사람이 목숨이 다하였으면 극락에 왕생할 것이고 목숨이 다하지 아니하였으면 병이 속히 나을 것이니,

이는 지극한 마음의 염불로 인하여 숙세의 업장을 소멸하여 제거하는 까닭이다.

그러나 잡념을 하거나 병이 나을 생각만 하고 염불을 성실하게 하지 아니한 사람은 왕생하지 못한다. 이는 병이 낫기만 바라고 왕생을 구하지 아니한 까닭이며, 설사 목숨이 다하지 아니하였더라도 병이 속히 낫지 못하고 도리어 병고가 더하게 되느니라.

병자가 평소에 염불법을 알고 법답게 수행한 이라도 운명시에 가족 친족들이 옆에서 조념(助念)함이 매우 유리하거니와, 염불하지 아니한 이는 염불을 하였더라도 성실히 수행하지 못한 이는 조념하는 것이 더욱 필요하다.

그러나 병자가 조념을 희망하거나 반대하지 아니할 경우와, 조념을 싫어하여 반대할 경우에는 조념하는 방법이 같지 아니하다.

또 운명할 사람이 병이 없거나 병이 가벼워 정신이 있고 조념을 희망 혹은 반대하지 않을 때에는 친속들이 반을 짜서 매일 교대로 염불하여 염불소리가 운명할 사람의 귀에 들리게 하며 운명할 때까지 계속하되 소리의 고저와 완급과 도구(목탁)를 사용하는 여부는 그 사람의 의사에 의할 것이다.

또 병자의 정신이 혼미하거나 병이 중하여 자신이 염불하지 못하더라도 친속들이 반을 짜서 교대하여 운명할 때까지 고성으로 염불할 것이고 병자가 염불하기를 싫어하거나 조념까지 반대할 때에는 병자

에게 염불소리를 듣는 것이 크게 이익되는 것을 간절히 설명하고 그의 듣고 듣지 않는 것을 불구하고 운명할 때까지 염불을 계속하는 것이 좋다.」

평소 염불을 하지 아니하였거나 성실하게 수행하지 못한 사람이면 운명시의 몸가지는 태도를 자유에 맡길 것이고 억지로 서쪽으로 향하게 하지 말 것이다. 그러나 평시에 여법(如法)하게 수행한 사람이면 운명할 때에 몸가짐의 태도는 세 가지가 있다.

첫째, 서향에서 가부좌 또는 반가부좌 하고 합장하거나 혹은 아미타 부처님의 수인(手印)을 맺고 염불하면서 운명하는 것.
둘째, 서향에서 오른쪽 옆구리로 누워 염불하면서 운명하는 것이니, 이것을 '길상유(吉祥遊)'라 한다.
셋째, 서향하여 곱게 서서 합장하거나 아미타불수인을 맺고 운명하는 것이다.

가족이나 친속들은 운명할 사람에게 언어와 행동을 매우 조심할 것이니,
첫째 슬픈 기색을 보이거나 눈물을 흘리지 말 것,
둘째 애정을 못 이기어 섭섭한 말이나 집안 일이나 세상일을 말하지 말며, 요란하게 떠들지 말아야 한다.

이러한 일은 운명하는 사람에게 슬픈 마음을 일으키거나, 애정에 끌리거나, 다른 일에 마음이 산란하게 되면 바른 생각을 잃고 악도(惡道)에 떨어지기 쉽기 때문이다.
또 무당·판수·외도(外道)들이 하는 행사를 혼용하지 말라. 이것은 해만 있고 이익이 없을 뿐만 아니라, 불법의 위엄을 손상하는 까닭이

니라.

운명한 뒤에도 조념(助念)을 계속하며 염습(殮襲F)할 시간을 제하고는 49일까지 영전에서 가족들이 염불할 것이며, 또 선지식(善知識)을 청하여 중유(中有) 에게 설법하되 "어떠한 경계를 당하든지 조금도 동념(動念)하지말고 서방정토에 왕생하기를 발원하고 일심으로 염불하라."고 설명하여 들려주면, 중유는 염불하는 소리와 선지식의 설법을 듣고 부처님의 힘을 얻어 정토에 왕생할 수 있느니라.

또 망자가 기절한 뒤 곧 울거나 옷을 갈아 입히거나 손발을 거두거나 몸을 흔들어 움직이지 말고 신식(神識)이 다 떠나간 뒤 늦어도 사후 하루를 지낸 뒤에 하는 것이 좋다.

그 이유는 시체에 한곳이라도 온기가 있으면 신식이 아직 다 떠난 것이 아니니, 입으로 말을 못하고 몸을 운동하지 못할지언정 지각은 아직 남아 있으므로 우는 소리를 들으면 애정이 생기고 불법 생각이 식어지므로 세세생생에 해탈할 수 없고, 몸을 흔들어 움직이면 고통이 되어 진심(眞心)이 생기고 불법 생각이 적어져서 악도(惡道)에 떨어지기 쉬우니라. 이때에 가장 이익을 얻는 것은 염불이 제일이고 떠드는 소리나 흔들리는 것은 정토 왕생에 방해가 되느니라.

또 어떤 사람들은 망인이 운명하자마자 손발을 거둔다고 손목과 발목을 묶어서 염할 때까지 두는 관습이 있다. 이것은 운명 후에 시체를 그대로 두면 관절이 굳어져서 염하기가 불편하다고 해서 하는 일이나, 만일 신식이 시체에서 떠나기 전에 손발을 거두다가 신식이 고통을 느끼어 성이 나면 안될 것이니 그대로 두는 것이 좋다. 그대로 두었다가 설사 굽게 굳더라도 뜨거운 물에 수건을 담갔다가 물을 짜고 굳은 지절(肢節)에 두면 굳은 것이 부드러워지는 것이니, 염려할 것 없다.

또 어떤 사람은 초혼(招魂)을 하는데 불교를 믿는 사람이라면 초혼을 할 필요가 없다. 지성으로 염불하여 망자의 명복을 빌면 부처님의 원력으로 명부(冥府)에 가지 않고 극락으로 직행하게 될 수 있는 것이다.

흔히 시체를 염할 적에 금강경탑다라니(金剛經塔陀羅尼) · 천수탑다라니(千手塔陀羅尼) · 수구다라니(隨求陀羅尼)를 넣어서 망인이 다라니의 공덕으로 선도에 태어나기를 원하는 사람도 있으나 광명진언을 외우라.

광명진언(光明眞言)은 "옴 아모가 바이로차나 마하무드라마니 파드마 스바라 프라바 룻타야 훔"이니라.

10악(十惡) · 5역(五逆)을 지은 사람이 두 서너번 듣기만 하여도 죄업이 모두 소멸하느니라. 또 10악 · 5역 등 여러 죄를 많이 지어 그 죄가 세계에 가득 차서 죽어 지옥에 떨어졌더라도 깨끗한 모래에 이 진언을 108번 외워서 그 모래를 죽은 이의 시체나 무덤 위에 흩어 주면 모든 죄가 소멸되어 곧 극락세계에 왕생한다.

복을 지어 망자를 천도(薦度)하는 일은 보시(布施)가 위주이며, 그 중에도 망인의 유물로 복을 짓는 것이 가장 좋으니, 망인이 많은 이익을 얻는 까닭이다.

망인이 신구(新舊) 의복이나 몸에 따라 소용하던 물건을 3분하여 3보께 보시하면 그로 인하여 망자의 업장이 가벼워지고 공덕과 복리를 얻을 것이니 너무 좋은 의복을 시체에 입혀 보내지 말라.

그러므로 망인의 유산이 있으면 전폐(錢幣)로 바꾸어서 불상을 장엄하고 경전을 간행하고 승가에 보시할 것이며 또 가난한 이를 구제하고 생물을 방생하는 등 유정(有情)에게 유익한 일을 할 것이다.

만일 부모가 죽어서 아귀도(餓鬼道)에 났을 때에 그 자손이 망령을 위하여 복을 지으면 아귀가 곧 이익을 얻을 것이요, 만일 망령이 천도(天道)에 났으면 천도에는 승묘(勝妙)한 보장(寶藏)을 성취하였으므로 인간의 물건을 생각하지 않을
것이고 지옥에 났으면 극고(極
苦)를 받으므로 다른 생각을
할 겨를이 없고 축생(畜生)도
그러하여, 원래 애탐간린(愛貪
慳悋)으로 인하여 아귀도에 떨
어진 것이므로 항상 허물을 후
회하고 추천(推薦)의 이익을
생각하므로 그 이익을 얻을 것
이니, 지혜있는 자는 아귀를 위하여 부지런히 복덕을 지을 것이니라.

평소에 3보를 믿지 않고 법계(法戒)를 행치 아니하다가 죽은 뒤에 3
도 9란(三途八難)에 떨어져서 고통을 받을적에 친속이 망인을 위하여
복을 닦으면 7분 중에 1분의 복을 망인이 얻게 되느니라.

세상에 있을 적에 선인(善因)을 닦지 못하고 중죄를 지은 사람이
명이 다한 뒤에 그 친속들이 망인을 위하여 일체 성사(聖事)를 지으
면 망인은 7분의 1 공덕을 얻고, 6분의 공덕은 생자(生者)가 얻는 것
이다.

상중(喪中)에 법사(法師)를 청할 적에는 될 수 있는대로 도행(道行)
이 진정하고 지해(智解)가 명철한 이를 택할 것이니, 법사의 계행이
청정치 못하거나 법요(法要)의 의식이 분명하지 못하거나 사리를 탐
하는 이는 중유(中有)의 신통으로 알고 있으므로 실망하거나 회한(悔
恨)하여 진심이 생기면 고취(高趣)에 떨어지기 쉬우니라.

제사에 살아있는 것을 죽이는 것은 크게 금기할 것이니, 살생으로
인하여 중유(中有)가 악보(惡報)를 받게 되는 것이다. 중유가 살생하
는 것을 보고 살생하지 말라고 가족에게 이르지만 가족이 알아듣지
못하고 살생하므로 중유는 진심(眞心)을 내어 악도(惡道)에 떨어지게
된다.

그러므로 제수(祭需)는 소찬(素饌)으로 차리고 조객(弔客)에게도 가벼운 음식으로 대접해야 하나니, 설사 조객에게 불만이 있을지언정 망인에게 죄를 얻게 할 수는 없는 것이다.

혹 사람들이 산 목숨을 죽여 음식을 차려 놓고 제사를 지내더라도 망인에게는 털끝만한 이익도 되지 못하고 죄연(罪緣)만 맺게되어 죄장(罪障)이 깊어질 뿐이다. 가령 내세나 현세에 성분(聖分)을 얻어 인천(人天) 중에 날 것이라도 임종시에 권속(眷屬)들이 악인(惡因, 殺生)을 지은 인연으로 망인에게 루(累)가 되어 인·천에 나는 일이 늦어질 것이어든, 하물며 망인이 전생에 선근이 없으면 본업에 따라 악보를 받게 되겠거든, 어찌하여 권속의 잘못으로 망인의 업을 더하게 하랴.

비유컨대 먼 곳에서 오는 사람이 양식은 끊어진 지 3일이 되었는데 짊어진 짐은 무게가 100근이거늘, 거기 또 이웃 사람을 만나 다른 물품을 첨부한다면 짐이 무거워서 꼼짝할 수 없는 것과 같느니라.

염불인 중에 극락에 왕생할 이는 운명시에 이상한 징조나 여러 가지 서응(瑞應)이 보이는 일이 있기도 하거니와, 염불인은 그런 일에 구애되지 말고 극락왕생만을 발원하고 일심으로 염불만 할 것이다. 가령 서응이 보이더라도 거기에 동요되어 염불이 전일(專一)치 못하거

나 염불을 중단하여서는 안된다. 서응이 보일수록 더욱 침착하며 일심으로 염불을 할 것이며, 도 서응이 보이지 않더라도 역시 일심으로 염불을 계속할 것이다.

부처님이 중생들을 구제하시는 데는 현저히 나타나기도 하고 은연히 나타나기도 하여 범부(凡夫)로서는 추측할 수 없는 것이니, 설사 일시에 서응이 보이지 않더라도 그로 인하여 실망하지 말고 일심으로 염불할 것이다. 일심으로 염불하는 것이 극락에 왕생하는 요결이니라.

부처님의 이와같은 법문을 듣고 모든 사람들이 환희에 차 있었는데 갑자기 하늘에서 서기방광이 일으매 빔비사라 임금님은 관세음보살과 대세지보살이 모시고 떠나는 모습이 선연히 보였다. 그리하여 이 광경을 본 무수한 천인들까지도 위없는 보리심을 발했다.

그때 부처님은 허공을 걸어 기사굴산으로 돌아 오시고 아난은 대중들을 위해 앞에 설하신 바를 자세히 부연해 말해주었다. 한량없는 하늘 사람들과 용과 야차들은 부처님 말씀하신 것을 듣고 모두 크게 기뻐하면서 예배하고 물러갔다.

좋은 보살님 꼭 읽어보세요!!

불법은 생사해탈법입니다. 나고죽는 육도윤회를 벗어나기 위해서는 죽음을 두려워해야 합니다. 현재는 살고있지만 언젠가는 이 몸을 버리게됩니다. 그러나 몸은 소중한 것입니다. 살아생전에 아껴써야 되고 몸이 있다는 것은 수행할 수 있고 아주 좋은 보배중의 보배입니다. 그러나 신심이 없는 사람들은 몸을 우습게 여깁니다. 죽으면 그만이지 죽은 후에는 무슨 세계가 있어 잘먹고 잘살면 되는것이야. 돈이면 최고야. 고리타분한 헛소리들 하지마 불교가 밥 먹여주냐? 동물은 잡아먹기 마련이고 물고기는 낚시를 하면 얼마나 기분이 짜릿한가. 이렇게 신심없는 중생들이 이 세상에는 너무 많습니다. 어찌하오리까? 무지몽매한 중생들 그러나 한 번은 반드시 겪어야 될 관문이 있습니다. 태어나면 반드시 몸을 버리는 시절이 있다는 것입니다. 마음은 죽음이 없습니다. 불생불멸입니다. 그러나 육체는 한계가 있습니다. 지금부터는 신심이 없기 때문에 불교를 가볍게 생각하는 나쁜 보살님들! 발심해서 착한 보살이 되야 합니다. 이런 보살님들을 위해서 죽음의 순간에 대한 임종에 대한 글을 알려드릴테니 읽고서 발심해서 참선을 해서 화두타파 확철대오의 경지에 갈때까지 선방에서 집에서 정진하는 좋은 보살이 되기를 간전히 발원하며 이 글을 소개해드립니다. 이 글을 읽고서도 신심이 없는 나쁜 보살이나 이상한 보살들은 어쩔 수 없습니다. 그러나 조금이라도 전생에 닦았던 선근 공덕이 있는 보살님 같으면 무엇인가 느끼는 것이 있을 것입니다. 참! 재미있게 마지막으로 일러드리고 싶은 말은 책 내용중에 쥐보살 비유를 잘 든 것 같습니다. 절에 신도는 많아도 쥐보살같은 신도가 많으면 곡식만 축내지 절 운영에 도움이 되지 않는다는 것이 기가 막힌 말입니다. 현실에 쥐보살이 나날이 늘어나고 있기 때문에 어찌해야 하오리까. 쥐를 잡는 방법은 스님이 지혜가 있어 고양이보살을 키우는 것입니다. 그런데 이 고양이가 지혜가 없는 고양이라 아무쥐나 잡으면 안됩니다. 적당히 구분할줄아는 고양이보살이 필요하다는 것입니다. 이것이 불교 발전과 사찰운영에 도움이 된다는 것을 경험많은 현담스님이 일러드리고 싶은 말입니다. 어렵더라도 꼭 확실히 배워야 될 유식론은 아주 소중한 불교의 가르침입니다. 참선은 실천수행이고 유식은 이론입니다. 집을 설계할 때 설계도가 필요한 것처럼 수행을 잘하기 위해서는 이론이 중요합니다. 지금부터는 어렵더라도 깊이있게 유식에 대해서 설명할까합니다. 왜냐하면 일평생 유식이란 말을 듣지도 못하고 죽는 사람이 많고 또 안다고 하더라도 어려워서 쉽게 설명을 원하기 때문에 현담스님의 유식의 골수를 알려드리겠습니다. 우선 제일 중요한 것은 마음이 8가지의 작용을 한다는 것입니다.

안이비설신의 6식을 부처님께서 비유들은 법문

부처님께서 코삼비 구사라원에 계시면서 모든 비구들에게 말씀하셨다. 어떤 사람이 빈집에서 놀다가 6가지 동물을 얻었다고 하자, 처음에는 개를 얻었는데, 그 개를 붙들어 어떤 곳에 매어 두었다. 다음에는 새를 얻었고, 다음에는 독사, 다음에는 여우 다음에는 악어, 다음에는 원숭이를 얻었다. 그는 이런 동물들을 얻어 모두 한곳에 매어 두었다.

그러면 **개**는 마을로 들어가려고 하고,
새는 항상 허공으로 날아가려고 하며,
뱀은 늘 구멍으로 들어가려고 하고,
여우는 무덤 사이로 가려고 하며,
악어는 언제나 강으로 들어가려고 하고,
원숭이는 산으로 들어가려고 한다.

이 6가지 감각은 각각 제가 좋아하는 경계를 구하고 다른 경계를 원하지 않는다.

눈(眼)은 언제나 사랑할 만한 형색을 구하고,
마음에 들지 않는 형색은 곧 싫어한다. – 1식

부처님이 눈이 중요하다고 하셨습니다. 그래서 1번으로 정한 것입니다. 왜냐하면 전쟁이나서 포탄이 떨어지더라도 귀로 듣지 못하고 냄새를 맡지 못하더라도 몸을 피하여 피난도 가고 숨을 수도 있고 먹을 것을 구하러 다닐 수도 있고 위험한 지역이나 안전한 지역을 구분할 수 있기 때문입니다. 안경점에서 써 붙이는 표어가 몸은 한냥이요, 눈은 99냥이라고 눈이 없는 몸은 아무런 의미가 없다고 써붙여 놓으면서 눈 나쁜 고객을 상대로 장사를 합니다. 그러니 유식에서도 제1식을 눈이라고 하는 것입니다.

안식(眼識)

안식(眼識)은 색경(色境)을 인식합니다. 색경이란 무엇이냐 하면, 물질을 말하는 것입니다.

몸을 색이라고 합니다. 유식용어로는 색법이라고 합니다. 마음은 심법이라고 합니다. 이렇게되면 또 헷갈릴 것 같아서 아주쉽게 강조해서 가르쳐 드리겠습니다. 물질은 손에 잡히는 물건을 말합니다. 감촉으로 느낄 수 있는 것입니다. 그래서 4가지를 대표로 말하는데 이것을 4대라고 합니다. 우리 몸은 지(地), 수(水), 화(火), 풍(風) 4가지 요소로 되어있다는 것입니다. 그러면 제일먼저

① 지(地)는

견성(堅性)으로서 물질의 견고성을 의미하며, 동시에 물체를 보호하고 유지시켜 주는 역할을 한다. 이렇게 어렵게 설명을 하면 아무리 착하고 좋은 보살이라도 불교를 잘 아는 보살일지라도 스님들 수준이지 보살님 수준이 아닙니다. 그래서 이것을 쉽게 설명하는 말은 땅으로 생각하시면 됩니다. 땅이 있기 때문에 걸어다닐 수도 있고 농사를 지을 수도 있고 집도 지을 수 있고 인간은 살 수가 있습니다. 천상도 땅이 있는 천상이 있고 땅이 필요없는 천상이 있습니다. 도리천에서 지거천은 땅이 필요한 천상을 이야기하는 것입니다. 그런데 복력

이 많은 도솔천은 생각으로 날아다닙니다. 흙이 필요 없습니다. 그렇기 때문에 땅이 필요 없는 것입니다. 천상도 두가지가 있다는 것을 인식하셔야 됩니다.

② 수(水)는

물질의 습성(濕性)을 뜻하며 물질에 대하여 윤택(潤澤)하게 하며 서로 화합(引攝)시켜 흩어지지 않게 하는 역할을 한다. 한 마디로 물을 말합니다. 지금 바다가 육지가 되면 얼마나 좋겠느냐고 가수 조미미가 부른 노래가 있지만 흙이 있고, 물이 있는 것입니다. 그러니까 쉽게 이야기하면 흙이 먼저이고 그 다음에 물인것입니다. 바다와 바다의 섬은 육지의 산이 물에 잠긴 것이 섬이 된 것입니다. 지구는 땅이 먼저이고 그 다음이 물이라는 것입니다. 물을 가둬두는 곳도 물을 없앨 수 있는 것도 흙인 것입니다. 물에 적수는 흙이라는 것이고 흙은 땅에서 나옵니다. 그러니까 땅이 먼저이고 물이 두 번째라는 말입니다. 서열을 말하는 것입니다. 1번 지. 2번 수. 몸에서 땅에 해당되는 것이 뼈인 것입니다. 물에 해당되는 것은 혈액입니다. 자 그러면 세 번째로 넘어가 보겠습니다.

③ 화(火)는

난성(煖星)으로서 물질의 따뜻한 기운과 불의 성질을 뜻하며 물체로 하여금 성숙케 하고 그 자체가 부패하지 않게 하는 역할을 한다. 화는 불기운 에너지를 말합니다. 불이 훨훨 탈때는 물로 꺼트릴 수 있습니다. 불이나면 소방수가 물을 가져갑니다. 흙으로도 꺼집니다. 그러나 무겁습니다. 불길을 잡는 것은 물입니다. 불은 물하고 싸우면 지는 것입니다. 우리 몸에 불기운이 무엇이냐하면, 눈에 보이지는 않지만 에너지입니다. 체온입니다. 36.5도를 유지해야 됩니다. 사람이 죽는 것은 22도만 되면 저체온증으로 몸의 온도를 유지 못시키고 죽는다는 것입니다. 그래서 항상 체온을 재는 것입니다. 불이 있어야 밥을 맛있

게 해먹고 국도 끓이고 반찬도 만듭니다. 가
스도 불을 만들고 전기도 불을 만듭니다. 태
양도 뜨겁게 불을 만들 수 있습니다. 다시 한
번 서열을 정리합니다. 1번 지. 2번 수. 3번
불. 자 그러면 네 번째로 넘어가겠습니다.

④ 풍(風)은

물질의 동성(動性)으로서 물질의 운동과 동요는 물론 물체로 하여금
생장(生長)케 하는 동력을 말한다. 풍은 바람을 말합니다. 움직임을
말합니다. 더울 때는 옛날에는 부채바람 그 다음에는 선풍기바람 요
즘은 에어컨바람. 바람이 중요합니다. 바람이 있어야 생명이 살아나
갈 수 있습니다. 산들산들 부는 바람에 곡식들이 운동을 해서 벼가 익
고 과일나무가 가을에 바람이 살살 불어줄 때 잘 익습니다. 열매에 결
실을 맺습니다. 이 바람이 균형을 잃어버리면 풍맞았다고 하고 풍에
걸렸다고 합니다. 무슨 풍이냐고 하면 원하지 않는 중풍도 이 바람 밸
런스가 맞지 않고 한 쪽으로 쏠려 있기 때문에 반신불수가 되고 손 발
을 쓰지 못하는 것입니다. 컨트롤은 뇌에서 하지만 바람의 에너지가
인체속에서 힘이 딸려 돌지 않기 때문에 벌어지는 것입니다. 또 남녀
지간에 사랑에 푹 빠지면 바람났다. 이 바람도 맞는 말입니다. 왜냐?
집안에 가만히 있지 못하고 사랑하는 사람을 만나기 위해서 여기저기
바람을 쐬러 다니기 때문에 바람났다는 말이 맞는 말이고 불타는 이
마음을 알아주세요. 말 못하는 이 마음을 알아주세요. 이렇게 답답한
심정을 사랑을 할 때 시원한 맥주한잔을 마시면서 바람을 식혀가면서
몸을 뜨겁게 달구고 식힐 때는 바람이 필요하기 때문에 바람났다. 이
런말을 쓰는 것입니다. 다시 또 어려운 단어로 들어가겠습니다.

이와 같이 지. 수. 화. 풍을 사대(四大)라 하는데, 대(大)는 주변(周

邊)의 뜻으로서 이 네 가지 성질은 어떤 물질 속에서도 포함되어 있다는 뜻이다. 이 네가지는 다 눈에 보인다는 것입니다. 주로 무엇이 보이느냐하면, 유형의 물질을 상대하여 사는 범부들은 안식(眼識)을 통하여 유형의 색경(色境)을 대할 때, 그 색경을 두 가지로 구분하여 인식하게 된다.

즉 현색(顯色)과 형색(形色) 등을 말한다.

현색은 파란색 청(靑), 누런색 황(黃), 붉은색 적(赤), 하얀색 백(白) 등이 물질 위에 나타나는 색깔을 뜻하는데 이를 물질의 사본색(四本色)이라고 하는 것입니다. 이 사본색으로 부터 변화하여 나타난 것이 팔종색(八種色)입니다.

팔종색은

　구름(雲),　　연기(煙),　　안개(霧),　　그림자(影),

　빛(光),　　　밝음(明),　　어둠(闇)

등을 말합니다.

다음은 형색으로 나타나는 종류를 보면 형색이란 모습과 모양으로 나타나는 물체를 구별한 것을 뜻한다.

　눈은 길고(長),　　짧고(短),

　　　모나고(方), 둥글고(圓),

　　　높고(高),　　낮고(下),

　　　바르고(正), 바르지 못한 것(不正)을 봅니다.

　이를 팔 종으로 구별하여 말합니다. 이를 상대적인 색깔이라는 뜻에서 사쌍팔종(四雙八種)의 색(色)이라고 말합니다. 이러한 형색도 안식의 인식대상이며 현색과 함께 20종의 색깔이 되는데 이들을 바탕으로 하여 여러 색깔로 변화할 수 있다는 것이 불교의 색경관(色境觀)입니다. 이렇게 불교 유식론에서는 상세하게 눈에 대해서 역할과 기능을 설명하고 있습니다. 그냥 적당히 반야심경을 할 때 안의비설신의 무색성향미촉법 무안계 내지 무의식계 무무명.... 이렇게 한자로 설명할 것을 상세하게 풀이해놓은 것입니다. 이런 논리가 유식론이라는 것입니다. 주먹구구식이 아니고 학문적으로 따져야 직성이 풀리고 궁금증을 해결해야 불교를 믿겠다는 사람들에게는 유식이론으로 대항을 하는 것입니다. 잘 아셨지요? 자 그럼 또 귀의 역할을 한 번 살펴보겠습니다.

　귀(耳)는 언제나 사랑할 만한 소리를 구하고,

마음에 들지 않는 소리는 곧 싫어한다. - 2식

귀! 귀란 무엇이냐? 듣는 것입니다. 듣지 못하면 자동차가 **빵빵**해도 피하지를 못합니다. 포탄이 무서운 줄도 모릅니다. 아무리 욕을 해도 못 듣기 때문에 화가나지 않습니다. 귀의 역할은 아주 소중한 것입니다. 학습을 배울수가 있고 노래를 들을수가 있고 아름다운 시를 듣고 감동을 할 수도 있고 동물들의 소리나 새의 지저귐을 들을 수가 있습니다. 듣지 못하는 세상은 얼마나 힘들겠습니까? 귀가 하는역할을 다시한번 또 분석해 보겠습니다.

이식(耳識)의 소연경(所緣境)은 성경(聲境)이다. 다시 말하면 소리를 대상으로 하여 인식하는 것이 이식으로서, 그 소리는 동물의 소리와 물질의 소리로 크게 나누어 설명합니다.

사람이나 동물의 소리는 소리의 내용은 다르지만 대체로 음성이 있다고 합니다. 이는 이미 집수된 바 있는 종자를 원인으로 하여 감정이 있는 동물의 소리를 발성한다는 뜻에서 유집수대종위인(有執受大種爲因)이라 한다.

그리고 물질에 의하여 나타나는 기계소리는 사람이나 동물과는 달리 감정이 없기때문에 무집수대종위인(無執受大種爲因)이라 한다. 소리는 마음에 맞는 소리(可意聲)와 마음에 맞지 않는 소리(不可意聲) 등 여러 가지가 있는데 이들은 모두 이식의 인식대상이며 소연경입니다.

우리는 너무 작은 소리는 듣지 못합니다. 개미가 지나가는 발자국 소리를 듣습니까? 못 듣습니다. 왜 못들을까요? 이유는 딱 하나 귀가 완벽하지 못하기 때문입니다. 멀리 다른나라에서 전쟁이나서 대포를 쏘는데 우리는 듣지 못합니다. 왜 못들을까요? 너무 멀리 떨어져 있기 때문입니다. 그렇게 때문에 우리의 귀는 완벽하지 않습니다. 그래서 완벽하지 않기 때문에 눈으로 보는 것이나 귀로 듣는 것은 진리가 아닙니다. 마음은 진리입니다. 왜냐? 완벽하기 때문입니다. 그래서 육체로 모든 것을 증명해 보라는 것은 과학입니다. 과학자들은 귀신도 증거를 대라고 합니다. 과학이란 인간들이 물리학을 통해서 기계학을 통해서 만들어 둔 완벽하지않은 것을 증명해야 눈으로 확인하거나 귀로듣거나 냄새를 맡거나해야 믿겠다고 합니다. 귀신은 몸이 없습니다. 마음만 있는 상태입니다. 눈으로 본다는 것은 착각입니다. 홀렸기 때문입니다. 정신이 약해져서 귀신은 수행을 많이하면 느낌으로, 감으로, 필링으로 아는 것입니다. 증명해보라고 말하는데 끄달리면 안됩니다. 다음은 냄새에 대해서 말하겠습니다.

코(鼻)는 언제나 마음에 드는 냄새를 구하고,
마음에 들지 않는 냄새는 곧 싫어한다. － 3식

비식(鼻識)의 소연경은 향경(香境)으로서 이는 여러 냄새를 총칭한 말이다. 좋은 냄새(好香)가 있고 나쁜 냄새(惡香)가 있다. 그 냄새들은 육체에 알맞은 유익한 냄새(等香)가 있고 육체에 맞지 않고 건강에 피해를 주는 불이익의 냄새(不等香)가 있다. 이들 냄새들은 모두 비식에 의하여 식별됩니다. 인간의 코보다 개가 코는 수백배 더 예민하다고 합니다. 절에가면 향냄새가 나고 생선가게에 가면 비린내가 납니다. 별것 아닌 것 같지만 냄새를 인식하는 코는 아주 중요합니다. 서열3위입니다. 재미있게 들은 이야기지만 옛날에 캬바레에서 제비들이 춤바람난 돈 많은 유부녀를 유혹하기 위해서는 냄새로 먼저 구분한다고 합니다. 춤 한번 추실까요하고 정중하게 손을 내밀면서 손을 잡고 어두컴컴한 붉은 등불 밑에서 춤을 추면서 코로 냄새를 맡는다고 합니다. 양념냄새가 베어있으면 식당아줌마, 돈냄새가 나면 은행원, 약품냄새가 베어있으면 약사, 분필냄새가 베어있으면 선생님, 원단냄새가 베어있으면 원단가게 아줌마, 소독약냄새가 베어있으면 청소부, 아기

냄새가 베어있으면 어린이집 선생님, 휘발유 기름냄새가 베어있으면 주유소 경리아줌마, 향수냄새가 베어있으면 꽃뱀, 은은한 사람의 채취가 나오면 돈 많은 가정주부 유부녀로 이때다 싶어. 친절하게 아름다운 단어를 구사하면서 유혹의 단계에 들어간다는 것입니다. 다른 냄새가 났다고하면 1선에서 탈락. 2선까지 가지도 않습니다. 영양가없는데 경험많은 제비들은 절대로 두 번 손잡지 않는다고 합니다. 그리고 춤추면서 손마디를 본다고 합니다. 손 마디가 굵으면 험하게 살았고, 힘들게 살았기 때문에 딱 한번에 금생 끝. 두 번 상대를 안해준다고 합니다. 손마디 얇고, 손바닥에 굳은 살이 없으면 2선까지 올라갑니다. 이렇게 모든 것은 후각 작용으로 판단내리기 때문에 유식에서는 코의 기능을 3번째로 중요하게 보며 3식이라고 합니다.

혀(舌)는 언제나 마음에 드는 맛을 구하고,
마음에 들지 않는 맛은 곧 싫어한다. - 4식

혀는 맛을 보는 것입니다. 맛을 보고 맛을 아는 샘표간장~. 이런 노래가 있는 것처럼 미각이 중요합니다. 미경은 달고, 시고, 짜고, 맵고, 쓰고, 싱겁고 하는 등 맛에는 이들 여섯 가지 맛이 가장 기본적이라고 본다. 이 여섯 가지 맛에서 여러 가지 맛으로 변화한다는 것이며 그 밖의 맛은 이에 준하여 생각하면 될 것입니다. 음식맛을 보는 것은 혀에서 하는 일입니다. 제가 군대생활 할 때 휴가를 다녀오면 무조건 미원 100g을 사가지고 와서 고참들 밥 먹을 때 맛있게 먹으라고 국에다가 뿌려주었습니다. 좋다고 맛있다고 조금 더 달라고 합니다. 이러던 시절을 겪었는데 지금은 조미료를 쓰지 않는다고 맛을 보는 것은 혀에서 하는 것입니다. 혀가 없다면 어떻게 살수있겠습니까? 어떻게 말을 할 수 있겠습니까? 신체에서 부처님은 서열4위로 네 번째 식으로 설명하는 것입니다.

몸(身)은 언제나 마음에 드는 촉감을 구하고,
마음에 들지 않는 '촉감'은 곧 싫어한다. – 5식

　신식(身識)의 소연경은 촉경(觸境)입니다. 신식은 몸으로 감촉하여 식별하는 마음이기 때문에 인식의 대상도 몸에 닿음으로써 인식되어진다. 그 감촉의 내용은 ①매끄럽고, ②껄끄럽고, ③무겁고, ④가볍고, ⑤차고, ⑥배고프고, ⑦갈증나고 하는 등 7종의 촉감이 가장 기본적입니다. 물론 그 밖의 표현도 있고 촉감도 있지만 이에 준하여 생각하면 됩니다. 몸은 촉감을 느끼는 것입니다. 감촉입니다. 안아주세요 ~ 갈비뼈가 뚝 부러지도록, 뽀뽀해주세요 ~ 앞이빨이 폭 빠지도록. 이런 노래가 있지만 남녀간에 사랑하는 것도 몸끼리 서로 부딪치면서 촉감을 느끼고 짜릿한 뇌로 전달되는 쾌감을 맛보기 위해서 청춘을 불태우며 사랑하는 것입니다. 그 사이에서 자식이 나오고 그 아기가 커서 이렇게 현담스님처럼 되는 것입니다. 감촉, 몸이 느끼는 것. 허락없이 남의 몸의 손을 대면 추한 행동을 했다, 거친 행동을 했다

고 해서 추행죄라고 하는 것인데 거기다가 성자를 붙여서 성추행이라는 것입니다. 무서운 세상. 조심! 자나깨나 불조심, 자나깨나 이성과 실수라도 부딪치지말것! 그런데 이 부분이 더 중요합니다. 법률적으로 연구한 글을 읽었습니다. 피해자가 돈을 뜯기 위해서 고소를 하게 되면 경찰 검찰로 재판을 받을 때까지 열심히 불려 다닙니다. 그러나 진짜 프로 나쁜 여자는 경찰서에 가서 신원조회를 하면 다 나오기 때문에 경찰서를 가지 않으려고 합니다. 가는 척하면서 겁만 줍니다. 좋은 것이 좋은 것이라고 그래서 작은 액수를 요구합니다. 아마추어는 큰 액수를 요구한다고 합니다. 작은 액수를 오랫동안 꾸준히 몇 년동안 뜯어먹는다고 합니다. 거절하면 경찰서 ~ 이렇게 하는 것은 프로라고합니다. 아마추어는 한 번에 전세방이라도 얻으려고 큰 돈을 요구함으로써 일도 깨지고 남만 잡아넣고 신세를 망치게 한다고합니다. .스님이 어떻게 이런 세계를 잘 아냐고 물을지 모르지만 별의별 사람이 다 찾아와서 가르쳐줍니다. 스님들은 모르지요? 내가 당한 세계를 억울해서 말을하는 것입니다. 신도들에게 교육시키십시오. 감촉을 느끼는 것이 바로 오식 다섯 번째입니다.

이렇게 안의비설신의를 쉽게 설명한 책은 이 책밖에 없습니다. 대단한 것입니다. 노벨 문학상감인데 사실은 그냥 재미있게 유식을 설명하고 싶어서 썼을 뿐입니다. 농담이 없고 유머가 없는 세상은 사막에 오아시스가 없는것과 같다고 했습니다. 낙이 없다는 것입니다. 인생을 사는데 재미가 없습니다. 말을 함부로 하면 성희롱이라고 하는데 사람 모습과 심성을 딱 보면 참선하는 스님들은 압니다. 이런 성추행 성희롱에 서로 걸러드는 것은 뉴스에 나는 것은 다 전생에 서로 원결을 지었던 악연들입니다. 선인은 선과 악인은 악과 착한 사람은 착한 사람을 만나고 나쁜 사람은 나쁜 사람을 만나는 것입니다. 원결은 금생에 끝장을 내야 됩니다 내생까지 넘어가면 안됩니다. 이것이 강조하는 사항입니다. 경찰서에 가는 것을 좋아하지 마십시오. 혹시 나쁜 여자 출신의 불교만나고 습이 남아 있어서 나쁜 보살에게 알려드립니다. 이것도 들은 이야기입니다. 경찰서에가면 피해자나 피의자나 다 기록에 남는다고 합니다. 주민등록번호만 딱 넣으면 좌르르륵~ 몇 년도 어디서 어떤 경찰서에 어떻게 다녀왔는가가 기록으로 나오는데 경찰서의 기록은 적당히 넘어가지만 검찰로 넘어가면 검찰 신원조회는 50년전에 무단횡단하여 벌금낸 것, 고성방가해서 직결심판간 것 까지, 상세하고 세밀하게 다 나온다는 것입니다. 그러니 경찰서를 서로 갈 생각하지말고 납세를 많이해서 국가와 민족을 위해서 세금을 내는 실적을 높이라는 것입니다. 성실 납세자는 경찰이나 검찰에 가서도 유리합니다. 착하게 살았다는 증거입니다. 세금을 내지 않으면 비 납세증명서라는 것이 있습니다. 이 말은 무슨말이냐하면 한 푼도 세금을 낸 증거가 없다는 것입니다. 세무서에서 떼어줍니다. 결국 재산이 없고 가난하고 영세민이라는 것이죠. 국가의 도움이 있어야 살아나갈 수 있는 사람을 말하는 것입니다. 한 번이라도 세금이라도 낸 사람은 비납세 증명서를 발급하지 않습니다. 납세 증명을 발급받는 것입니다. 별걸 다 가르쳐 주는 것 같아도 이것이 인생을 사는데 중요하고 나쁜 여자 출신의 나쁜 보살을 좋은 보살로 만들 수 있는 글이기 때문입니다. 자 다시 한번 시작합니다. 6식이라는 것은 무엇이냐? 5가지는 몸에서 작용하는 것을 종합 상황실처럼 판단내리고 지시하고 명령내리는 기능이 있습니다. 이런 마음 작용을 하는 것을 6식이라고 합니다.

뜻(意)은 언제나 마음에 드는 법(法)을 구하고,
마음에 들지 않는 법은 곧 싫어한다. – 6식

6식은 전오식을 통제하여 명령을 내려 상의하달을 하거나 하의상달을 하는 역할을 말합니다.

　지금부터가 아주 중요한 이야기입니다. 아주 알기쉽게, 소승불교와 대승불교를 설명하는 것입니다. 소승불교라함은 스리랑카, 미얀마, 태국, 캄보디아, 라오스, 베트남 중 남부지역 등에 있는 불교를 말합니다. 요즘은 소승이라는 말은 쓰지 않고 근본불교라는 말을 씁니다. 쉽게 이야기하면 오리지널 불교, 원조불교라는 것입니다. 부처님의 법도대로 탁발을 하고 일종식을 하고 수행하는 불교입니다. 몸을 중요하게 생각합니다. 몸의 관찰을 느낌을 그래서 근본불교를 배우기 위해서 동남아 불교권으로 전생의 인연따라 찾아가는 스님이나 불자들이 있습니다. 나는 우선 배가 고파서 일종식을 못합니다. 모기가 많아서 모기장을 항상 쳐야되고 이동할 때도 우산같이 생겼는데 끝 부분만 모기장으로 되어있는 신제품 우산 + 모기장을 팔기 때문에 근본불교 수행하는 스님들은 필수품으로 가지고 다닙니다. 갑자기 우기에 비가오면 우산. 밤에 수행할 때는 모기장. 근본불교와 대승불교의 차이점은 어디에 있느냐? 아주 간단하게 설명하겠습니다. 아비달마(구사론)은 6식까지 밖에 인정을 하지 않습니다. 7식 8식을 더 보충해서 설명하는 것은 유식론입니다. 유식론을 근거로 대승불교가 탄생하는 것입니다. 대승불교가 중국으로 넘어갈 때 까지는 약 500년의 세월이 흘러갑니다. 중국은 추운데 절에서 부엌을 만들어 공양을 안 할 수가 없습니다. 탁발하러 나가다가 추위에 얼어죽을 수도 있습니다. 결국 공양문제를 해결하기 위해서는 부엌(공양간)을 만들 수 밖에 없습니다. 근본불교 남방불교에서는 지금도 불교를 빙자한 외도로 봅니다. 원칙에서 벗어났다고. 불교하고 기독교가 엄청난 의식의 차이가 있는것처럼 근본불교에서는 대승불교를 인정하려고 하지않고 전체를 무시합니다. 7식 8식? 왜 복잡하게 설명하느냐고. 1식에서 5식은 몸이고 몸에서 일어나는 마음 작용이고 6식은 의식인데 그것으로 끝인데 왜 없던 것을 골치아프게 만들어서 7식 8식을 이야기하느냐? 그렇게 이야기하는 것입니다. 자 지금부터 도표를 자세히 보십시오.

구사론(俱舍論) 5위 75법	① 색법(몸)은 물리적 실체가 된다. 몸은 소중하기 때문에 1번
	② 심법은 마음 마음은 몸 다음번째 2번째 서열로 분류.
	③ 심소법은 심리적 실체가 된다. 마음의 부하작용하는 것을 말함.
	④ 불상응법은 논리적 실체가 되고 마음밖에 실체한다. 무게, 부피, 길이, 공기, 산, 나무, 진리는 아니지만 필요한 것.
	⑤ 무위법은 절대적 실체로 눈에 보이지 않는 진리. 자성자리(마음). 생멸, 유의를 뛰어넘는 실체.

자 이제는 유식론을 살펴보겠습니다. 기가막힌 논리입니다. 5위의 서열이 바뀌었습니다. 마음이있고 그 다음이 몸이 생겼기 때문에 마음이 1번, 몸은 2번, 3번은 심소법, 4번은 불상응법 구사론과 같습니다. 5번도 구사론과 같습니다. 가장 크게 문제가 되는 것은 마음을 우선으로 본다는 것입니다. 그 다음 다루는 것이 마음이라는 것입니다.

자 그러면 또 도표를 살펴보겠습니다.

유식론 5위 100법	① 심법 – 진리. 유식에서는 구사론과 달리 심법부터 시작.	
	② 심소유법 ③ 색법 ④ 불상응법(不相應法) ⑤ 무위법(無爲法)	꾸며진 것(가유, 가짜)

　자, 어렵더라도 현담스님이 쓴 알기쉬운 쏙쏙 LA유식책을 구입해서 읽어보시면 전문적인 백법에 대해서 자세한 설명이 나올 것입니다. 이 책은 지면상 한계가 있습니다. 좋은 보살 나쁜 보살 편에서 다룰 수 있는 유식은 7식 8식까지입니다. 아주쉽게 학문적으로 설명하지 않고 요점정리를 해드리면 6식에서도 그렇게 가벼운 부분이 아닙니다. 너무 복잡하고 어렵습니다. 그래서 대승불교 학자들이 유식론에서 7식 8식을 독립을 시켜버린 것입니다.

제7말나식(第七末那識)

　제7 말나식이란 무엇이냐? 아주 쉽게 말하면. 1. 아치, 2.아만, 3.아견, 4.아애를 강조하는 것입니다. 4가지를 4번뇌라고 합니다. 악으로 보는 것입니다. 깨달았다고 하면은 전생에 습기가 있어서 약하게 작용은 할 지언정 네 가지가 소멸된 것을 업장소멸이라고 합니다. 습기는 남아있어도 큰 영향을 한번에 받지 않기 때문에 선종에서 쓰는 용어로 '이즉돈오 사미돈제(理卽頓悟 事非頓除)'라는 것입니다. 쉽게 말하면 바람이 멈추었는데 파도도 동작그만을 해야되는데 철썩철썩 태풍이 지나갔는데 바람이 시간이 흐를 때 까지는 철렁거리는 것처럼 이치로는 아치, 아만, 아견, 아애도 없고 깨달았다고 하지만 무량억겁을 윤회하면서 익혀온 습기는 쉽게 제거되지않는다는 것입니다. 이 논리를 선종에서는 돈오점수사상이라고 합니다. 깨달아도 또 닦아야 된다. 그러나 돈오돈수사상은 깨달으면 끝난거지 뭘 또 닦을 것이 있냐? 단박에 끝났다. 습기가 남아있다고 하면 깨달은거시 아니다. 완전히 3막8장의 막이 내리고 끝장이 나버렸어. 이것을 깨달음이라고해. 지혜가 조금 있다고해서 법의 눈을 조금 떠서 선문답이나 조금 한다고해서 깨달았다고 후학이나 가르친다고 법문이나한다고 또 금생을 자기한테 쏟고 남을 속이고 세월을 보내지말고 입다물고 더 정진을 해. 보림마저 끝마친 것을 말하는 것이 무슨 보림을 할게 있다는 것이오? 이것은 돈오돈수의 사상에 맞지 않는 것이라 인정할 수가 없어. 고려 보조지눌국사도 경허선사도 인정못해! 그러나 돈오점수사상에서는 깨달음도 대중소가 있는 것이고 근기에 따라 다른것이고 그렇게 커트라인을 높게 잡으면 중생제도는 어떻게하고 소승불교, 근본불교하고는 다를게 무엇이있나? 대승불교 사상이라는 것은 유식사상이고 상구보리 하화중생사상인데 근본불교는 상구보리만있고 하화중생이 없기 때문에 자기의 깨달음만 선정삼매에들어서 정진하는 것을 근본으로 삼는 목표의식이 확실한데 이것은 틀린말은 아니지만

　싸우면서 건설하는 향토예비군처럼 상구보리도 하면서 중생구제도 하는 대승불교의 입장에서는 돈오돈수사상이 이치로는 그럴 듯 하지만 무량억겁을 생사윤회하면서 익혀온 아뢰야식속에 습을 한 번에 제도한다는 것이 너무나 힘들기 때문에 인정하자는 것입니다. 그러나 돈오돈수사상에서 돈오점수사상을 무시하기 때문에 천년간을 논쟁하면서 싸우는 것인데 닭이 먼저냐 알이 먼저냐 하고 똑같은 것입니다. 알이 있으니까 닭이 나왔고, 그러니까 닭보다 알이 먼저고. 알은 닭이 낳았으니까, 최초의 알이없는 닭은 어디있겠는가? 이것처럼 돈오돈수다! 돈오점수다!는 서로 입장차이가 다른것입니다. 물이 폭포

수에서 흘러내려가는 것을 산위에서 보게 되면 물이 내려간다고 하는 것이고 똑같은 물이지만 폭포밑에서 폭포수를 바라보면 물이 떨어진다는 것입니다. 산도 그대로요, 물줄기도 그대로인데. 어느 위치에서 보느냐에 따라서 다른 것처럼. 대승불교는 돈오점수사상이오. 유식사상이오. 근본불교는 돈오돈수사상입니다. 왜냐? 부처님이 출가해서 6년 설산에서 고행하고 깨달은 후에 녹야원에서 5비구에게 법을 설했지, 수행도중에 법문, 포교한 것은 아니지않느냐. 맞는 말입니다. 그래서 이런 논쟁을 유식불교에서는 설명하고 있습니다. 아주 간단하게 한방에 날려버립니다. 이론은 근본불교라고 하면서도 여러파로 나뉘어지면서 일부는 브라만교 사상을 살짝 불교에 영입시켜 신을 탄생시켜버립니다. 관세음보살사상 지장보살사상 아미타불사상 아니 세상에 마음이 부처라고하는 근본불교사상이 서서히 중생구제라는 이름으로 변질되가고있는 것을 싹 쓸어버리면서 불멸 후 500년 후에 신을 중심으로하는 사상은 신본주의라고 합니다. 대표적인 것이 중생의 소원을 들어준다고 믿게하는 법화경을 근거로 관세음보살사상입니다, 신기하고 신통력있고 가피력이있는 관세음보살을 염송하도록

기도하고 믿고 수행하도록하는 관음사상입니다. 또한 서방정토극락 세계에 태어나기 위해서 나무아미타불을 부르는 미타신앙입니다. 이 두가지 대표적인 타력적인 요소를 인도에서 없애버리고 사람이 중심 인 인본주의사상 이것이 용수보살의 중관사상입니다. 중관사상이라 는 것은 공사상입니다. 공사상이라는 것은 마음이 중심이 되는 것이 지 신이 중심이 아니라는 것입니다. 선종과 공사상은 맞는 것입니다. 그래서 대표적인 공사상의 경전이 반야부계통에 금강경입니다. 금강 경을 줄인 것이 반야심경이고 반야심경이 공사상을 대표하는 경전입 니다. 중관이라는 것은 선악의 중도사상을 말하는 것이 아니고 마음 이 중심이 되는 사상 마음을 관찰하고 몸보다 마음을 중요하게 여기 는 사상은 공사상이라는 것입니다. 그래서 그 뒤 용수뒤에 미륵. 무 착. 세친논사로 약 300년 후에 유식론이 발달이 됩니다. 근거는 아뢰 야식사상 제8식 사상입니다. 여기서 재미있는 이야기는 중국에 불교 가 처음 들어온 것은 한나라때입니다. 그러나 경전은 들어왔는데 뭔 가 석연치 안고 주석이 부족하고 논리가 부족하기 때문에 불교 교리 지식에 갈증을 느끼고 인도로 유식을 배우러 떠나는 스님이 유명한 당나라때 삼장법사입니다. 목숨을 걸고 17년동안 천축국 오늘의 인도 를 가서 불교를 가르치는 나란타대학에서 유명한 세친의 제자 호법논 사의 또 제자 현감에게 유식을 배워옵니다. 세속적으로 말하면 유식 의 대가인 세친의 손주벌이나 마찬가지입니다. 그래서 중국 당나라때 당태종 이세민의 지원하에 유식학을 다시한번 크게 인도말을 중국 한 문으로 바꾸는 역경 작업을 하는 것입니다. 현장법사의 제자중에 가 장 똑똑한 규기라는 제자가 있었습니다. 성유식론을 완성시켰습니다. 결국 이렇게해서 오늘날까지 티벳 부탄 중국 한국 일본 대만 홍콩 북 월남 등에 유식이 전파되었던 것입니다. 유식의 이론은 아주 간단하 게 설명하면 7식은 어리석음을 말하는 것입니다. 전문적인 용어로 아 치라고 합니다. 유식학자들은 1.탐 2.진 3.치 삼독이라고한다면 고개를 흔듭니다. 어리석음을 1번으로 봐야된다는 것입니다. 어리석기 때문에 성질을 내거나 탐심을 부린다는 것입니다. 순서가 3.2.1이라는 것입니다. 그래서 치·진·탐이라는 것입니다. 이 서열정리하나 바로 잡지않고 지금까지 천년세월을 내려왔다는 것이 가슴아픈 것입니다. 어리석음을 크게 보는 것. 어리석음은 윤회의 근본이라는 것입니다. 무·명 無·明이라는 용어를 유식학자들은 이렇게 설명합니다. 명은 지혜를 말합니다. 무는 없다는 뜻이기 때문에 무명이란 지혜가 없다는 것을 말합니다. 명자가 주어가 되는 것이고 무자는 표현하기 위한 형용사라는 것입니다. 그런데 합쳐서 붙어다니는 것으로 알고 있습니다. 유식학자들은 이렇게 논리적으로 말합니다. 습기에 의해서 종자가 나온다는 것입니다. 습기라는 것은 습관이라는 것입니다. 나쁜 악의 습관 수행하는 착한 습관 이것이 아뢰야식에 종자로 변한다는 것입니다. 종자는 내생으로 넘어간다는 것입니다. 그래서 전문적인 용어로 현행훈종자, 종자생종자, 종자생현행이라는 것입니다. 여기서 현행이란 7식을 말합니다. 7식이란 아치, 아만, 아견, 아애를 말하는 것입니다. 아치는 어리석은 것이고, 아만은 자기를 기준으로 상대방을 깔보고 무시하는 마음입니다. 아견은 자기 생각이 옳다고 똥고집을 피우는 것입니다. 강력하게 주장하는 것입니다. 아애는 집착하는 것입니다. 돈에 사람에 이 4가지를 근본번뇌 4악이라고 합니다. 이것이 7식의 작용입니다. 6식은 7식을 부모로 생각합니다. 그리고 7식은 8식을 부모로 생각합니다. 그러니까 영원한 중생계의 치·진·탐 삼독심으로 육도윤회를 한다는 것입니다. 8식은 저장하는 기능 보관하는 기능 녹음 녹화 촬영하는 기능이기 때문에 뇌로 기억하는 것은 잊어버릴 수 있지만 8식에 저장된 것은 지워지지 않습니다. 그래서 원결을 짓게 되면 반드시 원수로 갚으려고 그리고 보복을 하려하는 것입니다. 뇌의 기능은 5식에 있는 것입니다. 옛날에는 뇌를 그렇게 소중하게 다루지 않았습니다. 육체를 컨트롤하는 자동차로 말할것 같으면 운전대 앞에 계기판하고 똑같은 것입니다. 마음은 운전수인것입니다. 8식은 싫다, 좋다가 없습니다. 거절하는 것이 없기 때문에 분별이 없기 때문에 전문적인 용어로 무부무기라는 것입니다. 그러나 7식은 집착을 하면서 자꾸 자기 세력을 반목시키기 위해서 더 끌어넣으려고 하기 때문에 유부무기라고 하는 것입니다. 어릴 때의 기억은 지워지지않습니다. 너무 고생하고 모진말을 듣고 힘들었던 시절은 아뢰야식에 저장되어있기 때문에 지워지지 않습니다. 몸에 상처는 치료가되지만 마음의 상처는 몇십년 세월이 지나도 그대로 남아있습니다. 수행이라는 것은 많이보지않고 많이 듣지않고 있는 아뢰야식에 저장된 것만 가져도 심심하지않고 업장소멸을 화두를 잡고 참구하는 것을 참선수행이라고 하는 것입니다. 우선 쉽게 말하면 태어난것은 부모님이 정자난자로 인해서 아뢰야식이 입태해 아기에서 성장해서 이렇게 됐지만 자기마음은 부모가 만들어 준 것이 아니기 때문에 왜 생겼는지 모른다는 것입니다. 언제없어질 것인지 모른다는 것입니다. 언제 죽을것인지 모른다는 것입니다. 죽은 후에는 어디로 갈 것인지 모른다는 것입니다. 이 알수없는 모르는 근본자리가 바로 화두인것입니다. 쉽게 풀고 화두를 깨달았다고해도 이 근본문제를 모르면 아무소용이 없다는 것입니다. 아까 돈오돈수 돈오점수 이론을 설명했지만 약간 부족했던 부분을 더 보충설명하고 이 책을 끝마칠까 합니다. 어린아기를 사람을 볼 것이냐? 아기로 볼것이냐? 돈오돈수에서는 사람으로 보지않습니다. 아기가 혼자 걷지도 못하고 밥도 못먹고 말도 못하는데 무슨 사람이냐고, 사람의 판단력은 성인이 되서 투표권이 있는 20살은 되야 성인으로 인정하는 것이 사람으로 인정하는 것이지 아기가 아기아니냐고. 돈오점수는 아기를 사람으로 인정해달라는 것입니다. 아기가 동물이냐고. 결국은 시간이 흘러 크면 사람이 되는 것 아니냐고. 사람팔자 시간문제고 시간만 흐르면 당연히 어른이 되는 것아니냐고. 그러니까 돈오만하면 아기요, 점수까지마치면 20살 성인이요.

왜. 떫으냐고. 따지느냐고 너무 그렇게 돈오돈수만 주장하지 말라고. 그런데 돈오돈수에서 돈오점수를 인정하지 않는 가장 큰 이유가 하나 있습니다. 만약 아기를 사람으로 인정하는 것처럼 돈오점수를 인정하는 사상이 번진다고하면 조금 깨닫고도 자기는 보림한다고하고 막행 막식을 하고도 습기는 좀 남았지만 깨달았기 때문에 시간문제라고 하며 여기저기서 비오고나면 죽순이 자라는것처럼 우후죽순으로 여기도 보림, 저기도 보림, 여기도 깨닫고, 저기도 깨달았다고 할 수 있기 때문에 싹 쓸어버리는 사상이 돈오돈수사상인 것입니다. 잘 아셨지요? 참 그리고요. 유식은 이런 논리가 있습니다. 참선을 고통스럽게 다리도 뻗지못하게 가르치느냐, 쉽게 편하게 가르치느냐? 고통을 주는 것은 핍박수라고 하고 편안한 것은 적멸수라고 합니다. 편안해야 보급이 됩니다. 쉬워야 중생들이 따라합니다. 50분동안 다리가 아프면 살짝 뻗었다가 감더라도 부스럭거린다고하지말고 묵인해줘야됩니다. 철이 들 때까지 몸조복받아야 되다고 너무 힘들게하면 참선할 사람이 없습니다. 유식도 어렵게 가르치면 배우려고 하지 않습니다. 단어에 질려버립니다. 고수를 낙수로 괴로움을 즐거움으로 바꾸는 사상이 전신득지사상입니다. 잠수함에 비유를 들겠습니다. 잠수함 속에 있는 많은 군인 승무원이 있습니다. 잠망경으로 바깥을 보고 명령을 지시하달하고 할 수있는 권한은 함장밖에 없습니다. 이 함장이 6식입니다. 승무원들이 5식입니다. 8식은 함장의 경험과 기억되는 많은 것이 저장되어있는 함장이 많이 알고있는 비밀까지는 8식이라고 보시면 됩니다. 운전할 때는 몸이 움직여서 6식의 지시를 받는 것입니다. 많은 경험이 축적되어 있는 것은 8식입니다. 전생 전전생 전전전생까지 익혀온 것이 중생들 각자 마음에 저장되어있기 때문에 좋은 사람한테는 마음이 끌리고 전생에 원결을 지었던 사람은 한없이 밉고 싫고 거부반응이 나오는 것입니다. 이것이 유식불교의 논리입니다. 자, 나쁜보살 종자가 따로있는 것이 아닙니다. 수행하려고 변해가면 달라집니다. 쉽게 변하지는 않지만 결국엔 달라집니다. 첫 숟갈에 배부르지 않습니다. 천리걸음도 한걸음부터입니다. 좋은 보살님. 착하신 보살님. 결국에는 복을 받습니다. 나쁜 보살과 어울리면 서서히 훈습되서 나빠질 수 있다는 것입니다. 딱 끊어버려야 됩니다. 전화번호 가르쳐주지 마시고, 사는 집도 가르쳐주지말고, 개인 사생활 정보를 일체 일러주지 마십시오. 나쁜 보살이 나쁜 마음을 먹으면 범죄의 대상이 될수가 있다는 것입니다. 지자는 무언이라고 아는 사람은 말이 없습니다. 나쁜 보살은 과실합니다. 자기가 부자라고. 자기가 어느대학 나왔다고 지금은 힘들어도 땅만 팔리면 모든 문제가 다 해결된다고 이렇게 뻥을 치면서 사람을 포섭하기 위해서 위장취업하는 것처럼 위장신도로 절에다니는 보살이 나쁜보살이라는 것입니다. 할말은 많지만 이것으로 대단원의 막을 내리겠습니다.

좋은 보살은 불교 공부하는 보살을 말하는 것입니다. 불교는 육도윤회를 면하자는 것입니다. 태어나면 늙고, 병들고, 죽는데 사람으로만 윤회하는 것이 아니고 업력에 따라 소, 돼지, 개로도 태어난다는 것을 믿어야 됩니다. 축생하고 인연을 지으면 축생들이 교미하는 순간 영혼이 구경하다가 개나 소, 돼지로 태어날 수 있기 때문에 절에서는 개를 기르지 않습니다. 그런데 요즘은 개를 기르는 절이 있습니다. 그것은 잘못된 사상입니다. 애완견은 사람말귀를 잘 알아 듣습니다. 왜 그럴까요? 전생에 사람으로 살던 습이 있기 때문에 말귀를 알아듣는단 것입니다. 애완견이 환생하면 사람이 될 수도 있고, 사람이 애완견이 될 수도 있습니다. 좌우지간 개들도 복력에 따라 다 다릅니다. 벤스 타고 호화아파트에서 유기농 간식 먹으면서 좋은 주인 만나, 건강검진 받으며 행복하게 잘 사는 개가 있는가 하면 노숙자가 주인이라, 두들겨 맞으면서 비바람을 피하지도 못하면서 같이 생활하는 개도 있습니다. 다 복력의 차이입니다. 지금부터는 윤회설을 믿지 않는 신심없는 나쁜 보살들을 제도하기 위하여 윤회이야기 몇가지를 알려드리겠습니다.

윤회이야기 1.

조선시대, 안동에 경상 감영에 있을 때 일이다.

안동의 어느 마을에 젊은 부부가 6살짜리 아들과 살았는데 하루는 경상감사가 부임해 오느라고 나팔을 불며 화려한 행차를 한다. 6살짜리가 그 행차를 구경하고 나서 아버지에게 말했다.

"아버지, 저도 이 다음에 커서 경상감사가 되겠어요."

"너는 상놈의 자식이기 때문에 벼슬을 할 수 없느니라."

이 말을 들은 아이는 그만 충격을 받고 시들시들 앓다가 죽고 말았다. 아버지의 심정은 기가 막혀 매년 죽은 날 밤에 아들의 제사를 지내 주었다.

그 후 14년이 지나 12살짜리 어린 경상감사가 부임해 왔다. 안동 곳곳을 구경하다가 어딘지 낯익은 동네를 발견했다.

여러 해 전부터 동짓달 열이렛날이면 꿈을 꾸기를, 노송이 우거진 산 밑에 작은 개울이 흐르는데 개울에 놓인 돌다리를 지나면 동네 어귀에 초가집이 한 채 있다. 사립문 안에 대추나무 두 그루가 우물 앞에 서 있는 집인데 그 집 사립문을 열고 들어가 음식을 잔뜩 대접받고 돌아오곤 하였다. 어제도 그 꿈을 꾸었는데 영낙없이 이 동네다.

대추나무 두 그루 우물 앞에 서 있는 집의 사립문을 삐걱─열었다. 사십이 좀 못된 듯한 남자분이 방에서 나와 감사와 마주 치고 아주머니 한 분이 사립문 열리는 소리를 듣고 부엌에서 나왔다.

12살 먹은 경상감사가 먼저 입을 열었다.

"혹시 이 집에서 어제 저녁에 제사를 지내지 않으셨습니까?"

두 내외가 놀라며 서로 얼굴을 쳐다보았다. 바깥 양반이 대답하기를

"예! 어제 제사가 있었습니다만……. 그런데 어떻게 알고 오셨습니까?"

"지난밤 꿈에 이 집에 와서 음식을 잔뜩 먹는 꿈을 꾸었지요. 그런데 도대체 누구의 제사인지요?"

"아들의 제사입니다만……."

"어떻게 해서 아들의 제사를 다 지내십니까?"

어린 경상감사가 의아해 하니 14년 전에 있었던 일을 자세히 이야기해 주었다. 그 이야기를 듣던 경상감사, 가슴이 꽉 막혀 두 분의 손을 잡고 말했다.

"전생의 우리 어머니 아버지시네요."

그리고는 그 자리에 주저 앉더니 유언도 없이 죽어 버렸다.

14년 전, 6살짜리 아이는 경상감사가 못 된다는 말에 충격을 받아

한(恨)을 안고 죽었는데 그 혼은 경상감사가 되기 위해 공주님 몸에 태어났다. 12살 때에 외할아버지인 임금님을 졸라 경상감사로 부임하였고 이렇게 소원성취하자 바로 몸 바꾸었던 것이다.

윤회이야기 2.

신라시대의 일이다. 대안 대사께서 어미를 잃은 너구리 새끼들을 발견하시고 이들을 살리기 위해 동네 우물가로 가 젖시주를 받으셨다.

귀한 법문에 감화가 된 아낙네들의 기쁜 젖시주를 바릿대에 담아 들고 비탈진 산 계곡을 한없이 올라 너구리 굴에 이르면 어린 새끼들이 먹을 것을 기다리고 있었다. 이들에게 안스러운 마음으로 자비롭게 젖을 먹여 여러 날을 키우셨다.

꽤 또록또록 눈이 떨어지고 웬만큼 자라게 되었을 때 원효스님이 찾아오시게 되었다. 대안 대사께서 원효 스님을 보고 급한 일이 있어 며칠 후에 올 터이니 이 너구리 새끼를 잘 키워달라고 부탁하셨다.

부탁을 받은 원효 스님은 젖시주를 받아 정성껏 키웠으나 두 마리가 죽어 버렸다. 신라에서 제일 가는 도인이라고 자만하던 원효 스님은 대안 스님 앞에서 머리를 들 수가 없게 되었다. 핏덩이를 보름 동안 어렵게 키워 살려 놓은 것을 자신의 업장이 두텁고 지혜가 어두워 이모양으로 만들었다고 깊이 참회하시며 이를 계기로 다시 발심하게 되셨다.

그때 대안 대사께서 오셨다. 오히려 원효 스님에게 "인연이 다해 가는 것을 어떻게 붙잡겠습니까?" 하고 위로하면서 허물을 덮어 주셨다. 아무런 말도 못하고 서 있는 원효스님 앞에서 까마귀 울음소리가 유난하다.

그때 대안 대사는 "까마귀에게는 배를 부르게 하고 너구리 새끼들은 복을 짓게 합시다" 하면서 죽은 너구리 새끼를 허공에 던지니 낌새를 알고 주위를 빙빙 돌던 까마귀가 쏜살같이 채어갔다.

윤회이야기 3.

　중국 남쪽 지방에 제자 1,250명을 공부시키는 도인이 계셨다.

　모두 공부도 잘하고 절 일도 잘했으면 좋으련만 그중에는 공부도 안 하고 복도 안 짓는 제자들이 있어 그들을 보고 도인이 늘 생각하길, 절에서 키우는 저 물소들처럼 일도 열심히 하고 말도 잘 들었으면 얼마나 좋을까 하셨다.

　잿빛 나는 물소를 키워 밭과 논을 갈고 수레도 끌었는데 너무나 성실하게 일하는 것을 보고 그 도인은 기특하게 생각하여 그 때마다 마음에다 소를 철컥철컥 사진 박았다. 카메라 셔터를 누르면 필름에 모습이 찍히듯 마음의 작용 또한 좋은 것 나쁜 것을 깊이 인색해 두는

것이다. 잘 닦으시는 분이지만 그 생각은 미처 바치시지 못했던 모양이다.

오랜 세월이 흘러 그 도인이 업적하게 되셨다. 가부좌를 하고 앉아 임종을 기다리는 도인에게 제자가 여쭈었다.

"스님, 어디로 가십니까?"

도인이 자신을 살펴보니 소가 마음에 영글어 있다. 소 몸을 받게 되는 것이다. 너무나 당혹스러운 일이다. 당신이 생각할 때 기가 막혔다. 선지식인 내가 소의 몸을 받다니! 소스라쳐 놀랐으나 이미 굳어진 일이다.

그렇지만 그때라도 그 영글어진 소의 마음을 부처님 전에 부지런히 바치면, 내 마음에 내가 지었는지라 닦을 수 있는데 그 분은 그런 걸 모르셨는지 바치지 않고 말씀하셨다.

"물소 몸으로 가느니라."

그러니 이미 결정해 버린 것이다. 지금까지야 몰라서 마음 속 카메라에 찍어왔다 하더라도 이제 알았으면서도 닦지 않고 경솔히 결정해 버리니 큰탈이다. 자신이 결정해 버린 일은 돌이키기 힘들다. 더구나 마음 속의 자기 결정을 입밖으로 뱉어 버리는 것은 자신과 우주에 공포하는 것으로 결과를 인정하고 그 결과에 순응하겠다는 마음의 재다짐인 것이다.

자기 결정을 하셨더라도 입적하실 시간을 며칠 연기하여 그 결과와 결정했다는 그 생각까지 모두 바치면 해탈탈겁이 되었을 터인데 그렇게 하지 못하고 소 몸을 받고 마셨다.

또 연기하지 않으셨더라도 임종하는 최후 순간에 '미륵존여래불'하고 바치셨다면 부처님을 증(證)해 사람 몸 받고 밝아졌을터인데 그럴 줄 모르셨던 모양이다.

소의 몸을 받았으나 3년까지는 전생 짓을 하기 때문에 영특하여 제자들을 보니 한심하다. 공부도 일도 하지 않고 딴짓을 하는 것을 보고 가르치겠다고 뛰어가 봤자 '음메' 소리밖에 나오지 않는다. 자주 법문하고 싶어 뛰어가자 자신의 스승인 줄은 까맣게 모르는 제자들은 송아지가 자기들을 해치려는 줄 알고 말목에 매어 버렸다.

얼마나 답답하고 기가 막히랴! 달이 환히 뜬 보름달 저녁, 물소이기에 물에 매여서 보름달을 바라보며 신세를 생각하고 한없이 울고 있는데 석가여래께서 보살들을 대동하고 출현하시어 엄지 손가락으로 소의 머리를 물에 잠기게 하여 소의 몸을 벗게 하셨다.

윤회이야기 4.

옛날에 서울의 한 부자가 오대산에 기도를 드리러 가는 중, 한 스님이 산에서 넓은 가랑잎을 주워 글씨를 쓰고 있는 것을 보았다.

서울 사람이 왜 종이에다 글을 쓰지 가랑잎에다 쓰느냐고 물으니 종이가 없어서 그런다고 하였다. 그래서 서울 사람은 내년 봄에 다시 오대산에 올 때 종이를 한 질 가져다 드리겠노라고 약속하였다.

옛날에는 종이가 너무 귀하였다. 그 스님은 오직 공부하고 사경하는 낙 외에 다른 것이 없으니 언제쯤이나 그 서울 사람이 종이를 가져다 주나 하고 그 부자를 향하게 되었다. 그 다음 해인가 기도 온 서울 사람에게 물으니 그 부자가 오대산 중대(中臺)를 짓고 있다고 하였다.

서울 부자는 오대산 중대를 지은 공덕으로 다음생에 철종이 되고, 스님은 종이를 언제 주나 하고 향하던 인연으로 철종의 부마인 박영효가 되었다.

박영효는 임금의 부마라 늘 비단옷을 입었지만 속은 항상 먹물옷 색깔인 회색의 안감을 대어 입었다. 여러 생 닦던 사람이라 먹물옷 색깔을 속에나마 대어 입어야 자기 마음이 편해지기 때문이다.

인과경(因果經)에도 자세히 나와 있지만 절을 짓는 것은 큰 복을 짓는 일이다. 한 법당은 많은 중생들의 무지와 업보 업장을 해탈시키고 밝은 선근을 자라게 하는 근간이다. 불연을 맺고 불법을 듣고 닦는 일은 법당이 있음으로 해서 이루어지니 큰 공덕이 되는 것이다.(철종의 경우)

생시에 향하던 사람은 몸을 바꾸어서라도 향하게 되어 가까이 태어나게 된다. 마음에 원인 지어서 부부 가족 친구가 되는 것이 다(박영효 선생의 경우)

스님 두분의 인과

지리산은 웅장한데 운치가 없고, 금강산은 운치가 있는데 웅장하지 못하고 그래서 두산이 장단점이 있는데 묘향산은 웅장하면서도 운치가 있는 산이라 하여 서산대사께서 좋아하시며 가장오랫동안 머물렀던 산입니다. 금강산 쪽에서는 서쪽에 묘향산에 오래계셨기 때문에

법명은 청허휴정인데 다들 서산대사로 알려진 것입니다. 이 묘향산의 묘향산 금선대란 조그마한 암자에 육십이 좀 지난 두 스님이 열심히 정진하고 있었다. 그러던 중 한 분이 서울 구경을 하겠다며 바랑을 짊어지고 나섰다. 절을 벗어나 안주, 박천 쪽으로 내려오다 고깃간에서 백정이 열심히 일하고 있는 모습을 보았다. 백정이 뼈와 살코기를 따로 나누고 뼛속 깊이 붙어 있는 살점까지 다 발라내는 모습을 보고 '우리 마음 속에 있는 분별도 저렇게 샅샅이 닦아야 하는데……. 공부하는 사람은 백정도 한번 해보아야 하겠구나'라는 생각이 들었다.

생각이 여기에 미치자 스님은 그날 밤에 당장 몸을 벗어 버렸다. 법이 선 만큼 마음에 일으킨 바 생각도 즉각 실현된다.

얼마 후 젊은 백정 부인이 애기를 낳았는데 애기는 너무나 총명하고 일하는 소견이 보통이 아니었다. 스님이 몸 받아 오신 것이다. 백정이 되어 보겠다는 원으로 태어났기에 그 일에 너무 열심이어서 그 집은 부자가 되었고 어느덧 그의 나이 19세가 되었다.

한편 묘향산에 혼자 남아 공부하던 도인의 나이도 팔십이 넘어 몸 바꿀 때가 되셨다. 그때 비로소 20년 전에 서울 간다는 도반이 어디에 갔는가 살펴보니, 가까운 박천 땅에 백정 노릇을 하고 있었다. 암자를 친구에게 맡기고 다시 몸 받아 오셔야 되겠기에 그가 스스로 찾아올 수 있을까 하고 혜안으로 보니 혼자 힘으로는 도저히 올 수 없는 것을 아시고 데리러 박천으로 가시었다.

백정의 집 앞에 가서 안을 들여다보니 스무 살 남짓한 기골이 장대한 젊은이가 고깃간 일에 열중하고 있다. 목탁을 쳐도 쳐다 보지 않고 자기 일에 열중이다.

좀 지나 다시 목탁을 치니, 그 젊은 백정은 설마 자기같이 천한 사람을 점잖은 도인이 찾을 리 있을까 하고 의심하면서도 '나를 찾느냐'는 뜻으로 일하는 칼 끝으로 자기를 가리켰다. 도인이 고개를 끄덕이신다.

순간 '내가 여기서 무엇을 하고 있는가?'하는 마음이 일어났다. '이 집에 무슨 인연으로 태어나 내가 이 일을 하고 있나. 내가 본래 가는 길은 이게 아닌데……'하는 생각이 순식간에 일면서 일할 때 입던 앞치마를 벗어 놓고 스님 쪽으로 걸어갔다.

마치 아이들이 동무들과 어울려 내 것이니 네 것이니 하며 애착을 가지고 흙장난을 정신없이 하다가 해가 져서 어머니가 저녁 먹으러 가자고 부르시면 모든 것을 다 팽개쳐 두고 아무 미련도 없이 어머니 뒤를 따라가듯 도인이 '그렇소, 당신을 찾소'하는 뜻으로 고개를 끄덕이는 모습을 보는 순간 백정 일은 다 잊어 버리고 저이를 따라가 본래 내가 하는 일을 해야 한다는 마음이 일어났다. 친구를 데리고 가려는 도인의 법력이 미쳐서일까? 아니면 수많은 생을 부처님 향해 닦던 이라 도인을 보는 순간 홀연히 자기 모습이 깨쳐진 것일까?

마침 목탁소리를 듣고 아버지 어머니 동생들이 밖으로 나왔다. 젊은 백정은 가족들을 한번 죽 훑어보고는 아무 말도 없이 저만큼 걸어가는 도인을 따라갔다. 그러나 가족들은 아무도 그를 잡지 못한다.

그 집에 주고 받을 인연이 있어서 태어난 것이 아니라 공부하는 데 도움이 될까봐 백정질을 잠깐 해보려 태어났기 때문에 출가하려는 강력한 서원이 서는 순간 아무도 그 서원을 거스르지 못하는 것이다. 여러 시간을 '어디로 가십니까?' '왜 따라오느냐'란 말도 없이 묵묵히 걸어갔다. 수많은 생을 태어나 출가하여 부처님 찾는 일이 너무나 몸에 배인 수행자이기에 이미 습관에 달해 있었다. 어느 산 기슭을 지나 계곡을 계속 오르는데 생전 처음 오는데도 낯익은 모습들이다.

암자에 도착하니 포근하기 그지 없다. 마당과 절구, 부엌 등이 모두 보던 것이다. 배가 고프니 부엌에 들어가 밥을 지어 먹고 저녁에는 깊이 잠이 들었다. 아침에 일어나 보니 종소리와 목탁 소리가 그저 좋기만 하다. 삼 일이 지났을 때 마음이 안정되고 조용하더니 숙명통(宿命通)이 열렸다.

그때 그 젊은이는 팔십 된 노인보고 반말로 친구에게 하듯 이야기한다.

"너 왜 이제야 날 데리고 왔니?"

백정질은 마음 닦는 데 도움이 되라고 한 것인데 과연 도움이 되었는지는 모르겠지만, 보통 13살이 되면 스승과 도량을 찾아 출가를 하는데 7년을 더 허송세월하게 내버려 두었다는 원망과 같은 이야기이다.

팔십 노인은 웃으며 대답한다.

"내 마음 들여다보고 내 공부하기 바빠서 널 생각할 틈이 없었단다."

얼마나 자기의 마음 살림살이에 철두철미하고 진실한 태도들인가? 우리들은 마음을 부모 형제 친구에 붙여 보내고 돈 명예 물질에 붙여 보내는데, 이 도인은 공부에 충실하다보니 친구의 일엔 신경 쓸 틈이 없었다는 것이다.

19살 청년과 팔십 노인이 친구들처럼 반말을 한다. 전생에 친구인 것에 조금의 의심도 없으니 말이다. 그 젊은이는 공부 잘하고 그 노인은 새 몸을 받아 금선대에 출가했을 것엔 의심이 없다.

○좋은 보살님, 인과응보를 노래처럼 시간날 때, 한 독씩 독송해보십시오. 신심이 납니다. 나쁜 보살님, 심보를 고치십시오. 나쁜 보살이란 인과법을 무시하고 남에게 피해를 주는 보살입니다. 악을 행하는 보살을 말하는 것입니다. 눈에 보이지 않는 세계가 있습니다. 지금부터는 옛날 인과응보 법문을 알려드리오니, 마음을 바꾸십시오. 나쁜 보살님, 착한 보살로 되기를 간절히 현담스님은 기도합니다.

인과응보

인과응보　　없다마소　　생로병사　　원인결과
인과법칙　　자연 순리　　산은 높고　물은 깊네.
업장소멸　　참선법과　　복과 덕을　증장하는
사성진리　　부처님법　　인생사가　　인과라네.

전생업장　　다스림은　　불제자의　사명이요
인과응보　　부정하면　　업장이　　　늘어난다.
인과응보　　알아보세　　현세 지은　선악업보
현세 받고　내세 받고　무량억겁　후세 받네.

착한 일을　하는 사람　부귀공명　금방받고
전생업장　　소멸되니　　자손창성　아니 올까.
악한 일을　하는 사람　현재는　　　부자라도
재앙 점점　다가오니　　자손불화　아니 올까.

현세 인과　알아보세　　이십 전은　부모 인과
이십 넘어　사십까지　　과거에 지은 자기업보
사십 넘어　육십까지　　현세에 지은 자기업보
육십 넘어　죽기까지　　현세내세　거울이라
용서하고　참회하며　　반성하고　정진하세.

현세 운명　현재 마음　내가 지어　내가 받네.
덕을 닦아　종자 뿌려　부부자손　화합하고
일가친척　우애하며　　가꾸면　　　풍년이라

마음 닦고　효도하면　천지신명　보호하네.
부모뿌리　남편줄기　자식열매　화목하세.

부모에게　거름하면　남편자식　절로 성공하고
뿌리불효　썩어지면　남편자식　죽는구나.
단출하다　좋다 마소　다음 생에　인과응보
친구권속　전혀 없어　외로워서　고통 받네.

오손 도손　화목한집　신심있는　불법가족
참회하고　반성하니　지상정토　이 아닌가.
외도믿는　외도가족　인과법을　불신하니
가정불화　일어나며　부부다툼　많아진다.

친구권속　불화하고　저주하며　싫어하면
가슴 병을　앓게 되고　하는 일이　아니 된다.
후배후손　미워하고　짜증내며　학대하면
잔병치레　자주 하니　모든 일이　고통이라

악담 악설　시기 질투　모진 질병　앓게 되고
인과응보　무서운줄　가슴깊이　새겨들어
발심하여　선행닦고　부처님법　귀의하면
모든일이　술술풀려　하늘복을　절로받네.
우선 잠깐　좋다 마소　두고 보세　훗날 보세
남의 자식　미워하면　내 자식이　말 안 듣네.
원수 맺어　원한이면　내 자식이　망한다네.
하늘에서　내린 비는　땅에서　증발한 것
곤란할 때　베푼 자는　내 자식이　성공하고

참회하고　반성하면　내 자식이　효도하네.

성질내면　실패하고　화목하면　성공하고
콩 심은데　콩이 나고　팥 심은데　팥이 난다.
착한 자는　예뻐지고　악한 자는　미워지며
수효하면　무병이요　방종하면　질병이라
오래 살며　고통하면　부모지천　원인이요,
병신자식　안았거든　부모에게　불효한 과보로다.

오늘 내가　빈천함은　인색함이　원인이요,
자식인연　멀어지면　내가 부모　멀리했다.
남의 고통　외면하고　악착같이　재물 모아
자식 주려　하였다면　어느 날에　재가 되어
허망한 꼴　보게 되며　친구자식　배신한다.

상대방은   나의 거울 그를 통해 나를 보라.
빈천한 자를 보거들랑 내 일같이 생각하여
부디 바삐 공덕 짓고 보시하며   정진하세.
부귀공자   만나거든 베풀어서   그러하니
우리 또한 공덕 지어 부귀영화 누려보세.

가진 자를 질투 마라 베풀어서   그러하고
없는 자를 웃지 마라 인색하면   그러하다
어린아이   보거들랑 너도 그리 자랐으니
잘못 한다 꾸중 말고 가르치고   인도하면
수도하는   효자 되고 자랑스러운 자손 되니
슬기로운   국민이요 풍요로운   국토 된다.

늙은이를   뵙거들랑 너도 그리 늙으니
늙었다고   천대 말고 인과법을   가르쳐서
법문 들고 공덕 쌓아 동업인연   곱게 맺어
참선하는   마음으로 극락세계   가게하소.

내 몸이다 내 입이다 마음대로   하지마소
나의 손이 도끼 되고 나의 발이 칼이 되어
한을 맺고 원수 맺어 죽어 다시 만난 곳이
이 세상의 부부자식 인과응보   이 아닌가.

한 손에는 식량 들고 한 손에는 약병 들어
원수 맺고 빚진 이들 갖은 고통 풀어주며
보살도를   행하는 자 부부자손   화합하니
존경받고   사랑 받네 이 아니   좋으리오.

누구를　　원망하고　누구를　　탓을 하랴
지은 자도　너였었고　받는 자도　너이니라.
오는 고통　달게 받고　종자 다시　심어 가꿔
세세생생　자손만대　좋은 원인　좋은 결과
가르치고　전하여서　부귀영화　자손창성
생사해탈　자유자재　전지전능　누려보세.

인과 모른　그 사람은　주고받는　업장으로
윤회고만　증가하니　생사고통　끝이 없고
참선하는　그 사람은　주고받는　인연으로
윤회고가　소멸되니　극락세계　현전하네.

짜증내고　원망하면　그게 바로　지옥이고
감사하며　기뻐하면　현실속에　극락생활
불법 두고　어디 가서　허송세월　보내는 자
마음 두고　어디 가서　무얼 찾아　헤매는가.

마음 하나　바로 쓰면　이대로가　극락세계
마음 하나　잘못쓰면　세상천지　지옥이라.
보살심을　내는 자는　모든 중생　보살이요,
간탐심을　내는 자는　마왕파순　권속이네.

인과응보　부정하고　윤리도덕　배척하며
조상자손　멀리하고　인간 동물　되지 말자.
조상부모　불신하고　형제 친척과 불화한 자
두고 보자　자손 보라　멀리 보면　알 수 있다.

사바세계　뿌리치고　어느 세계　갈 것인가
동업인연　자성으로　숙업습기　소멸하고
사바세계　가꾸어서　현실속에　불국토를
우리 함께　이뤄보세　동업인연　지어보세.

업장소멸　발원하며　뼈와 살을　깎아내는
굳은 신심　발심하여　우리 함께　참선하세.
정진하고　복덕쌓아　생사 넘고　선악 넘고
육도윤회　윤회고통　영원히　　영단하고
화두일념　화두타파　직지인심　견성성불
이것이　　불법사상　이법이　　정법일세.

금생에 이 몸을 제도하지 못하면
다시 어느 생을 기다려 제도할 것인가!

알 수가 없구나! 몸은 부모님이 분명히 만들어 주셨지만, 나의 마음
은 언제 생겼으며, 왜 생겼으며, 언제 없어지며, 도대체 이 마음이 무
엇인지 알 수가 없구나.
　우주가 생기기 이전에도 마음이 있었고,
　우주가 없어져도 마음은 남는다고 했으니,
　도대체 이것이 무엇인고!
　마음이라 해도 맞지 않고, 한물건이라 해도 맞지 않고, 마음이 작용
하곤 있지만 알 수 없는 이 마음…….

靈光獨耀　신령한 광명 홀로 비추니
迴脫根塵　육근·육진을 멀리 벗어났고

體露眞常　본체의 진상(眞常)이 드러나니
不拘文字　문자에 걸리지 아니하도다.
心性無染　심성은 물듦이 없어
本自圓成　본래 스스로 원만히 이루어졌거니
但離妄緣　다만 망연(妄緣)을 여의기만 하면
卽如如佛　곧 여여(如如)한 부처라네.

▶ 백장회해(百丈懷海)